晋国
600年

— 3 —

封建危机的形成与爆发

韩鹏杰 著

图书在版编目（CIP）数据

晋国600年.3，封建危机的形成与爆发/韩鹏杰著.——北京：新世界出版社，2024.6
ISBN 978-7-5104-7936-6

Ⅰ.①晋… Ⅱ.①韩… Ⅲ.①中国历史—晋国（前11世纪-前4世纪中叶）—通俗读物 Ⅳ.①K225.09

中国国家版本馆CIP数据核字（2024）第075836号

晋国600年3：封建危机的形成与爆发

作　　者：	韩鹏杰
责任编辑：	刘　颖
责任校对：	宣　慧　张杰楠
责任印制：	王宝根
出　　版：	新世界出版社
网　　址：	http://www.nwp.com.cn
社　　址：	北京西城区百万庄大街24号（100037）
发行部：	(010)6899 5968　(010)6899 8705（传真）
总编室：	(010)6899 5424　(010)6832 6679（传真）
版权部：	+8610 6899 6306（电话）　nwpcd@sina.com（电邮）
印　　刷：	天津旭非印刷有限公司
经　　销：	新华书店
开　　本：	880mm×1230mm　1/16　尺寸：170mm×240mm
字　　数：	278千字　印张：17
版　　次：	2024年6月第1版　2024年6月第1次印刷
书　　号：	ISBN 978-7-5104-7936-6
定　　价：	52.00元

版权所有，侵权必究
凡购本社图书，如有缺页、倒页、脱页等印装错误，可随时退换。
客服电话：（010）6899 8638

目　录

001　**第一章　嬴姓赵氏在晋国的兴起**

003　　**第一节　赵氏孤儿**

003　　故事缘起

005　　天不绝赵

006　　舍生取义

007　　离合悲欢

009　　事件溯源

012　　**第二节　冬日之日**

012　　赵氏族源

014　　仕晋历程

016　　结好先氏

018　　扶助郤氏

020　　施恩韩氏

021　　拔擢阳氏

024　　**第三节　夏日之日**

024　　军功阶层

027　　赵盾秉政

029　　荀氏简史

031　　比而不党

033　　诸浮会议

035　　计赚士会

039　第二章　世卿世禄制的形成与危机

041　第一节　赵盾弑君

041　宫廷夜宴

043　董狐直笔

045　弑君有理

047　灵公不君

049　诿过于君

052　第二节　世卿世禄

052　成公归国

054　晋之乱制

056　重建公族

058　卿位世袭

062　第三节　景公治政

063　世卿危机

065　赏善罚恶

067　士会修法

069　韬晦哲学

072　执政方阵

077　第三章　下宫之役探微

079　第一节　赵氏内忧

079　原同屏括

080　宗主之争

083　东窗事发

086　第二节　下宫之役

086　栾书为政

088　郤克之愿

091　迁都新田

093　革弊布新

096　**第三节　景公之死**

096　赵武继禄

097　甸人献麦

099　陷厕而卒

103　**第四章　车辕之役与晋厉公之死**

105　**第一节　车辕之役**

105　士燮之忧

107　德不配位

110　一家三卿

112　猎杀三郤

114　厉公之死

117　**第二节　三郤之罪**

117　伯宗之死

119　赵文子冠

120　悲情管姜

122　郤犨乱鲁

125　**第三节　大预言家**

125　勇而知礼

127　民恶其上

129　佻天不祥

130　观容知心

133　**第四节　内乱之源**

133　姑成家父

135　多怨有庸

136　族大逼君

138　制度之困

143　第五章　晋国诸卿利益格局重组

- 145　**第一节　悼公新政**
- 145　先声夺人
- 148　整饬卿制
- 151　起用旧族
- 152　修法论礼
- 155　**第二节　世卿联盟**
- 155　刑善礼让
- 157　祁姓范氏
- 161　姬姓荀氏
- 164　**第三节　新贵联盟**
- 164　司马韩厥
- 167　公族穆子
- 169　韩起之谋
- 171　**第四节　互助联盟**
- 171　公族栾氏
- 173　四处树敌
- 175　知过不隐
- 177　姬姓魏氏
- 181　**第五节　危机将至**
- 181　周礼悖论
- 183　卫人出君
- 185　世家纷起

189　第六章　封建制危机全面爆发

- 191　**第一节　公族之觞**
- 191　众附亲离
- 194　士匄其人

195		去枝绝本
198		安全声明
200		禁锢栾氏
203	第二节	固宫之役
203		栾盈奔齐
206		栾盈归晋
208		拼死一搏
210		死而不朽
213	第三节	晋君少安
213		好营重赋
217		好色荒淫
218		靡靡之音
221		好音穷身
224		乐圣师旷
228	第四节	大夫多求
228		以乐慆忧
231		公室将卑
233		古之遗直
235		君子之交
238		晋政多门
241		司马叔齐
244	第五节	英雄迟暮
244		九原问答
246		往者可追
248		不复此乐
252		朝不及夕
254		良臣将死

第一章
嬴姓赵氏在晋国的兴起

第一节　赵氏孤儿

故事缘起

在《史记·赵世家》中，记载了一个广为流传的故事。故事最初发生在晋景公三年（前597年），晋国大夫赵朔率领下军救援郑国，与楚庄王在河上遭遇，发生了激烈的战斗。回国后，晋景公为表彰其勇武，就将自己的姑姑（晋成公的姐姐）庄姬嫁给他为夫人。然而树大招风，赵朔卓著的功勋和日渐显赫的地位，却引来了另外一名大夫屠岸贾的嫉妒和不满，于是就想设计陷害他。

屠岸贾据说是晋灵公时的宠臣。当初，晋灵公本人对赵朔之父赵盾把持朝政十分不满，多次想要将其除掉却始终未能得手。屠岸贾为人谄媚，于是就投其所好，帮助灵公"斩妖除魔"，却不料事情败露，晋灵公反而死在了赵氏侧室赵穿的手上，作为晋灵公宠臣的屠岸贾也因此失宠。后来赵盾的势力愈发煊赫，屠岸贾的失落之心也与日俱增。

到晋景公时，屠岸贾在朝中做了司寇，掌管刑狱、纠察之类的工作，有了一定的权势，便想要给自己的旧主报仇雪恨。但彼时赵盾已然去世，屠岸贾就将目标瞄准了赵朔，想趁他羽翼未丰的时候一举解决掉与赵氏多年的恩怨。

他先是处置了杀死晋灵公的凶手，文中虽然没有明说是谁，但根据前后文推断，当属赵穿及其党羽无疑。而在审理弑杀晋灵公的旧案时，他故意让受讯的人将赵盾也牵扯了进来，以表明晋灵公之死，赵盾才是头号凶手。

然而，赵盾实在是太正直了，正直到你根本找不到一点瑕疵。屠岸贾威逼利诱所得到的证词，似乎并没有确证赵盾参与到这件事情中来，因此也就不能通过合法的渠道声讨赵盾的弑君之罪。无奈之下，屠岸贾只好遵循自古以来奸臣们所惯用的套路，用尽手段诋毁抹黑赵盾的形象，并在朝中四处宣扬其"莫须有"的罪行，公开拉拢朝臣与其一同讨灭赵氏。

有一次他遇到了时任三军司马的韩厥，刚刚寒暄了几句就开始搬唇弄舌，他对韩厥说："赵盾虽然不知情，但仍然是逆贼之首，其罪责难逃。作为臣子杀害了自己的国君，他的子孙却还要在朝为官，有了这样的先例，还怎么教导国人惩治罪人呢？请与我一起诛杀逆贼。"

韩厥是一个明辨是非的君子，不仅不受他的挑唆，还据理力争为赵氏辩解："灵公遇害之时赵盾在外，我们的先君认为他无罪，所以才没有杀他。如今却要诛杀他的后人，这是违背先君的意愿滥杀无辜，随意滥杀就等同于作乱。更何况，就算是要诛杀罪人，也要有国君的首肯，你打算在国内兴大事却不让国君知道，这是目无君主的表现，你这样做又当如何教导国人、惩治罪人呢？"

屠岸贾丝毫不为所动，心中冷笑：我每天大张旗鼓地要灭赵氏，天下谁人不知谁人不晓？国君恐怕也早有耳闻了，国君都不出来阻挠我，你凭什么要干涉我的行动？

韩厥知道自己无法改变屠岸贾的想法，只好去给赵朔通风报信，可赵朔却坚决不肯逃跑。他谢过了韩厥的好意，并恳切地叮嘱说："这事我早知道了。他真要作乱，我跑了又有什么用呢？但是我相信，只要有你韩厥在，我赵氏的香火就不会断绝。不过既然你也来了，我就以小人之心再次郑重地请求您，一定要尽力保全我赵氏的宗庙，这样的话，就算是死我也安心了。"

燕赵自古多慷慨悲歌之士，看着赵朔正义凛然的样子，韩厥不禁心中悲戚，就答应了赵朔的请求，从此以后称病不出。屠岸贾看到大家都被他的权势吓得不敢说话，也就放心大胆地筹划起来。

天不绝赵

这年夏天一个微风和煦的清晨，当赵氏宗人在庭院内外辛勤劳作时，一队全副武装的精壮甲士正蹑手蹑脚地穿行在下宫之外巷道里，密切地注视着下宫的大门。在熹微晨光的照射下，密密匝匝的干戈和刀刃闪出的亮光，穿透了街道两旁的树荫，映照在下宫外的矮墙上。带领这队甲士的不是别人，正是踌躇满志的屠岸贾，他们所要灭杀的目标正是在宫墙之内的赵氏宗族。

过不多时，伴随着一阵清脆的哨声，巷道中的甲士蜂拥而出。他们撞破了下宫斑驳的木门，推倒了赵氏府苑青灰色的围墙，就像是铺天盖地的飞蝗一般，拥进了赵氏宫苑的每一个角落。

这突如其来的变故让宫苑中的卫士猝不及防，一时间喊杀声和惊叫声混杂在一起，让寂静的街道也顿时喧闹了起来。赵氏的私属和仆人们面对这样的变故都仓皇失措，只能顺手抄起身边的木棍、门闩和各种青铜器物奋起抵抗。然而这些抵抗在训练有素的甲士面前显得有些多余，很快院落中人就被砍杀殆尽。

人们常说，人世间最大的遗憾，莫过于来不及与你最爱的人告别。赵朔早就预料到会有这么一天，多少次都想与自己的妻子依偎在一起，对她做出万般的叮嘱，和她道出辛酸的再见。可他终究还是忍住了，他不想让怀孕的妻子因此担惊受怕，让她在最后的这段日子里一直都活在不安和惶恐之中，因此只能把这声"再见"隐藏在心中。

当清脆的哨声响起，轰隆的脚步声渐渐逼近的时候，他知道这一刻终究还是来了，于是就迅速安排了府中最精壮的勇士护送着妻子离开，而他自己则端坐在庭院中，等待着屠岸贾的到来。

在赵朔面前，盛气凌人的屠岸贾历数赵氏家族的罪恶，都被赵朔义正词严地堵了回去。屠岸贾恼羞成怒，又开始不断以言语羞辱，可赵朔始终都不为所动，最终选择了慷慨赴死。与赵朔同宗族的赵同、赵括、赵婴齐也都在这次事件中殒命，煊赫一时的赵氏家族就这样覆灭了。

逃出生天的赵庄姬跑到了宫里，责问自己的侄子为何要诛灭赵氏。可屠岸贾权势熏天，身为国君的晋景公也不敢拿他怎么样，只能在事后进行了一番责问就草草了事了。当然，晋景公也不敢把姑姑跑回宫里的消息告诉屠岸贾，只能悄悄地把她藏起来。

赵庄姬在宫中待产的事情屠岸贾尚不知情，但有两个人是知晓的，一个是赵朔的朋友程婴，一个是赵氏门客公孙杵臼。

程婴与赵朔素来交好，算是一起对天起誓过的生死之交。但赵氏灭门案发生之后，程婴并没有履行誓言与赵朔同生共死，于是公孙杵臼就去责问他："你为什么还不死？"

程婴回答说："赵朔的妻子有孕在身，如果生出来的是男孩，我就亲自抚养他长大，好复兴赵氏；如果是个女孩儿，这说明天要亡赵氏，那时我再去死也不迟。"

后来天遂人愿，赵庄姬顺利地产下了一名男婴，取名为赵武。但可怕的是屠岸贾得知了赵庄姬产子的消息。他便不顾君臣有别，蛮不讲理地带人闯入公宫搜查。

赵庄姬自打逃入公宫，就犹如惊弓之鸟一般惶惶不可终日，如今她刚刚生子，情绪波动更是剧烈。听到外面有人要来害她的孩子，便不顾身体虚弱把孩子藏在裤裆里，并不住地祷告说："等他们搜进来的时候，如果上天想要赵氏宗族灭绝，就让这个孩子哭出声来；若是想保全赵氏遗孤，就不要让他哭。"

上天庇佑，等屠岸贾带着人进来搜查的时候，这孩子果然没有出声。屠岸贾搜寻半天，也没找到赵氏遗孤，只好悻悻离开，从而让赵氏孤儿成功躲过了一劫。

舍生取义

事情到这里还远没有结束。

赵氏遗孤降世的消息不会凭空而来，屠岸贾意识到事情绝没有那么简单，持续的搜捕仍在进行当中。程婴为此感到十分忧虑，于是就对公孙杵臼说："这次搜查没有找到，以后一定还会再去搜查，总得想个办法啊！"

公孙杵臼没有回答他的问话，而是冷不丁地问了一句："死和扶立遗孤，你觉得哪件事更难？"

程婴看着公孙杵臼坚定的眼神，叹道："想死还不容易？可扶立遗孤的事儿就难多了！"

公孙杵臼于是慨然道："赵氏先君待你恩重，你就把这最难的担子挑起来吧，我去做那件容易的。"

程婴这才恍然大悟，原来公孙杵臼是想以自己的性命换取赵氏孤儿的安全，不禁悲从中来，怅然叹息道："难道就没有别的办法了吗？"

两个人合计来合计去，似乎还真没有什么更好的办法，只能依照这条绝路来走。于是他们就依计将孩子偷偷带出宫来，逃到了深山之中。

这当然瞒不过屠岸贾的耳目，很快就有追兵闻讯赶到了藏婴的山脚之下。这时程婴突然跑了出来，对追赶他们的将军说："你们追得这么紧，我是实在跑不动了，我可以告诉你们赵氏孤儿的藏身地，但有个条件，就是你们必须要给我千金赏赐。"

听闻这么轻易就能找到遗孤，诸将都喜不自禁，于是就爽快答应下来，好让程婴供出藏婴之地。此时公孙杵臼正在山中的一处院落里，为了防备屠岸贾的袭击，还特意安排自己的私属利用地形进行防御。不过这些私属在训练有素的重兵面前根本不堪一击，很快诸将就攻破了防御圈出现在他面前。

眼看难逃一死，公孙杵臼只能对着程婴破口大骂："程婴，你这个见利忘义的无耻小人！你忘了当年赵朔是怎么待你的了吗？当初下宫之难你不能随赵氏而死，口口声声说是为了保护赵氏孤儿，如今却为了区区小利出卖我，出卖了赵氏家族唯一的血脉！你若还有良知，就剖开你的心看看，你这样做能对得起谁？"

骂完了程婴，公孙杵臼又转而向诸将求情："苍天啊！赵氏孤儿究竟有什么罪？我愿替赵氏孤儿去死，只求你们留他一条生路吧！"诸将一言不发，直接就把公孙杵臼和他怀里的婴儿一起杀掉，回去向屠岸贾交差去了。

屠岸贾以为赵氏孤儿已死，从此以后就可以高枕无忧了，却不料真正的赵氏孤儿藏在他所不知道的深山里，由程婴抚养成人，并最终在十五年后对自己展开了复仇。

离合悲欢

赵氏孤儿复仇的故事，就要从晋景公说起了。当初屠岸贾屠灭赵氏，虽然并不是他主使的，但毕竟他也是知情的，因此一直深感愧疚。到了晚年时，他突然生了一场重病，巫师为其病因进行占卜，得到的结果是因大业的后代子孙不顺利所致。

景公很是纳罕，就四下询问这是怎么个情况。当年与赵朔定下契约的韩厥趁机进言说："大业的后代子孙在晋国的只有赵氏，他们从晋文侯的时候就开始出仕晋国，距今也快两百年了，一直都相安无事，但却在您在位的时候断绝了祭祀。卜辞上所说的，大概就是这个意思吧？"

晋景公听了十分泄气，无奈地说道："赵氏已经灭门，就算我想恢复他们的祭祀，可找不到他们的后人，终究还是于事无补啊！"

韩厥赶紧把赵氏孤儿藏匿的原委全都说了出来，晋景公听后大吃一惊："那还等什么？还不赶紧把他请回来！"也就是说，晋景公完全是把赵氏孤儿当成了一剂"速效救心丸"，至于功劳不功劳的，已不在他的考虑范围之内了。

韩厥可不管这个，十五年来，他一直都为无法履行对赵朔的承诺而深感自责，如今终于等到了机会，哪里肯轻易放过？不久，程婴和赵武就被秘密接进公宫，等到贵族们进宫探视病情，晋景公就让韩厥以重兵包围，胁迫他们与赵武见面。

突然的变故让在场之人皆面如死灰，于是纷纷辩解说："当年下宫那次事变，都是屠岸贾一手策划的。他假传君命，蒙蔽臣僚，我们都是因受到蛊惑才犯下了此等错误！赵氏满门忠良却受奸人陷害，而我们却做了帮凶，早就有心要补过了。如今既然有了君令，我等更是义不容辞，哪里敢有丝毫犹豫？"

晋景公也不管他们到底是虚情还是假意，当即令他们攻打屠岸贾。这帮人追随屠岸贾的时候很是听话，背叛起他来也是毫不犹豫，很快就将屠岸贾灭了族。一生骄横跋扈的屠岸贾在发动下宫之难十五年后，终于为自己当年的暴行付出了代价。

诛灭屠岸氏后，晋景公把原属于赵氏的封地复赐予赵武，并恢复了赵氏原有的地位，程婴隐藏了十五年的心愿终于得偿。这原本是皆大欢喜的结局，然而等到赵武成人行冠礼之后，程婴却无论如何都不肯安享清福，决意要自杀。

面对这样一个含辛茹苦呵护自己长大的长者，赵武的心都要碎了。他痛哭流涕地跪在程婴面前极力劝阻，却终究无法改变程婴必死的决心。看着泣不成声的赵武，程婴语重心长地说道："当年下宫之难发生时，我本该随着赵氏宗族一同去的，可我不能那样做，因为我想要留着这条贱命来扶立赵氏的后人，以报答赵氏对我的知遇之恩。如今你已经长大成人，承袭了祖业，恢复了爵位，这是美事一桩。但是你的先祖、你的祖父、你的父亲他们并不知道,当年舍生而去的公孙杵臼也不知道,总得有人下去跟他们说一声,让他们知道赵氏的祭祀又恢复了,也好一起高兴高兴不是?"

听闻此言,赵武更是泪如雨下,他哀求道:"要早知您会离开,我宁愿不要这土地和爵位,宁愿身受劳碌之苦,也要在您身边尽孝,让您安享天年,为您养老送终。您对我多年的抚育之恩我都还没有机会报答,如果就这么走了,我赵武岂不就成了忘恩负义的小人了吗?您怎么能忍心就这样抛下我,让我忍受一生的负疚和自责呢?"

程婴平静地抚摸着赵武的头发,关切地说道:"孩子,你总要长大的,赵氏门楣的光大、祖业的兴盛终究要靠你来完成。我一个老头子,做一些劈柴烧水的活儿还可以,建功立业、征伐沙场的事情我帮不了你。抚养你长大就是我一生的夙愿,我的愿望已经达成了,也该为自己考虑了。公孙杵臼是我一生的挚友,他之所以先我而死,是因为他相信我能达成所愿。如今我完成了我们共同的愿望却不跟他说一声,他会以为我还没有完成任务,他就会怨恨我,我又怎么能忍心让他独自承受孤苦呢?君子之交淡如水,但这份情谊可以超越生死,也许你现在还不能理解,但总有一天你会懂的。"

赵武终究还是没能劝住程婴。就在那天夜里长亮的灯火中,忍辱负重十几年的程婴平静地离开了人世。为报答程婴的养育之恩,赵武按照父丧的礼节为其守孝三年,并专门从自己的封地中划出一片土地作为程婴的祭田,此后赵氏宗族都没有断绝对程婴的祭祀。

事件溯源

赵氏孤儿的故事每每读来都让人感到悲戚,其中公孙杵臼和程婴舍生取义的侠义精神,更是令人唏嘘不已。得益于元代戏剧家纪君祥的改编,这桩定格于两千多年前的悲剧又走进了千家万户,成为广为传唱的不朽经典。伏尔泰所创作的悲剧《中国孤儿》以及陈凯歌近年来导演的同名电影,都是以此作为底本进行创作的。

然而若要深究其本源,赵氏孤儿的叙事尽管足以打动人心,却未必符合历史的真相。在同样出自《史记》的《晋世家》,以及年代更为久远的《春秋》

《左传》的记载中,"下宫之役"的叙事线条就有了别样的面貌。

在这个与《赵世家》平行的时空中,下宫之役爆发的时间从晋景公三年转移到了晋景公十七年(前583年);参与诛杀赵氏的也不再是所谓的司寇屠岸贾,而是变成了位列卿行的郤氏、栾氏;在这场劫难当中,受到诛杀的也只有赵同、赵括二人,赵朔和赵婴齐均不在其列,而赵庄姬更是从一定程度上转化为加害者的角色;赵氏灭门之后不久,晋景公就采纳了韩厥的建议恢复了赵武的封地,并没有所谓的十五年复仇之说;至于公孙杵臼为赵氏舍生,程婴含辛茹苦抚养遗孤十几年的传说,更是全不见了踪影……同样的历史场景下竟产生了如此迥异的两种叙事,究竟哪个才是真实的呢?

辨别二者的真伪事实上并不困难,研究者对此已多有论述[①]。对《赵世家》叙事质疑的焦点,概括起来主要集中在以下三个方面:其一,自晋文公设立三军六卿体制以来,卿的职权一直都是由军事统帅担任,司马、司寇、司徒等传统职务均列于六卿之下,在世俗政治当中并不占据主导地位,因此也就不可能出现"司寇"权倾朝野的现象。其二,屠岸贾作为"赵氏孤儿"系列事件中的主要反面角色,仅出现在《赵世家》《韩世家》相关记载中,在其他史料中根本无法觅其踪迹。如果他真是晋景公时期炙手可热的人物,其行藏不可能被消除得如此彻底。如果说历史上屠岸贾确有其人的话,其作用很可能也只是作为中下级的军官,在赵氏灭族事件中承担了一个执行者的角色。其三,故事中出现的程婴、公孙杵臼等人物,他们所扮演的门客一类的角色以及表现出的"匿孤报德""视死如归"的行为,在春秋时期还并不普遍,倒更像是战国时期才出现的社会风俗,因此也极有可能是杜撰的人物。

当然了,以上的这些质疑并非不刊之论,对这些论点展开的批驳也大都有其合理性,但总体上并不能改变《赵世家》《韩世家》中有关"赵氏孤儿"的叙事不足采信的结论。因此,当我们需要通过"下宫之役"来分析晋国制度变迁的逻辑线条时,还是应该以《左传》和《晋世家》作为主要依据。

《左传》对整个事件的记载并不复杂。首先是在晋景公十三年(前587年)的冬季,赵婴齐与赵庄姬通奸东窗事发,年后赵同、赵括两兄弟联起手来,准备放逐

---

① 详见白国红:《春秋晋国赵氏研究》,中华书局2007年版。

赵婴齐。赵婴齐向两位兄长恳求道:"因为有我在,所以栾氏才不敢向我们发难。若是将我放逐出去,两位兄长恐怕就要有忧患了。况且每个人都各有其能,也各有其所不能,留着我来对付栾氏又能有什么坏处呢?"

此外,赵婴齐还做过一个梦,梦里有位上天使者对自己说:"祭祀我,我就降福给你!"醒来之后,赵婴齐特意向士渥浊询问,但士渥浊也并不知晓这个天使的来历。后来他派人告诫赵婴齐:"神灵降福给仁爱之人,对于淫乱者只会降下惩罚。如今你行淫乱之事却没有受到惩罚,就已经是福了。多祭祀神灵,难道就能免祸了吗?"

这两件事最后的结果都是一致的,赵婴齐的恳求没有被赵同、赵括接受,他自己也没有听从士渥浊的劝导,最后只得流亡去了齐国。

事隔三年以后,也就是晋景公十七年夏天,赵庄姬突然出面举报赵同、赵括谋反,并且还请来了栾氏、郤氏来为自己作证。晋景公于是下令讨伐赵氏,随后就发生了这场惨绝人寰的灭门事件,赵同、赵括均死于非命。事发之后不久,晋景公就在韩厥的劝说下恢复了赵武的爵禄土地,赵庄姬也由此安然度过了一场危机。

与《赵世家》跌宕起伏的叙事比起来,这出夹杂着家庭伦理和政治阴谋的历史剧的确算不得精彩。但透过表象去窥探本质,在这寥寥数笔的描摹之下,却也隐含着深刻的历史背景。这其中既有赵氏家族内部与日俱增的权力争斗,也有国君与卿大夫以及卿大夫之间日益严峻的政治博弈。贯穿于其中的,则是晋国宗族观念的微妙变化,以及政治制度的转型变迁。想要揭开下宫之役爆发的真实原因,就必须回到历史的原点,去寻找这一切变化的内在逻辑。

第二节 冬日之日

赵氏族源

晋国的赵氏是嬴姓氏族后裔，《赵世家》对其先祖来源的记述十分简略，只说了四个字："与秦共祖。"翻查《秦本纪》可知，秦赵两家有一个共同的女性始祖名叫女脩，是传说上古五帝中帝颛顼的裔孙。有一次，她在织布的时候吞了一只玄鸟的蛋，却不意受孕而生子，取名大业。

关于这一点，白国红在《春秋晋国赵氏研究》中认为，这在一定程度上佐证了该氏族是出于以鸟为图腾的东夷部族少暤氏，活动区域大体位于泰山以南的汶水、泗水流域[①]，鲁国都城所在的曲阜便是这一区域的重心。又因少暤氏所在区域在上古时期属于奄地，"奄""偃""匽"与"嬴"字古音通转，故而便以嬴为姓。

大业又叫皋陶，在虞舜时期担任"士"的职务，其地位仅次于大禹，排名位于商朝的始祖契、周朝的始祖弃之前，最早的刑法据说就是由他制定的。大业后来娶了少典氏之女名女华的，生了一个儿子叫大费，也叫伯益。伯益据说有一项特异功能，就是能够听懂鸟兽语言，因此在舜时担任"虞"的官职。

在有关远古氏族的传说中，伯益的主要功劳是跟随大禹平治水患，并且利用

[①] 详见白国红：《春秋晋国赵氏研究》第四章"赵氏渊源研究"。

治水经验发明了水井，教授百姓种植稻谷，进一步促进了农业的发展。也正因其功勋卓著，大禹本打算死后禅位于他，但大禹的儿子夏启却不肯相让，于是双方就起了冲突。后来，伯益在斗争中落败，此后便失去了踪影，而他所在的部族也因为两族之间的恩怨，终夏一朝都没能再度进入权力中枢。

伯益有两个儿子：一个叫大廉，领鸟俗氏；一个叫若木，领费氏。商汤伐桀时，费氏部落的首领费昌投奔商部族，为商汤驾车，在鸣条之战中建立了功勋。商朝中期，帝太戊又让鸟俗氏的中衍为其驾车，并将王室之女嫁与中衍，这支嬴姓氏族以后也世代为商王朝服务，成为一方诸侯。

商朝末期，中衍的后代中有一个叫胥轩的，与姜姓申国联姻，生一子中潏。中潏的儿子蜚廉一生致力于为商朝抵御"西戎"，后来受商王委托到北方联络方国，但使命还未完成商朝就已经败亡了，蜚廉只好在霍太山设坛祭祀纣王。到周成王三监之乱时，蜚廉又试图联络淮夷各部反周，被周公打败并杀死。

蜚廉死后，周公将霍国改封到霍太山，从而夺取了嬴姓族人的立足之地。蜚廉的儿子恶来在持续不断的战争中被杀，另一个儿子季胜则投降了周王室，但并不受器重。后来，季胜的儿子孟增有宠于王室，被赐封地皋狼（今山西离石），号称宅皋狼。作为嬴姓氏族在周朝所获得的第一块封地，皋狼之地一直都为后来的赵氏看重，春秋后期三家分晋的直接起因，就是智伯瑶向赵襄子讨要皋狼之地而引发的，这些都是后话了。

孟增之后有衡父、造父，到造父时期，嬴姓氏族有了很大发展。由于他们在殷商时就一直以善御著称，造父便被周穆王任命为御戎，随驾西巡见西王母、东征徐偃王，立下了汗马功劳，从而被封到赵城（今山西洪洞）成为诸侯。造父因此以赵为氏，这就是后来晋国赵氏的来源。

我们再说被周人所杀的恶来，他留下了一个儿子叫女防，之后又经旁皋、太几、大骆几代人，传到非子在位的时候，因同宗的造父受宠得氏，他们引以为荣，便也以赵为氏。因此说后来的秦国是嬴姓赵氏，将秦始皇称为赵政，也没什么错。

非子本来并非大骆的嫡子，但由于在犬丘（今陕西兴平）养马声名鹊起，周孝王对其很是欣赏，就想让非子做大骆的继承人。不过，这个想法遭到了大骆岳家申侯的反对，周孝王为了安抚申侯，只得将非子封在秦地，成为王室的附庸。

非子之后，经秦侯、公伯传到秦仲时，"西戎"为乱，犬丘的大骆嫡系被"西戎"攻灭。周宣王命秦仲为大夫讨伐"西戎"，结果秦仲也死于非命。周宣王又召集了秦仲的五个儿子，给了他们七千士卒征伐"西戎"，终于取得了成功。秦仲的长子就是后来的秦庄公，在平王东迁时，其子秦襄公正式受封为诸侯，从而建立了秦国。

当非子的后裔逐渐在犬丘站稳了脚跟，并因此受封得国的时候，造父一系却走向了截然相反的道路。造父之后六世的奄父（字公仲）为周宣王御戎，在千亩之战时随王师出征遭遇惨败，奄父奋力驾车助天子脱险，但似乎赵国也被"戎狄"灭掉了，奄父只好追随周宣王进入王室。而到周幽王时，宗周附近"戎狄"活跃频繁，内部矛盾一触即发，很多有预见性的大夫纷纷向东迁徙。奄父的儿子赵叔带据说也因周幽王荒淫失国，开始到晋国为官，这是赵氏进入晋国的开始。

仕晋历程

赵叔带奔晋之始，晋国的规模还很小，国内的封地也大都是封给国君支系的公子公孙。而当历史进入春秋时期，东方诸侯都在相互兼并中不断扩张势力时，晋国又陷入了七十年的内战中，其发展也极为有限。在这样的背景下，作为异姓贵族，赵氏在入仕晋国的初期，还很难有所作为，直到赵叔带之后五传到赵夙，赵氏才开始拥有自己的封地。

赵氏获封，与晋国当时的局势密不可分。一方面是在晋献公时期，晋国开始大规模对外扩张，获得了大量疆土可用来分封。另一方面则是"国无公族"制度的产生，晋献公剿灭桓庄之族，开始大量任用异姓势力和远支公族，与赵氏同属外部势力进入晋国的祁姓士氏、姬姓魏氏等家族都因此获益，这就为赵氏的发展在制度上铺平了道路。

晋献公十六年（前661年），赵夙随国君出征，伐灭霍国，霍公求奔齐。霍国所在的霍太山与赵氏有着深刻的渊源，因此晋献公很可能是打算将其封给赵夙的。但由于后来晋国发生大旱，据占卜者说是因为霍太山的山神作怪，晋献公只好派赵夙把霍公求请回来主持霍太山的祭祀，而赵夙则被改封到耿县（今山西河津东南）。但不管怎么说，赵氏正是凭借着这块土地，开始在晋国的政治舞台上崭露头角。

赵氏的获封立家始于赵夙，而其发展壮大则自赵衰起，然而史家对赵夙与赵衰两人之间关系的看法却出现了很大的分歧。这其中主要有三种说法：

一种是出自《史记·赵世家》，认为赵夙生共孟，共孟又生赵衰，也就是说二人是祖孙关系。但这种说法本身就有先天不足，司马迁将赵夙生共孟的时间确定在鲁闵公元年（前661年）；而仅仅六年后，赵衰就已经随重耳流亡了，由此反证赵衰的年龄实际上与赵夙相差不大，这就与前说有了自相矛盾之处，自然是不足取信的。

第二种出自《世本》，认为赵公明生共孟及赵夙，赵夙生赵衰，也就是说二人可能是父子关系。这种说法的主要论据是从赵盾和赵穿的关系倒推回来的，而其中的依据又是将赵盾与赵穿误记为堂兄弟关系。但在韦昭等人的注解中，已经明确赵穿实乃赵盾之侄，故而以错误的前提反推的结论自然也无法成立[①]。

推翻了以上的两种观点，实际上最后的答案也就呼之欲出了，本书采用的就是第三种说法，也即《国语》中所提到的："赵衰，其先君之御戎赵夙之弟也。"

在论及重耳流亡事时我们曾提到[②]，赵衰字子余，号成季，是家中幼子，这就决定了他无法直接继承父爵成为大夫，想要出人头地就必须另谋出路。而到成年之时，恰逢太子申生举步维艰，显然不足以为依靠，又使得他只能在其余诸公子中选择追随对象。为此他特意进行了一次占卜，并根据占卜的结果侍奉了公子重耳。

赵衰追随重耳后不久，"骊姬之乱"即告爆发，重耳也因受到牵连不得不流亡国外。由于赵衰与重耳年龄相仿，又颇善于文辞，因而在流亡时两人的关系就十分亲近。再加上流亡途中，赵衰极尽所能帮助重耳应对重重考验，为其最后回国即位立下了汗马功劳，故而颇受晋文公的信重，晋文公对其几乎达到了言听计从的地步。

比如晋文公举行被庐之蒐时，每每遇到不决之事都要征求赵衰的意见：赵衰认为郤縠有德有义，晋文公就任命郤縠、郤溱为中军将、佐；赵衰认为狐偃有"以德纪民"之功，晋文公就任命狐毛、狐偃为上军将、佐；赵衰认为"栾枝贞慎，先轸有谋，胥臣多闻"，晋文公先后任命栾枝、先轸、胥臣在下军担任职务。城濮之战后狐毛去世，赵衰认为先且居有功，晋文公就把先且居提拔为上军将。赵衰多次辞让卿位，晋文公也从来不会怨恨，反而是一再相劝，到后来甚至还特意为其举行了一

[①] 详见白国红：《赵世系中赵夙与赵衰辈分新证》，收录于《春秋晋国赵氏研究》。
[②] 见《晋国600年1》第五章。

场清原之蒐。

传统史料通常会将晋文公与赵衰这对搭档描绘成君明臣贤的典范，对赵衰数次谦让卿位的举动更是盛赞有加。但依照我们之前的分析，赵衰之所以一再辞让卿位，与其当时所处局势有极大关系。晋文公回国初年，因在国内缺乏支持、地位尚不稳固，故而大力提升公族地位、抬高居守贵族的贡献，在提拔六卿之时也以公族、居守作为首要条件。赵衰既非公族，也非居守派贵族，在局势未明的情况下，自然不敢贸然忝居高位，成为众矢之的，其推让卿位以求自保也在情理之中。

而在这个过程中，赵衰也无意中实现了以退为进，逐步为赵氏家族日后的昌盛积累了雄厚的政治资本。遍数晋文公时期进入五军十卿行列的大夫，郤縠、郤溱、狐偃、狐毛、先轸、先且居、栾枝、胥臣、先都、箕郑父、胥婴等人都或多或少受到过赵衰的举荐。这些人获得权位之后，自然会感念赵衰的恩德，这就为他进入卿列后的快速晋升以及日后赵盾的上位打造了坚实基础。其中，赵衰结交的最有力的盟友，非先氏莫属。

结好先氏

先氏是晋国早期公室的一个分支，但具体族源已不可考。到晋献公时期，太子申生奉命讨伐东山皋落氏，曾有先友、先丹木分别担任申生和罕夷的车右，而先轸据说就是先丹木的儿子。

先轸是春秋早期最负盛名的军事家，《汉书·艺文志》曾列举东汉时已经失传的兵书著作，其中有《孙轸》五篇、图两卷，据称就是由他所著。晋文公建立三军六卿制时，先轸受赵衰举荐担任下军佐，在卿列中排位第六名。仅仅几个月后，中军将郤縠在围攻曹国的战役中去世，先轸凭借其卓越的军事谋略受到晋文公赏识，被临阵超拔为中军将，带领晋军以奇谋巧计取得了城濮之战的胜利。晋文公去世后，又是在他的主导下，晋军首开先河发动了以歼敌主力为目的的殽之战，彻底斩断了秦国东进中原的幻想。

正因为有着如此卓越的军功，太史公司马迁对其情有独钟，故而在《晋世家》中将其列入晋文公"五贤士"之列。但据《左传》所言，其时先氏实为晋文公"内主"，因此并未随从流亡。而根据《竹书纪年》的记载，在晋文公归国之前，他还曾受晋怀公指派，带兵到庐柳抵御秦军，可见所谓"内主"一说也未必能够站得住脚，这些我们在之前的章节中已经有过论述。

先氏能够跟赵氏交好，与赵衰的"三辞"卿位有着莫大的关联。首先是在晋文公四年（前633年）的被庐之蒐时，晋文公有意让赵衰进入卿列，但赵衰却两度推辞不受，其中的第二次便是推举栾枝和先轸来统领下军。也就是说，先轸能够进入卿列，并得以在战场上施展才华，离不开赵衰的辞让和举荐。

城濮之战后，时任上军将狐毛突然去世，赵衰第三次辞让卿位，同时不失时机地以"军伐有赏，善君有赏，能其官有赏"为由，极力推举先轸的儿子先且居直接擢升内阁排名第三的上军将。赵衰三次辞让卿位，其中有两次都是举荐了先氏，自然也就为两家的持续交好创造了条件。

除此之外，史料中还有一个常被忽视的细节，也为赵衰用心笼络先氏提供了佐证。事情发生在晋文公二年（前635年），晋国凭借勤王之功获得了南阳的八座城池，但对于这些土地究竟该交由何人镇守，晋文公却拿不定主意了。随侍在侧的寺人披有意提醒，说："听闻以前赵衰带着饭食从小路追赶您，自己都快饿晕过去了，却一口都不敢吃。"经他这一提醒，晋文公当即就有了主意，于是便封赵衰为原大夫，封狐毛的儿子狐溱为温大夫。

故事讲到这里就戛然而止，至于后续究竟如何，书中并未交代。而实际上，就在这次封赏的两年后，也就是城濮之战爆发时，统率三军的先轸就已经开始被冠以"原轸"的称号。一直到三十多年后的邲之战时，其后人先縠还常被人称为"原縠"，可见赵衰当时并没有接受任命，而是将原大夫的职务辞让给了先轸。

个中原因事实上并不难理解，赵衰之所以要辞让原大夫的职务，与他辞让卿位的初衷是一样的，都是不想在未建尺寸之功的情况下贸然接受封赏、无端招致别人的忌恨。而从这件事中所反映出的一个信号是，赵衰与先轸之间的个人交往，要比我们想象的还要早。这样一来，赵衰对于先轸既有举荐拔擢之恩，又有转赠封地之义，两家之间的关系自然就非同一般了。

《诗经》上说："投之以木桃，报之以琼瑶。"赵衰对先氏父子的鼎力支持，也换来了先氏对他的器重与信任。晋文公八年（前629年），在国君的一再坚持下，赵衰终于为卿担任新上军将，在十卿中名列第七位。不久后狐偃去世，先且居不失时机地提出要补充副将，晋文公便以"三让不失义"为由，将赵衰提拔为上军佐，与先且居组成搭档。到先轸、郤溱去世后，两人更是携手双双进入中军，分别担任中军将、佐，直到晋襄公六年（前622年）两人先后谢世。

先轸父子与赵衰在文、襄时期相互帮助、相互提携，由此建立的深情厚谊自是旁人所无法比拟的。这也有助于解释为什么在后来举行夷之蒐的时候，先且居的儿子先克会冒险顶撞晋襄公，竭力支持毫无政治经验的赵盾出任中军将了。

扶助郤氏

与先氏类似，郤氏也是晋国公室的一个分支。有关郤氏家族的由来，在之前的章节中已有过详细介绍①。晋文公回国之后，原先党于晋惠公的郤芮因担心遭到报复，故而伙同吕甥试图制造政变，不料被晋文公抢占先机诱至王城，最终死于秦穆公之手。

但即便如此，凭借在晋惠公时期打造的声势以及所拥有的众多封邑，郤氏家族在晋文公时期仍具有极大的影响力。也正是因为如此，当晋文公在被庐大蒐上"谋元帅"的时候，赵衰才举荐了其宗族中声望较高的郤縠、郤溱出任中军将、佐。而赵衰也正是凭借这次举荐，初步获得了郤氏家族的青睐。

不过，郤縠、郤溱二人出任卿职时间并不长。其中郤縠去世于晋文公五年（前632年）二月，担任中军将时间不超过半年；郤溱去世时间不明，但最晚到晋襄公三年（前625年）的"拜赐之役"时，其中军佐的职务就已经由赵衰取代，在任时间不超过八年。

郤縠、郤溱去世之后，偌大的郤氏家族群龙无首，无论是公室还是郤氏家族自身，都亟须重新选择一个代理人来维持二者之间的联系，郤芮的儿子郤缺（郤成子）也正是在这段时期重新走入了人们的视野。

据《左传》记载，火烧公宫事件爆发后，郤芮原有的封邑被罚没充公，他的儿子郤缺虽未受到株连，却也被褫夺了爵位，贬为庶民，一度在冀邑的郊外以务农为生。有一次，文公近臣胥臣路过冀邑郊外，看到一对农家夫妇在田野中相敬如宾，场面十分庄重。胥臣感到十分好奇，于是就上前询问，这才知道田中的农夫便

---

① 详见《晋国600年1》第六章第一节"火烧公宫"。

是郤芮的儿子。看到他即便身在草莽，也依然保留着贵族的风度，这令胥臣感到十分钦佩，于是回去后便将其举荐给了晋文公。

晋文公犹记得当年火烧公宫的场景，因此有些疑虑："他的父亲罪大恶极，让他来担任大夫合适吗？"

胥臣回答说："当年虞舜惩办罪人，流放了鲧，可后来却起用了他的儿子禹；齐桓公对管敬仲恨之入骨，可最后却是因为他才成就了霸业。如果郤缺的确是贤良之人，就应该把注意力放在他的身上，而不是去计较他的父亲做了什么坏事。"

因为胥臣的举荐，郤缺后来被任命为下军大夫，实现了人生中最不可能的跨越。到了晋襄公元年（前627年），他又在箕之战中生擒"白狄"君主，立了大功，借此重新获得了冀邑的封地，并被任命为卿。从此以后，他的人生轨迹便开始狂飙突进，直至最后登顶中军将，创造了实现人生完美逆袭的励志传奇。

在这段励志故事的开端，胥臣的举荐可以说是起到了扭转乾坤的作用，如果没有他的这次偶遇，那么后面的所有故事都不可能发生。然而吊诡的是，郤缺对胥臣似乎并无感恩，反而是在成为元帅之后，首先将胥臣之孙胥克的卿位废掉，为的只是将赵盾的儿子赵朔排进六卿序列，可见其早已投入了赵氏麾下。

至于郤缺为何会恩将仇报，《左传》并没有给出足够的解释，我们只能据史料中的蛛丝马迹进行推测。依照之前的种种迹象来判断，胥臣尽管博学多智，但在晋文公心目中的地位显然比不得赵衰。因此他虽然举荐了郤缺，却没能打消晋文公的疑虑，因此郤缺之所以能够出任大夫，最后很可能是在赵衰的推动下才勉强达成的。

其次，郤缺在箕之役中立了战功，晋襄公也把冀邑复封于他，但却只是给了他一个卿的虚名，并没有授予实实在在的职权。这也就意味着，国君对于郤缺罪臣之子的身份始终是介怀的，也就无法真心诚意地对其委以重任。郤缺尽管重回朝堂，可周边人却总是以异样的眼光来看待他，这就好比是把一个刺配的犯人放到了闹市中让人围观，这种滋味恐怕比在田里劳作还要难受。

郤缺真正走出父亲叛乱造成的阴影，重新光耀郤氏家族的门楣，还要等到赵盾执政之后。最晚到晋灵公六年（前615年）的河曲之战时，郤缺便已经出任上军将，摆脱了有名无实的窘境，成为真正掌握实权的下卿，这份恩情自然要记在赵氏身上。

施恩韩氏

作为异姓贵族家中的庶子，在过去十九年的流亡生涯中，晋文公所经历的艰难险阻，赵衰都一一踏过；晋文公遍尝的人生百味，他也都曾尝尽；晋文公所辨知的民情真伪，他也有着亲身体会。因此在回国之后，他不仅乐于结交国内的世家大族，对于处于弱势甚至边缘地位的群体，也都能给予特别的关怀。这里尤其值得一提的，是他对韩厥和阳处父的关照。

根据史料中的普遍说法，韩厥所在的韩氏家族属于是如假包换的"桓庄之族"。其始封之君名叫韩万，谥曰武子，是曲沃桓叔的幼子。曲沃代翼时期，韩万曾担任过晋武公御戎，并于径庭之战中擒获翼哀侯和栾共叔。晋武公统一晋国之后，他被分封到韩国故地，从此便以韩为氏。

韩万获封后不久，晋国便进入了狂飙突进、大破大立的晋献公时期。晋献公主政的二十六年间，晋国以"并国十七，服国三十八"的成绩从一个"偏侯"一跃而跻身为中原大国，为晋文公的霸业辉煌打下了坚实的基础。得益于晋献公积极的扩张政策，不少人也因此受益，从一介庶民一跃成为手握实权的地方封君。

然而在对待亲族方面，晋献公却以狠辣著称，在位期间先是制造了骇人听闻的聚邑之围，将桓叔、庄伯的旁支子嗣诛杀殆尽，后又以骊姬之乱驱杀诸公子，并制定了"国无公族"政策。在晋献公摒弃公族政策的指引下，韩氏家族"桓庄之族"的身份便显得格外引人注目了。

或许是由于在晋武公时期就已经别出大宗，韩氏家族在后来的"聚邑之围"[①]中并未受到牵连。不过尽管如此，他们恐怕还是会因"桓庄之族"的覆灭而心有余悸，这就使得这一脉公族在此后的几十年间不得不刻意保持低调，以避免引起国君的猜忌。

比如韩万之子据说名叫伯胜，谥号赇伯。"赇"意为"以财物枉法相谢"，无论是行贿还是受贿都一律称之。从这个谥号来看，伯胜的生活应该是相当腐化堕落的，其在当时的名声也很不佳。考虑到伯胜所处时代的背景，以放纵奢侈的生活方式自污大概也是他寻求自保的一种方式。

---

① 详见《晋国600年1》第三章第一节。

晋献公死后晋惠公即位，公室对公族的管控有所放松，再加上秦晋之间的冲突在韩原爆发，伯胜之子韩简（韩定伯）临危受命，担任下军将，也算是有了卿的地位。这本来是个光耀门楣的大好时机，可偏偏时运不济，战争以晋国的全面失败告终，就连晋惠公本人也被俘虏了去。韩简不仅没能凭借这场战争实现家族振兴，反而因战败受到牵累而再次受到冷遇，不得不继续在韩原蛰伏。

晋文公回国后，命运再一次垂青于这个落寞的家族。晋文公为了笼络国内居守贵族，一改过去疏远公族的政策，建立以周礼为根本的制度框架，包括韩氏在内的十一个公族受到重用，郤氏、狐氏、栾氏、先氏更是借此机遇把持了新组建的三军六卿体制。然而不幸的是，在第三代宗主韩简去世后，第四代宗主子舆身体孱弱，早早地便离开了人世，只留下了一个幼子韩厥苦苦支撑家业。在这一波晋国历史上最好的红利期到来的时候，韩氏家族不但没能凭风借力得到蓬勃发展，反而因为无人主政而愈发显得风雨飘摇。

好在天无绝人之路。韩原与赵氏的封地耿县相邻，在韩氏家族陷入低谷的时候，善于笼络人心的赵衰及时伸出了援手。后来韩厥回忆往事的时候就曾提到："昔吾畜于赵氏。"正是由于赵氏的恩养，韩厥才得以平安顺遂地长大成人，并在赵盾的举拔下出任三军司马。

也正是有了赵氏的支持，这个后来三分晋国的强卿家族才度过了其发展史上又一个艰难的时刻，最终一步步走出阴霾、走向辉煌。有了这莫大的恩情，可想而知韩氏家族会对赵氏产生什么样的感情。从赵衰抚养韩厥开始，直到后来三家分晋，两家一直都是亲密无间的战友，很少会发生龃龉。这种长期的联盟关系，是谁都无法比拟的，而这一切又都是赵衰打好的基础。

拔擢阳氏

赵衰对阳处父的关照，主要表现在为其谋求官职一事上。

从史料的各种记载来看，阳处父应该颇有才华，但由于早年地位低微且缺少门路，竟一直未能得志。后来晋文公回国，他见国君的舅舅狐偃权势滔天，便投到了狐氏门下，以求能得偿所愿。然而三年过去了，狐偃对他不理不睬，更别说帮他寻个一官半职了。无奈之下阳处父只好又转投赵氏，赵衰欣赏其才华，只用了三天时间就让他当上了官。

赵衰帮助阳处父谋求官职的过程我们已不得而知,但在《国语》中有一个《胥臣论教诲之力》的故事,或许可以从侧面为我们做一个参考。在这篇以对话为主的故事中,晋文公打算让阳处父做太子欢（骧,也即晋襄公）的太傅,于是便询问胥臣的意见。

胥臣似乎并不看好阳处父,但又不好直接反驳,只能含糊其词地回答说："这主要取决于欢的本质。本质好而又有贤良的人辅导,就可以期待有所成就；如果本质邪恶,就算是有圣贤前来教导也无济于事。"随后,胥臣举了周文王的例子,说他在娘胎里就没让母亲受过累,出生之时也没让母亲感受到任何痛苦。孩提时代,父母、保傅、师长、兄弟都没为他操过心,长大以后,又能做宗族、妻儿的表率,同时任用天下贤良之士。即位之后,更是不耻下问,善于虚心纳谏,对待神灵和祖宗也极为恭敬,所以百姓赖之以获得安宁,这些都不单单是教诲的作用。

晋文公听得有些不耐烦,于是就进一步追问道："照你这么说,后天的教养也就没什么作用了？"胥臣回答说："学习的目的不是为了获得文采,而是为了让其本质更加美好。"言外之意就是阳处父除了能增益太子的文采之外,对他今后的成长不会有什么教益。

不得不说,胥臣对阳处父的评价还算是十分中肯的。按照史料的记载,阳处父有一个致命的缺点,那就是"华而不实",这个评价最早出自一个叫宁嬴的馆人。事情发生在晋襄公即位六年,当时阳处父受命出使卫国,回来时在宁地（今河南获嘉县西北）的馆驿暂住歇息。管理旅店的宁嬴见他仪表堂堂,很有君子风范,便想要跟从他成就一番事业。

但是同行还没多久,宁嬴就又回来了。他的妻子很是不解,就打趣道："你不是说阳处父是有德君子吗,怎么又回来了？是不是舍不得离开我啊？"

宁嬴十分气恼,没好气地回答说："吾见其貌而欲之,闻其言而恶之。"之前没跟他没讲过几句话,只看到他仪表堂堂所以极为倾慕；可实际交往了几天后,发现他浅薄的灵魂根本配不上那高贵的皮囊。

紧接着,他指出了阳处父两个缺点：第一,君子要懂得用刚柔并济的办法来克制人的本性,可阳处父却不懂得这些道理,只会一味地以刚强取胜,必然不能长久。第二,就是华而不实,他的观察力很敏锐,这就让他看起来很有才智,可实际上内心修养不足，于是便处处压低别人，这样很容易聚集怨恨并招来灾难，不是长久之象。

综合起来，宁嬴认为阳处父恐怕不得善终，跟着他不但享受不了荣华富贵，反而还有可能受其拖累招致祸患，所以就回来了。

作为从亡晋文公的"五贤士"之一，胥臣恐怕也正是看到了阳处父的这些缺点，这才认为他的教养对太子没有什么益处。但或许是碍于赵衰的举荐，胥臣又不便直接否定阳处父的作用，最后也只能顾左右而言他，以回避晋文公的提问了。

但话说回来，既然阳处父的这些缺点连宁嬴也能够看得出来，胥臣也能够提前得知，可赵衰为什么还要举荐他？晋文公为什么最终还是将其任命为太傅了呢？或许在他们看来，阳处父做太子老师，只要能教会他文辞就足够了，至于谋略和为君之道，自然有晋文公的言传身教，这在当时也算是一种知人善任吧。

第三节　夏日之日

军功阶层

　　站在赵氏家族发展的立场上看，如果说赵衰是一名精耕细作的耕耘者，那么赵盾就是一个财大气粗的收割者。

　　赵盾是赵衰与廧咎如女子叔隗所生的儿子。他自小生在"戎狄"、长在"戎狄"，在性格养成的关键时期又长期与父亲分离，没有接受过礼乐诗书的熏陶。这使得他逐渐养成了刚烈的性情，与温文尔雅的父亲赵衰放在一起，就总显得有些格格不入。

　　与赵盾竞争执政之位的狐射姑在逃亡到"狄国"时，曾对此有过一个独到的评价，他说："赵衰，冬日之日也。赵盾，夏日之日也。"

　　冬日之日，犹如雪中送炭，能让人在严寒中体会受到一丝温暖，令人感到可亲可敬，这正是赵衰性情的真实写照。而赵盾则恰恰相反，他擅于争名夺利、独断专行，对待敌人手段残酷，对待朋友也毫无顾忌。就好比是酷暑时的阳光，让本已汗流浃背的旅人更添焦灼感，令人望而生畏，避之唯恐不及。

　　赵衰对国内氏族的谦恭有礼，为赵氏赢得了良好的声誉和足够强大的政治资本，使得赵盾执掌晋政的概率大为提升。在晋襄公七年（前621年）的夷之蒐上帮助赵盾击败先克，以及在董之蒐上擅自更改任命的阳处父，都是赵衰在世时所培植起来的势力[1]。

正是在此基础之上，赵盾凭借其老辣的权谋、残忍的手法、凌厉的气势和无底线的行事作风，与国内外各方势力频频角力，在短期内垄断了一切军政大权，成为炙手可热的执政，荣登列国"大夫秉国政"第一人的宝座，为春秋时期"礼崩乐坏"的进一步下移涂上了浓墨重彩的一笔。

这里需要指出的是，赵盾、先克这些毫无政治经验的年轻人之所以能够如此轻易地获取政权，除了赵衰多年的辛勤耕耘之外，与当时晋国国内的政治风向也不无关系。

我们知道，晋文公归国之初，面临的情形并不乐观。但由于当时国内利益集团分化严重，晋文公便以恢复公族地位为突破口，推出了一系列革新举措。通过大刀阔斧的改革，在短期内形成了一个具有高度竞争性的环境，并借此出兵中原，以城濮一战实现了对中原霸权的绝对控制，由此开创了晋国长达百年的霸业辉煌。但与此同时，高密度的对外战争和不断的军事胜利，也带来了意想不到的后果，那就是在国内缔造出一个勋威卓著的军功集团。

军功阶层的兴起往往意味着国君权力会受到压缩。晋文公在位之时，以他的个人威望以及与流亡团队间的个人情谊，还能与这些卿大夫保持一个君礼臣忠的和谐局面；可一旦这个威望素著的拓荒之君不在了，新君幼弱无法掌控全局，就很容易引发无法控制的灾难。尤其是在"国无公族"制度的约束下，国君没有近亲子弟的帮衬，一旦国君幼弱，产生的效应便会被成倍地放大。

这种局面与王朝草创初期的情形颇有些类似，一个王朝是否能够社稷永固、国运绵长，第二代帝王的作为往往会起到决定性作用。比如勃兴勃亡的秦、隋二朝，都是因第二代君主未能处理好建政之后的社会矛盾，招致了国家的破败。即便是国祚较为持久的汉、唐、宋、明等朝，在二代君主即位前后，也都出现过影响深远的混乱局面。

晋文公虽没有足够的历史经验作为参考，但对培养接班人的重要性也有着充分的认识。他对太子欢倾注了大量的心血，不仅早早地就开始为太子物色老师，为

---

[1] 详见《晋国600年2》第二章第三节"夷董之蒐"。

他提供最好的教育，还身体力行地学习读书和治国的道理，希望用自己的实践指导太子避开随处可见的陷阱。

彼时晋文公正值壮年，他能用短短几年时间就建立不世的功业，就有理由相信这种无上光荣的日子能够长盛不衰。他始终都相信，自己有足够的时间将这个国家治理得更好，也有足够的时间将太子培养成一名合格的接班人。

然而智者千虑，必有一失，晋文公自以为能掌控一切，可有很多事情终究是人力所无法操控的。这其中，最让他感到无力的是，他斗得过强大的楚国，斗得过险恶的人心，却终究斗不过一场突然降临的疾病。

史料上并没有具体说明晋文公究竟因何而死，他经历了十九年的流亡岁月才终于回到国内，却仅仅在这个位置上坐了不到九年。还没有来得及细细品味自己孜孜以求所创造的霸业辉煌，没有顾得上含饴弄孙享受天伦之乐，没有来得及将尚未完成的改革措施推行下去，便毫无征兆地离开了人世。而这个时候，被立为太子的公子欢或许才刚满十岁，就不得不以其幼弱的肩膀扛起国家的重担。

自古以来，"主少国疑"都是一个危险的信号，这是被历史一再印证的普遍规律。那些手握重权的辅政大臣，哪怕是与前任国君有再深厚的情谊，也会不可避免地利用职务便利增加自己手中的筹码。即便是毫无私心的公允之臣，在面对幼年君主时，也难免会流露出一股盛气凌人的气势，这些都会成为将来激化君臣关系的导火索。

这里最典型的例子就是晋襄公与先轸之间的冲突。作为春秋早期最负盛名的军事家，先轸先后主导了城濮之战和崤之战，在短短五年内先后击败了楚、秦两大强国，基本上奠定了此后两百年的列国政治格局。不过，在将先轸的威望捧到极点的同时，这两场战役的胜利也让他滋生了骄纵之心，而他与晋襄公之间的冲突也就此显现了出来。

崤之战后不久，晋襄公因听从文嬴之言擅自释放秦军三帅，先轸得知后暴跳如雷，不顾君臣之大防对着晋襄公破口大骂，随后还"不顾而唾"，当场给国君甩了好一顿脸子，可见他究竟还是没有把这个端坐高堂的孺子当回事。

先轸事后也意识到自己言行太过出格，有心想要弥补错误。不久后的晋襄公元年（前627年）八月，位于吕梁山区的"白狄"入侵晋国，双方在箕地相遇，晋国大夫郤缺生擒"白狄"首领，晋军由此取得大捷。

战争到此本来也就结束了，但先轸却突然惭愧地说道："匹夫在国君面前放肆而没有受到惩罚，难道不该自我惩罚吗？"说罢便免去甲胄孤身冲入敌阵"送人头"，果然就被对方砍死了。

赵盾秉政

先轸以死谢罪挽回失礼的过错，体现了第一代创业者心中所残存的君臣之义。但伴随着家族财富和权力在代际之间的传递，礼义终究会让位于既得利益，君臣之间的感情也就不会那么纯粹了。

晋襄公即位初期对国家大事没有插手的机会，只能怯生生地看着功勋卓著的老臣们四处扬名立万，自己却只能像个吉祥物一样任人摆布。这些都对晋襄公的心理状态产生着潜移默化的影响，从而为他后来的决策埋下了伏笔。

俗话说，年轻就是资本。晋襄公虽斗不过这些专横的强卿，可只要假以时日，机会总是会有的。为此，他特意培植了如士縠、梁益耳、箕郑父、先都这些在晋文公时期并未得到重用的力量，准备有朝一日将晋文公时期造就的功勋阶层逐步替换掉。而到他即位的第六年，一批晋文公时期的老臣先且居、赵衰、栾枝、胥臣等人相继去世，这就给晋襄公着手进行人事调整提供了难得的契机。

然而让他想不到的是，随着秦晋冲突的不断升级，以及晋楚在中原利益冲突的沉渣泛起，军功阶层的发展又经历了一个新的阶段。到他准备着手亲政的时候，国内早已形成了一个稳固的利益集团，以他的资历根本无法撼动，这也就注定了他试图通过"大换血"来巩固权力的努力不会取得成功。

夷之蒐时，晋襄公原本想将士縠和梁益耳推上中军将、佐的位置，同时让箕郑父和先都分别担任上军将、佐。但晋襄公的设想刚一提出，就遭到了以先克为首的军功集团的强力阻挠，其原本的人事调整计划全部泡汤。

为了挽回败局，晋襄公只能退而求其次，在"军功集团"之中选择了相对弱势的狐射姑结盟，试图以此对抗先、赵两家组成的联盟。然而让他无论如何都想不到的是，自己的师傅阳处父竟然在这个关键时刻出手搅局，自作主张在董地举行大蒐，将狐射姑和赵盾的位置进行了调换，使得自己联结狐氏以牵制先赵联盟的企图完全落空。

而在襄公去世之后，赵盾和狐射姑为了争夺权势，竟然将国君之位当成棋盘，展开了一场激烈的争斗。在此期间，为了彻底压倒狐射姑，赵盾可谓无所不用其极，他通过残酷而野蛮的政治手段，先后导致了文公的两个儿子公子雍、公子乐死于非命，狐射姑举族投奔赤狄，先蔑、士会出奔秦国，阳处父、续鞫居断送了性命，秦晋两国更是因为令狐之役的不宣而战再次进入了冲突的高峰期。

赵盾雷厉风行的性格固然可以让他快速集中权力，但也不可避免地为自己树立了不少敌人。其中，在夷之蒐上受到排挤的士縠、梁益耳，以及争取上军职位而不得的箕郑父、先都，都是对其怨念最深的。

如此一来，在晋灵公初年的政治舞台上就出现了泾渭分明的两个派别：一派是以赵盾、先克为首的执政联盟，一派是以箕郑父、先都为首，以士縠、梁益耳为辅的反对联盟。另外还有一个名叫蒯得的大夫，因怨恨先克为人霸道，抢夺了他的堇阴之田（位于今山西万荣），从而站在了反对派一边。

反对派因在政治斗争中处于下风，无法通过正常的渠道获取权位，就产生了军事政变的念头。晋灵公三年（前618年）春，这五人联合起来鼓动民众作乱，于当年正月初二日杀死了中军佐先克。

事件爆发后，赵盾迅速做出反应。他先是于半个月后，也即正月十八日捕杀了先都和梁益耳；两个月后的三月二十八日，又将屠刀伸向了箕郑父、士縠和蒯得。一场剧烈而短促的内乱，在赵盾的铁腕之下迅速得以平息。

五大夫之乱导致的直接结果，是使得新的内阁成员迅速凋零殆尽。按照令狐之战时晋军的部署，狐射姑出奔后任命的六卿分别是：

赵盾、先克，箕郑父、荀林父，先蔑、先都。

其中，排名第五的下军将先蔑，早于晋灵公元年（前620年）的令狐之战后出奔秦国。而在这次叛乱中，排名第二的中军佐先克为叛乱者所杀，排名第三、第六的上军将箕郑父和下军佐先都先后受诛。刚刚组建不到三年的六卿团队，如今就只剩下赵盾和荀林父两个人了。

为补充卿位空缺，赵盾只得提拔荀林父为中军佐，并以郤缺、臾骈统率上军，栾盾、胥甲统率下军。由此组成了河曲之战时的三军六卿新序列，也即：

赵盾、荀林父、郤缺、臾骈、栾盾、胥甲。

在这个新组成的内阁中，政治倾向明显党于赵氏的有两个人，即担任上军将、佐的郤缺和臾骈。郤缺的具体事迹在前文中已有过介绍，这里需要着重一提的是上军佐臾骈。

按照通常的说法，臾骈起初似乎是狐氏的家臣，但在夷之蒐上却受到了狐射姑的羞辱，故而转投赵氏。到狐射姑出奔之后，为了对失败者给予"人道主义关怀"，赵盾决定将其眷属都送到"狄国"，而护送狐氏家眷的重任便落在了臾骈的头上。

臾骈的臣属得知自己护送的是狐氏家属，个个都群情激愤，想要杀尽狐氏以图快意，可臾骈却坚决不同意，还出面劝阻说："敌惠敌怨，不在后嗣，忠之道也。"——无论你跟他有多大仇怨，都不该报复在其家人的身上。与此同时，他还进一步阐述说："这次护送狐氏家人出境，是赵盾他老人家派给我的公事。他老人家要对狐氏施以恩惠，而我却因为自己的私心报复私怨，这是对他的不忠；借着他的权势去报私仇，也算不得是勇敢；为了一时的怨气而增加狐射姑的敌意，也不是明智之举。他老人家一定是相信我不会做这不忠、不勇、不智之事，所以才对我委以重任，我怎么能辜负他呢？"

臾骈的这番话有理有据有节，但至于是不是赵盾的真实用意，其中的关节便不好妄加揣测了。但总之，臾骈以赵氏臣属的身份却能身居上军佐的高位，可见赵盾对其信任之深。

除此之外，担任下军将、佐的栾盾和胥甲，分别是晋文公时期的下军将栾枝，以及流亡派大夫胥臣（司空季子）的儿子。这两人在史料中留存的事迹不多，但从赵衰举荐栾枝、胥臣的过往来看，栾、胥两家与赵氏的关系也不会太差，也都给赵盾的执政提供了强大助力。这也就意味着，在新一届的内阁集团中，如果还有人能够对赵盾形成制衡的话，唯一的可能也就只有排名第二的中军佐荀林父了。

荀氏简史

荀林父所在的荀氏家族也是姬姓，但并不属于晋国公族，其得氏始祖是晋献公时期的重臣荀息,又称原黡。其来源根据称呼可知,应该是出自王室直属的原国。原黡入仕晋国时恰逢七十年曲沃代翼内乱的最后阶段,因辅佐晋武公建立了功勋,在内战结束后被封于荀地,后来便以荀为氏,而原黡也开始以荀息的称号出现。

荀息的主要事迹有两件,最让他声名大噪的是晋献公晚年的"假途伐虢"之战,荀息略施巧计就将虞、虢两国兼并,由此也展示出了出色的军事才能。然而以荀息的才智,竟也是一个愚忠之人,只要是国君留下的意旨,哪怕明知是错的也会坚定不移地执行下去。

晋献公晚年在立嗣问题上接连出错,逼迫太子申生自杀,公子重耳、夷吾出逃国外,引发了三公子党众的不满。他自知骊姬的幼子难以服众,恐怕无法保持君位,于是便在临终前托孤于荀息,命其保护太子继位。荀息明知晋献公交给他的是一个不可能完成的任务,然而忠心耿耿的他竟然不假思索,当即立誓表示不辱使命。晋献公死后,权倾朝野的里克、丕郑决定举事杀死奚齐,事前还曾向荀息通了气,可荀息死忠的决心不变,最终还是在里克发动政变后自裁以向晋献公谢罪。

荀息的做法是明知不可为而为之,因而即便以死殉君,却也未能得到《左传》的认可。左氏反而借君子之口批评说:"白圭之玷,尚可磨也;斯言之玷,不可为也。"玉圭上的斑点还可以磨掉,可话一旦说出口,再想挽回就没那么容易了。荀息的悲情结局,过于执守承诺或许是原因之一,但最主要的原因恐怕还是他太轻易许诺了。

荀息之后,整个荀氏在晋惠公时期都无所作为,一直到城濮之战时,才有荀林父以晋文公御戎的身份出现在史料当中。而据《世本》《太平御览》等古籍记载,荀林父实际上是荀息之孙,他的父亲名叫逝敖(又或舞嚣),而他的母亲则是冶氏一个被丢弃的女奴。

晋文公五年(前632年),晋国在城濮大胜楚军,因此"作三行"以御狄,荀林父被任命为中行将。这个三行的编制只存在了不到三年,到晋文公八年就被全部裁撤,改为新上、下两军,荀林父也就成了晋国历史上唯一一个担任过中行将的大夫。大概是为了纪念这个具有特殊意义的职位,荀林父后来便以中行为氏,成为晋国中行氏的开创者,故而又常被称为中行伯、中行桓子。

这里值得一提的是荀林父与原下军将先蔑的关系。先蔑以及参与五大夫之乱的先都,与先轸、先且居父子应为同族,但政治取向却并不一致,因此一般猜测其应该是先友的后人。晋文公组建三行时，曾以先蔑为左行将、屠击为右行将，与荀林父也算是早有渊源。三行被裁撤后，此三人似乎都未跻身卿列，直到晋襄公去世之后，荀林父和先蔑才双双进入六卿，并于狐射姑出奔后分任上军佐和下军将。

赵盾与狐射姑争权时，担任下军将的先蔑曾受赵盾指派，与士会一道去往秦国迎接公子雍回国。出发前，荀林父念及双方长期的同僚之谊，曾好言相劝道："夫人和太子都在国内，却要舍近求远去国外寻求新君，这事一定行不通，我担心会因此给您惹来麻烦啊！身为您的同僚，就必须尽到同僚的职责，所以建议您以生病为借口，派一个摄卿前去以保全自己的地位，何必亲自蹚这趟浑水呢？"

然而先蔑不知出于什么原因，终究还是应下了这个差事，结果还真被荀林父言中。令狐之战赵盾带兵夜袭秦军，先蔑自知已不容于晋国，便只好与士会一起逃亡到秦国，从此再也没能回国。

荀林父顾念同僚之谊，冒着见罪于赵盾的风险极力劝阻先蔑，以儒家的观念而论是为"忠"。在各派势力互相残杀的混乱局面下，能够时刻保持理智的头脑，做到持中守成，也可以称得上是"智"。当六卿之中其余将佐为了权势纷纷上阵搏杀的时候，荀林父却又依靠其过人的洞察力独以自保，又当得起一个"敏"字。

荀林父凭借自身沉稳的性情和深远的谋略，不仅避开了血雨腥风的政治斗争，还因此由一个普通大夫一跃而成为晋国政坛上的二号人物，这可以说是他的幸运。然而，祸福总是相伴而生的。在令狐之战后形成的新一届内阁当中，上有赵盾只手遮天，下有郤缺、臾骈、栾盾、胥甲暗中掣肘，荀林父即便再有雄心也终究无法施展，这又是他的不幸。

面对赵氏"执政联盟"的孤立，荀林父并没有选择逆来顺受。但正如宁嬴在评价阳处父时所引用那句话，"沈渐刚克，高明柔克"，深沉的人要以刚强的手段来克制，爽朗的人却要用柔弱来克制。荀林父深悉"扬长避短""以柔克刚"的道理，故而一直都是以柔软的手段与赵盾角力，其结果自然也就与只懂得以暴制暴的箕郑父、先都等五大夫截然不同了。

比而不党

赵盾执掌政权的方式过于霸蛮，稳固权力的手段更是充满了血腥，不少在斗争中利益受损的家族慑于其强悍手腕不敢公然反抗，但内心的愤恨和不服从却是无法掩饰的。尤其是在组建六卿团队时，赵盾拔擢郤缺、臾骈，任用栾盾、胥甲以孤立荀林父，更是为他招来了任用私人、党同伐异的批评。有关这一点，在河曲之战时赵盾处置韩厥一事上就有所体现。

这则故事被记载在《国语》中，说是河曲之战爆发时，赵盾将韩厥推荐给了晋灵公，将其任命为三军司马，可谁知韩厥"新官上任三把火"，第一把火就烧到了赵盾的头上。

当时，晋军在河曲刚刚驻扎不久，有赵盾的亲信驾着他的战车在军中横冲直撞，韩厥见到后二话不说就把人抓来杀掉了。事情发生后，旁人都以为韩厥难逃劫数，于是就纷纷议论道："他早上刚被主君升了官，晚上就杀掉了主君的亲信，这个司马的职位怕是当到头了！"

可没想到，赵盾听说之后不怒反喜。他把韩厥叫了过来，当着众人的面说道："我听说侍奉国君要做到'比而不党'。出于忠信，为国推举正直的人才便是'比'；反之，如果徇于私情，推举的人才不堪重任便是'党'。当初将你推荐给国君时，我还担心你不能胜任，让我落下结党的名声，这样的话我也就没脸做这个执政了，因此才派人来试探你。如今看到你能做到'军事无犯、犯而不隐'，我也就放心了。你多努力吧！只要能够坚持这么做，那么将来执掌晋国的，除了你还会有谁呢？"

在对韩厥表示鼓励的同时，赵盾还不忘向大夫们宣扬："诸位可以祝贺我了，我推荐的韩厥正直无私。只要有他在，从此以后我就可以免去结党营私的罪行了！"

赵盾这席话可以说是一个"危机公关"的典型案例。河曲之战发生在晋灵公六年（前615年），距离五大夫之乱才刚刚过去三年，赵盾狠辣乖戾的名声还未止息，而由于士会逃秦、狐射姑奔狄所引发的负面效应却已经开始显现。反对力量也正是以此作为切入口，不断地制造舆论以逼压赵氏，故而才会有赵盾"结党营私"的不利言论甚嚣尘上。

如今韩厥在战阵上明令军纪，公然处死了赵氏亲信，于旁人而言或许是触了赵盾的逆鳞，可对赵盾本人来说却不啻于是雪中送炭。在赵盾压力最大的时候，韩厥的做法为他在舆论上做出反击提供了绝佳的素材，可谓是正当其时。

然而遗憾的是，赵盾话音刚落，就很快被自己人打了脸。

在进行战争部署时，赵盾采取臾骈"深垒固军以疲敌"的计策坚守不战，而秦康公则采用了晋国流亡大夫士会的建议，专门派人到赵穿阵前挑战。赵穿受不得激，连番孤军出战，使得赵盾情急之下只能带领全军出营救援，原有的作战部署也被完全打乱了。

这还不算，后来秦康公因惧怕晋军战力准备连夜撤军，于是特派使者到晋军营内假意约战。臾骈看出秦国使者神色慌张，料定对方一定是虚张声势，于是就建议全军趁夜突袭秦军，结果又是赵穿拉着下军佐胥甲一起挡住了营门，导致晋军坐失良机。

赵穿是赵氏的侧室，依照先秦史专家白国红教授的结论，应是赵夙的孙子、赵盾的堂侄，且一直都是被赵盾当作"卿"来培养的苗子。而与赵穿一同阻挡营门的胥甲，也同样是赵盾的私属。赵盾举荐这两人在军中任职，如今又因为他们的专行无忌而错失战机，显然是犯了结党营私的大错，由此造成的负面舆论可想而知。

河曲之战后，国人对胥甲、赵穿进行追责的声音一直都未曾止息，赵盾有心袒护赵穿，故而一直强压着未做处置。一直到五年后，因郑国出现了摇摆情绪，晋国责而不成，只好派巩朔到郑国修好，同时将公室的两个女婿赵穿和公壻池送往郑国为质，以换取郑国的信任[①]，也算是对赵穿进行了惩戒，但不久之后就又把他召了回来。

而对于胥甲，赵盾的惩罚显然更加严厉。晋灵公十三年（前608年），赵盾以"讨不用命者"为由，将其放逐到了卫国，从此以后胥甲便不知所踪，他的位置则由其子胥克取代。到晋成公六年（前601年）赵盾去世后，党于赵氏的新任执政郤缺为了将赵朔塞进内阁，便以胥克有蛊疾为借口将其废掉。胥氏因此而被排挤出卿列，这也就为后来郤氏的灭族埋下了伏笔，这些都是后话了。

诸浮会议

河曲之战后，在应对人们"讨不用命者"的声浪之外，赵盾所面对的最大压

---

① 详见《晋国600年2》第三章第二节"郑国叛晋"。

力，莫过于因士会和狐射姑的流亡而给晋国带来的威胁。在各方强压之下，赵盾不得不于晋灵公七年（前614年）夏天，在绛都城外的诸浮举行了一次高级别的秘密会议，以缓解当前的紧张局势。

会议召开时，赵盾简要地帮大家温习了一下当前面临的困境：如今晋国东有"赤狄"蠢蠢欲动，西有秦国频频举兵，两国时刻威胁着我们边境的安宁。而帮助他们的也都是大家的老熟人了，在"赤狄"的是贾季（狐射姑），在秦国的则是随会（士会）。这两个人都很熟悉晋国的内情，有他们为敌国出谋划策，恐怕我们就要疲于应付了。为了缓解晋国双线作战的压力，我想请大家议一议，究竟如何才能摆脱这种被动局面呢？

赵盾的话音刚落，中军佐荀林父便开始畅所欲言，他说："不如将狐射姑请回来！狐氏本就有勋劳在身，同时对外事也了解颇多，将他请回定能减少外患。"

但上军将郤缺却并不这么认为，马上就出口反驳道："狐射姑曾经为乱，而且有重罪在身。"其言外之意实际上是在说，狐射姑曾与赵盾争夺政权，野心已然被撑大了，但凡对晋国过去几年的斗争有所了解，就不应该忽略这一点。如若把他召回来，他绝对不会安分守己、甘居人下，到时候难免又会是一场腥风血雨。

相比之下，召回士会就要稳妥很多。在郤缺看来，士会有着"能贱而有耻，柔而不犯"的个性，是一个外柔内刚、能屈能伸的真君子。更何况，士会本来是没有罪的，出奔秦国纯属情非得已，让他回来也是名正言顺。那么，郤缺为何会做出如此判断呢？

士会，又称士季，谥武子，因被封在随、范等地，故而又称随武子、范武子，其所在的祁姓士氏家族是唐杜氏的一支。晋献公在位时期，士会的祖父士蒍因诛杀"桓庄之族"受到晋献公青睐而被授予司空职务，并主持了绛都的营建工作。到后来的骊姬之乱中，士蒍以及其同宗的杜原款都倾向于太子申生，在很长一段时期内充当了太子保护者的角色。但随着士蒍去世，杜原款又缺乏智谋，太子最终还是被骊姬陷害致死，士氏家族的发展也由此步入低谷，在晋献公晚期到晋文公时期都无甚表现，其间的两代宗主士缺（士成伯）及士穆子更是严重缺乏存在感。

到了晋襄公时期，士缺的弟弟士縠因受到晋襄公重用而复任司空，并在晋襄公三年（前625年）的垂陇会盟上，首开以大夫身份主持诸侯会盟的先例。在这次会盟上，士縠的表现十分得体，因此受到了《春秋》的表彰，后来更是一度成为晋国执政的热门人选。

然而以士縠非凡的才能，以及在晋襄公心目中的地位，其最终命运却令人唏嘘。在后来晋襄公七年（前621年）的夷之蒐上，由于受到赵、先联盟的连番阻挠，士縠的执政之梦化为泡影。士縠因此怨恨赵盾，遂与其余四名大夫一同发动叛乱，最终败亡——这个因怨生恨而枉死的冤魂，正是士会的亲叔叔。

士会是士缺的幼子，士穆子的弟弟，第一次抛头露面还是在晋文公时期。当时他随军参加城濮之战，但似乎并没有什么官职，后来担任晋文公车右的魏犨、宫之奇先后因违抗军令被罚、被杀，士会才临时上阵被指定为代理车右。

伴随着晋国霸业的狂飙突进，士会在此后的十几年里也因风借势，步入了事业发展的快车道。及至晋襄公去世前后，史书在提到他时常以随会、随季相称，可见此时的士会已经从一个名不见经传的小角色，进阶为一名拥有封邑的大夫了。

夷之蒐后的那段混乱时期，正是士会成长的关键阶段。然而就是在这样一个关键时期，士氏家族再次遭到打击，其叔父士縠因叛乱被杀，自己更是因卷入狐赵之争而遭赵盾算计，不得不流亡秦国。这一系列的政治斗争导致整个士氏家族都与赵氏为敌，士会对于赵盾的怨恨恐怕并不比狐射姑少多少。也正因如此，赵盾才有所犹豫，在士会和狐射姑之间狐疑不定。荀林父也正是抓住了赵盾的这个心理，才极力为狐射姑鼓吹。

然而，荀林父心中的小九九，又岂能逃得过赵氏党羽敏锐的嗅觉？他的话刚一出口，就被赵盾一手提拔的郤缺给否决了。在郤缺看来，作为家族中没有继承权的幼子，士会能够获得如今的地位，全是靠自己过人的智谋和卓越的军功换来的。一个人能够一步一步从底层爬上来，便应深知富贵来之不易，回来之后也更懂得安分守己，不至于再酿出什么祸端来。

计赚士会

郤缺的分析句句在理，既打消了赵盾的疑虑，也同时说服了在场的所有人，由此诸浮会议的主要议题也就有了明确的结论。接下来要考虑的问题便是如何让士会回到晋国。以士会对晋国深入的了解，以及他在河曲之战中所表现出的才智，秦康公显然不会轻易放人。如此一来，想要如愿召回士会，就必然要费一番周折。

为了达成目的，赵盾使出了一招苦肉计。他先是命魏寿余带领魏氏族人发动叛乱逃到秦国，然后再假装震怒将其家人全都抓起来。等到时机成熟，他又故意放松看守，让部分人趁夜出逃。出逃的家人历经艰险、跋山涉水到达秦国之后，对着秦康公一通哭诉，也使得对方不再怀疑其叛逃的真伪。

在取得秦康公信任后，魏寿余就开始鼓动，说要把魏地划入秦国。魏地位于黄河北岸，西距控扼秦晋关钥的蒲城、风陵渡口只有咫尺之遥，是秦人垂涎几十年都未能得手的宝地。面对这从天而降的大馅饼，秦康公哪里还有什么抵抗力？霎时间喜出望外，惊喜地询问究竟该怎么做才能接手魏地。

魏寿余有些难为情地说道："找一个熟悉河东情况，能够跟当地官员说得上话的人跟我一起去，这事就会好办些。"

秦康公四下里看了看，恰好就瞅见士会正在一旁站着，就说："那就让士会跟你去吧。"

士会急忙上前推辞道："晋人都如虎狼一般，倘若他们食言，不肯放我回来，那该如何是好？我士会死不足惜，连累了妻子儿女也不足惜，可若是让君上您竹篮打水一场空，那时可后悔也来不及了！"

秦康公不是看不到其中蕴含的风险，只是这么一大块肥肉放在眼前，实在无法控制自己的贪念，还是决定要赌上一把。为了安抚士会，他拍着胸脯保证道："这些你都不必顾虑。倘若晋人不肯放你回来，寡人绝不为难你的家眷，定会将他们送回晋国！"

有了这个保证，士会这才放心地跟随魏寿余前往晋国。但让秦康公没有想到的是，早在朝堂会见之时，魏寿余便伺机踩了一下士会的脚，士会对此早已心领神会。这个细节被秦国大夫绕朝看在眼里，却并没有当场揭穿。只是在送别时，绕朝赠给士会一条马鞭，并冷冷地说道："你不要欺我秦国无人，以为你们的算计无人知晓，只不过我的话寡君不肯听而已。你我就此别过，后会无期了。"

渡过黄河之后，魏地人见二人安然无恙，皆欢欣雀跃，随即便簇拥着士会回到了国都。而到了这个时候，秦康公才知道自己中计了。但他没有因此怨恨士会，而是依旧遵照之前的约定，将其家人送回晋国。

不过，根据后来的史料推断，秦康公终究还是有所保留，并没有真正做到"尽归其帑"。比如后来经常活跃于国际舞台的秦国大夫士雃，据说就是士会的次子。这些被滞留在秦国的族人后来改为刘氏，据好事者说，汉室开国之君刘邦就是这支刘氏族群的后人，其中的真伪究竟如何，就不好评价了。

另外，根据某些史料中的说法，士会在回国之后，对绕朝临别时的那番话感到十分后怕，担心他将来会危害晋国，因此便再施离间计，终于借秦康公之手拔掉了这颗眼中钉。

士会凭借其卓越的军事才能，回国后不久就进入了六卿的行列，为孤立无援的荀林父提供了莫大的支持。但另一方面，士会流亡秦国的这段经历终究给他留下了深刻的阴影，再加上其"能贱而有耻，柔而不犯"的个性，使得他无论如何都不会与赵盾起直接冲突。甚至我们可以说，他能够在流亡多年之后回归故土，在很大程度上还要感念赵盾的好处，这也就冲淡了人们对赵盾"党同伐异"的想象，进一步巩固了赵盾的权力。

在君主制体系之下，君主与卿相之间的权力冲突从来都是永恒不变的命题，当卿相手中的权力过于炙热，就意味着君主的权力受到了抑制。在赵盾独断专行、主持国政的这十几年间，不仅荀林父的才能无法施展，就连身为主君的晋灵公也严重缺乏存在感。战国时期纵横家常挂在嘴边的那句"天下只知有某君而不知道有国君"的离间话术，用在如今的晋国可谓恰到好处。

君卿之间关系的不对等，必然会带来巨大的冲突。作为晋国真正的主人，面对赵盾的专断独裁，晋灵公不可能无动于衷。那么，他究竟会采取哪些手段来削夺赵盾的权力，最终又会导向一个什么样的结果呢？

第二章
世卿世禄制的形成与危机

第一节　赵盾弑君

宫廷夜宴

公元前607年，是晋灵公在位的第十四个年头，也是赵盾担任执政的第十五年。这年九月的一天，为犒赏赵盾带兵拒秦伐郑之功，晋灵公特地命人准备了一席丰盛的晚宴，盛情邀请他入宫把酒言欢。

这次宴会，晋灵公准备了不少娱乐节目，宫廷内一时间莺歌燕舞、钟鼓齐鸣，气氛欢乐而祥和。赵盾受邀赴宴不胜荣幸，于是频频举杯，与在场的大夫一起向国君表达诚挚的敬意和美好的祝福。

觥筹交错之间，赵盾心甚欢愉，不知不觉间便多饮了几杯，到掌灯之时已然微醺，走起路来也有些飘飘然了。这个时候，晋灵公突然对赵盾说："寡人听闻你的剑是一把利剑，能给寡人瞧瞧吗[1]？"

赵盾不知其中有诈，便带着剑欣然上堂。戎右提弥明发觉情形有异，忙喝阻道："臣子陪侍国君宴饮，酒过三巡还不告退就不符合礼数了，更何况是在君前拔剑？还不快退下！"见赵盾迷迷糊糊听不真切，提弥明急忙上前，拉起赵盾转身就走。

---

[1] 灵公观赵盾之剑未见于《左传》，载于《公羊传·宣公六年》。

就在此时，晋灵公将象觚重重地摔到地上，紧接着便听到殿外有隆隆鼓声响起，急促的脚步声从四处逼近。赵盾正要逃出大殿，谁知却被一条从檐下冲入的烈犬给撕咬住了，提弥明迎头上去就是一脚，直把烈犬踢得颌骨尽裂。赵盾被惊出了一身冷汗，一边向外逃跑，一边回头质问道："有忠臣良将不肯任用却要用狗，狗就算是再凶猛又有什么用？"

眼下显然不是逞口舌之快的时候。赵盾入宫时穿着宽袍大袖的华服，行动极其不便，他们很快就被赶来的甲士团团围住。提弥明护卫他且行且战，但终因寡不敌众而战死。在这万分紧急的关头，围捕赵盾的甲士中突然冲出一人，倒戟抵御其他的甲士，为赵盾争取了不少时间，赵盾这才狼狈地逃出重围。慌乱之中，他仍不忘询问勇士的姓名，那人顾不得回头，只是高声喊道："你还记得翳桑那个差点饿死的人吗？"

关于"翳桑之饿人"，《左传》插叙了一个故事。说有一次赵盾到首阳山（位于今山西芮城与永济之间）打猎，在翳桑小住时遇到了一个叫灵辄的人饿倒在地上，就急忙前去救助。那灵辄虽已经饿得不成人形，却十分节制，赵盾给的食物他只吃了一小半，剩下的全都打包了起来。赵盾很好奇，于是就询问其原因，灵辄回答说："我在外学习三年没有回家，如今快到家里了，却不知母亲是否还健在，所以就想把这些留着回去给母亲吃。"赵盾被他的孝心感动了，于是就让他全部吃掉，又另外赠给他一箪干粮和肉，让他带回家去给母亲吃。只因为这一饭之恩，灵辄在危急关头甘愿舍身，足见其忠义和勇气。

赵盾从公宫仓皇出逃，只管像没头苍蝇一般，命人马不停蹄地驾车向南奔逃。在颠簸的车驾上，他仰望璀璨而渺茫的星空，看着黝黑的群山向身后疾驰而去，内心充满无限悲凉。他不知自己究竟会流落何方，又会以何种样貌苟活于人世间。

他不甘心就此一败涂地，更不能甘心从此流落惶惶如丧家之犬。更重要的是，那个必欲置自己于死地的国君又怎么能容忍自己的存在，一旦让他掌握了军政大权，在天下霸主权势的威逼下，又有谁敢收容自己呢？

然而不久之后，也就是这年的九月二十六日，当晋灵公正在他耗费巨资修建的桃园行宫庆祝功成之时，赵盾的堂侄赵穿突然发难，将其杀死。

董狐直笔

事变发生之时，赵盾正停驻在边境上，当赵穿弑君的消息传来，他毫不犹豫选择了折返，继续回国执政。这一做法引起了不少贵族的愤慨，其中就有著名的太史董狐。他不畏惧赵盾的权势，毫不客气地将"赵盾弑其君"这几个字刻在竹简上并公之于众。

春秋时太史记录的事件，特别是国君继立亡故等大事，通常都会宣示朝野并传告诸侯。诸侯得到盟友的通告也会据实照录，成为藏于各国宗庙中的权威记录，并世世代代流传下去。

董狐如此记述，赵盾自然不会服气，他辩解说："天乎天乎！予无罪。孰为盾而忍弑其君者乎？"我赵盾难道是忍心弑君的人吗？

看他如此惺惺作态，董狐厉声责问道："子为正卿，亡不越竟，反不讨贼，非子而谁？"——意思是说，你赵盾逃亡未出国境，回来之后明知谁是凶手却又不惩办，就只能认定你才是真正的弑君者了。

《穀梁传》同样引用了董狐的话，不过与《左传》略有不同，其原话是："子为正卿，入谏不听，出亡不远；君弑，反不讨贼，则志同，志同则书重，非子而谁？"

在这段话中，董狐首先指出了赵盾的两项失职之罪。其一，身为正卿没能履行劝谏君主的职责，使得国君剑走偏锋酿成冲突，间接造成了后来的灾难，对国君的死负有间接责任。其二，在赵盾逃亡尚未出境的时候，其身份依然是一国执政，国内不管发生了什么样的祸乱，身为执政都难辞其咎，更何况是弑君作乱这样的犯上之举呢？

与此同时，董狐还进一步指出，就算是你流亡的时候，因为混乱无法控制国内秩序，你不愿意承担弑君的责任还勉强说得通。那么当你回到国内重新掌握了政权的时候，也总该有所表现，对弑君者加以惩处，以正视听吧？

再退一万步讲，大家都知道弑君者赵穿是你的堂侄，也知道你舍不得杀他，可即便如此，你把他抓起来，或者流放到国外去，以你的权威，这总不是什么难事吧？可你并没有这么做，你刻意袒护赵穿，任由弑君者逍遥法外，只能说明你与弑君者是同谋。两人同谋，就应该写地位高的，这难道有错吗？

董狐严密的逻辑推理让赵盾无言以对。

赵盾在政治上作风狠辣，对待政敌从不手下留情，但却十分顾念亲情，对自己的亲人十分关爱。特别是赵穿这个堂侄，在河曲之战时因为其任性蛮横，晋国整个战略部署完全被打乱，可即便如此，赵盾还是冒着丧师折将的风险出动全军去营救他。如今赵穿为自己出头做出了弑君的恶行，不管之前有没有得到自己的授意，他都不可能为了洗脱弑君的罪名而把赵穿明正典刑。既然如此，倒不如听之任之，硬着头皮把这个罪名担下来好了。

不过，赵盾在承担罪责的时候也很懂得避重就轻，董狐质疑赵盾的重点在"反不讨贼"这四个字上，可赵盾偏偏紧紧抓住了"亡不越竟"这四个字，并无限感慨地说道："'我之怀矣，自诒伊戚'①，其我之谓矣！"

意思是说，我赵盾之所以背上了弑君的罪名，并不是因为真的杀了国君，而是为了尊重史官的书写传统，心甘情愿把责任揽了下来。如果我逃亡的时候故意多跑几步路，或者说听到国君被杀的消息后装聋作哑，先去国外转一圈再回来，就不必背上弑君的罪名了。

对于赵盾的自辩，《左传》可谓是赞赏有加，但以我们当代的观念来理解，如此辩解很有些强词夺理的味道。毕竟，晋灵公死于赵穿之手这是无可争辩的事实，只要你没有讨伐弑君者，那么无论你是否越过了国境，就都有同谋的嫌疑，二者究竟又有什么区别呢？难不成他出一趟国回来，就真能因此而洗脱罪名了吗？

赵盾作为正卿，只要还没有逃离国境，就必须承担正卿所肩负的职责。国君在他的任上被人杀害，本身就是他的失职，倘若再不加诛讨，就证明他是认可弑君者行为的，就无法逃脱弑君的嫌疑。反之，如果出了国境，那么赵穿杀人的行为就与他无关了，因为这意味着他的权力实际上被罢免了，国内无论发生什么事，都不在其权责范围之内。哪怕是回去没有诛讨赵穿，顶多算是德行有亏，弑君的罪名自然与己无涉了。

这就好比孟子所说的"五十步笑百步"，在我们现代人看来，同样是逃跑，跑了五十步和一百步似乎也没有什么区别，孟子又为何会拿出这么一句话来举例呢？其原因就在于，春秋时期两军交战有一个不成文的约定："逐奔不过百步。"当你追

---

① 意思是：由于我心中怀念祖国，反而给自己带来了忧患。此处赵盾引用《诗经》并略有改动。《诗经·邶风·雄雉》："我之怀矣，自诒伊阻。"

逃的敌人已经跑出百步之外，就不能继续追了，否则即便是俘虏了敌人，也会因丧失荣誉而遭人耻笑。

同样，对于被追击的人来说，只要能将敌人甩开到百步之外，就意味着你已经脱离了战场，接下来哪怕是就地生火做饭、喝酒吃肉也没有人管你。但逃出五十步就停止的人则不同，这个时候他仍处于交战范围之内，仍然有可能被敌军俘获。在这个时候他停下了脚步，证明他的勇气还没有完全丧失，还有信心与追击的敌人一战。

因此，尽管在我们看来，五十步和一百步好像没什么区别，但在当时人的观念中，却恰恰能体现出一个人的胸襟和胆气。在崇尚贵族荣誉的春秋时代，尽管二者都是战场上的失败者，但跑出五十步的人仍值得敬重，而跑出一百步的人却是不折不扣的胆小鬼，以五十步笑百步也是再正常不过的。

对赵盾是否弑君的"量刑"同样遵循此理。当国内发生政变之后，赵盾若逃出了国境，这意味着他是真的害怕了，这个时候发生赵穿弑君的事件，自然与他无关。然而事实是，他在逃到国境之时并未再向前走一步，而是为了保住权位留在国内，可见彼时他的头脑仍是清楚的，赵穿弑君的举动即便不是出于他的授意，也跟他脱不开干系了。

弑君有理

不管怎么说，从各个口径来看，"赵盾弑君"的罪名都算是坐实了。儒家意识形态中，礼的第一要义就是要"定尊卑、明贵贱、辨等列、序少长、习威仪"。在这样的理论指导下，弑杀君上可是十恶不赦的罪名。既然赵盾担负了弑君的罪名，那么在微言大义的《春秋》语境中，赵盾该不该被口诛笔伐，好让他遗臭万年呢？

答案是肯定的。

如果《春秋》的确是孔夫子所作，那么当他写下"晋赵盾弑其君夷皋"这几个字的时候，就已经表明了态度。因为按照《左传》常有的解释，"凡弑君，称君，君无道也；称臣，臣之罪也。"在发生了如弑君这等严重政治事件时，名字被写在竹简上千古留名可不是什么好事，"做好事不留姓名"才是最好的。

具体到赵盾弑君这件事上，如果《春秋》写上"晋人弑其君夷皋"，那么这个

"君"夷皋铁定就是个暴君、昏君了,弑君者代表的是人民的意志,是替天行道、为民除害,自然是皆大欢喜。如果《春秋》写的是"晋赵盾弑其君",情况则正好相反,被写上名字的赵盾显然就是乱臣贼子,而被弑的国君则是一位好君主。

事实上,孔子对赵盾和晋灵公这对君臣显然是都没什么好感。他既为晋灵公作为的"不君"感到失望,更对赵盾行径的"不臣"充满了愤慨,因此毫不犹豫地把两个人的名字都写了上去,以证明他们都是有罪的,都要受千夫所指、万人唾骂。

孟子也坚信"孔子成春秋,而乱臣贼子惧",《春秋》一出世,必然会起到"天雨粟,鬼夜哭"的效果。他相信舆论的力量可以让这个世界变得更美好,可以让那些乱臣贼子无处遁形。不过,孟子的思想与孔子也并不总是一致的,至少在"以臣弑君"一事上,孟子就有他自己的想法。比如当齐宣王问到"汤放桀,武王伐纣"这种弑君行为是否具备正当性时,孟子的回答是:"弑仁者,谓之贼;弑义者,谓之残。残贼之人,谓之一夫。闻诛一夫纣矣,未闻弑君也。"

在孟子看来,君臣纲常伦理正常运行的前提是国君有道。假如国君当得太不像话,对仁义之士大开杀戒,那他只能称得上是独夫民贼,算不得君主。因此说周武王伐纣,我只听说周武王杀掉了一个独夫民贼,可没听说他弑君啊!这些理论和他所倡导的"民为贵,社稷次之,君为轻""君之视臣如土芥,则臣视君如寇仇"等观念一脉相承,其目的无非是想劝导当国者要爱民亲民,要求仁求义,以成就他心目中的理想国。

但在君主集权的古代社会,此番言论显然不会为当政者所喜爱,这也就注定了他的努力不会为当世的君主所采纳。尤其是其"独夫民贼"的宏论,更是为"弑君有理"的论调提供了理论基础,多少有点大逆不道的味道。因此当后世明太祖朱元璋读到这样的言论时,自然会龙颜不悦,并说出了那句振聋发聩的名言:"使此老在今日,宁得免焉?"

孟子之所以形成如此观念,恐怕与战国时期的思想风潮有很大关系。在孟子生活的时代,原先的霸主晋国早已被赵、魏、韩三家瓜分,吕氏齐国也变成了田氏的齐国,原先的四家臣属摇身一变,竟然成了受天子册封的正牌诸侯。

"礼崩乐坏"之后原本的等级秩序遭到了破坏,但地球照样转,人们的生活有可能还变得更好了。这个时候就会有人去反思,是不是孔子的那套理论压根就没用呢？特别是在面对赵、韩、魏、齐这些得位不正的主子时，即便是宣扬孔子学说的儒生，也总得考虑在位者的感受，不得不为现行秩序的合理性寻找依据，这恐怕也是孟子民贵君轻思想产生的源泉。

也正是因为这个思潮在战国时期很有市场，无须孟子的说教，"三传"的作者就都很自觉地向这方面靠拢了。他们不约而同地背离了孔子的思想，为这些篡位者的先祖们摇旗呐喊。对此，史学家童书业曾有过一段评价，说《左传》扬臣抑君的倾向尤为明显，特别是孔子在世时对季氏等弄权者深恶痛绝，《左传》中却处处透露出褒奖的意味。

在赵盾弑君一事上，我们同样可以看到这种思想的苗头。比如《公羊传》就为赵盾的行为进行了一番辩解，说："曰晋赵盾弑其君夷皋者，过在下也。曰于盾也，见忠臣之至。"赵盾可是大大的忠臣哪！《左传》更是引用了孔子的一句话说："董狐，古之良史也，书法不隐。赵宣子，古之良大夫也，为法受恶。惜也，越竟乃免。"也就是说，孔子对这件事的评论是，董狐和赵盾都是好人，董狐直言不讳不避权贵，精神可嘉；赵盾维持法度，甘愿担当弑君的罪名，也是好样的。

有这么一群博学大儒的背书，原本因弑君而受到《春秋》讥讽的赵盾，其形象突然间竟高大了起来，俨然成了为民除害、行侠仗义的美好典范。只是，在弑君罪行已然形成的基础上，要想为赵盾正名，撑起他"良大夫"的美好形象，仅仅宣扬其道德情操显然是不够的。人们还必须找到更多的事实作为证据支持，才能够在"弑君有理"的理论框架内彻底洗脱赵盾身上的污名——如此千钧重任自然要靠晋灵公来完成。于是乎，在战国年间流传的故事中，一个令人惊叹的顽劣君主的形象便跃然于竹简上了。

灵公不君

为了深入刻画晋灵公荒淫无道的形象，叙述他残国害民的斑斑劣迹，《左传》真可谓是不遗余力。

起初，作为一名霸主之国的国君，晋灵公似乎对国家大事不怎么感兴趣，反而是对艺术有着很高的追求，特别喜欢在墙上画彩绘。但问题是，任何兴趣爱好都需要有大量的资金支持，尤其是在物质资料极其匮乏的春秋时代，从事绘画艺术更是需要消耗大量的民财。为了能将这项事业进行到底，晋灵公便不断地向民众收取重赋，闹得是民怨沸腾、怨声载道。

闲暇时间，晋灵公还有一个特殊的癖好，就是喜欢用弹弓打人。为此，他还特意在宫墙内修筑了一座高台，然后把朝臣们聚拢在一起，一边搞"实弹射击"，一边看他们龇牙咧嘴躲避弹丸的滑稽模样，玩得特别开心。

晋灵公行事如此乖戾，人们自然会有所不满，但顾念其国君的身份，也大都敢怒不敢言。时间长了，晋灵公便被娇纵得愈发顽劣，以至于发展到随意杀人取乐的地步。

据说有一次，宫里的宰夫把没有煮熟的熊掌给端了上来，晋灵公吃了之后大概是腹中不适，于是就当场就把他杀了，同时还将其尸体肢解了放在一种用草绳编成的畚箕中，让宫女用头顶着从朝堂上走过。

赵盾当时正立于朝堂，猛然见到畚箕外耷拉着一只手，就急忙拦住宫女询问。听宫女如实说了之后，他简直肺都要气炸了，当时就怒气冲冲地准备赶往后朝训斥灵公。

同立朝堂的士会了解赵盾的脾气，担心他这一去会激化君臣矛盾，于是便劝阻说："您是执政，如果您的话他都不听，其他人就都不敢再进言了，还是先让我去劝谏吧！"

士会进入内朝见到国君，恭恭敬敬地伏地行礼，可晋灵公却假装没看见他。士会也不生气，站起身来向前走了几步，再次伏地行礼，如此往复，一直到了屋檐之下，晋灵公这才无可奈何地转过头来说："我知道错了，会改正的！"

士会只得恭敬地回应道："人非圣贤，孰能无过；过而能改，善莫大焉。"又说："靡不有初、鲜克有终，君上能够善始善终是我晋国的福气啊！"

晋灵公当场答应得很诚恳，可事情过后忘得也很彻底，没过多久就又恢复了本色。眼看士会的话也没起到作用，赵盾只好亲自上阵，苦口婆心讲了不少大道理，可对方偏一句都没听进去。不仅如此，在经历了几次劝谏之后，晋灵公对其感到十分厌烦，厌烦其至要派刺客去杀他。

被派去的刺客据说名叫鉏麑，此人到了赵氏宫中，大概是蹲了一夜也没找到机会。一直等到凌晨，看见赵盾的卧室门打开了，才急忙拿着匕首准备上前行刺。只是在行刺之前，他忍不住多看了一眼，也就是这片刻的迟疑，彻底改变了他的命运，更改变了历史的走向。

按照《左传》中的说法，赵盾是一位品德极其高尚的君子。为了给天下臣民留下一个好印象，他早早地就起来穿戴打扮，衣服上的每一个装饰，冠带上的每一颗珠玉，都要仔仔细细检查一遍，可谓是恭敬之至。收拾停当后发现时间还早，赵盾就坐着小睡了一会儿，在小睡的时候，依旧是正襟危坐，生怕把衣服给弄皱了，那副虔诚的态度简直让人看了头皮发麻。

鉏麑是一个有担当、有情怀的刺客，眼前的场景让他不由得对赵盾敬佩万分，以至于突然良心大发，心说："如此恭敬的君子，心念家国百姓，是真正的万民之主，我怎么能杀这样的人呢？"他既不想杀掉心念百姓的执政，又不想违背国君的指令，两难之下只好选择以死相报，最终竟撞在一棵大槐树下死掉了。

派刺客暗杀没能成功，晋灵公只好自己动手。他提前豢养了一只烈犬，等到烈犬驯养成熟，就假意在宫中宴请赵盾。而在背地里，则是预先埋伏了甲兵，准备在大宴之上围捕赵盾。可谁知他机关算尽太聪明，最后竟作茧自缚，自食苦果，也算是罪有应得吧！

诿过于君

人们在对历史事件进行评述的时候，不可避免地会带有主观偏见，对真实发生的事件进行取舍，以此来印证自己的结论。《春秋》推崇德行仁义，自然就会把其固有的意识形态带入历史事件中，一旦爆发了生死冲突，就必然要分出双方德行的优劣。晋灵公诸多"不君"的行径，实际上就是在此前提下对史料进行摘选的结果。

以我们今天的视角来回看这些故事，实在是漏洞百出。且不说广受诟病的鉏麑触槐而死的桥段是子虚乌有，即便是以上所列举的事项都是实情，也很难证明晋灵公就一定是个人人得而诛之的独夫民贼。

首先，依照我们之前的介绍，晋襄公去世的时候，晋灵公还只是个嗷嗷待哺的孩童，若不是母亲穆嬴每天抱着他穿梭于朝堂和赵氏的府邸之间哭诉，他根本就不可能继承君位。以此来推断，到十四年后被赵穿杀死的时候，其年龄最多也就是十七八岁，而这恰恰是《春秋》三传极力想要让人们忽略的前提。

因此，喜欢以弹弓取乐、喜欢涂彩绘等荒诞行径，不过是一个处于青春叛逆期甚至是低幼状态的"熊孩子"搞出来的恶作剧罢了。即便是杀掉厨子的举动，在我们今天看来难以接受，但在等级森严且殉葬制度尚未完全废除的春秋时期，残杀奴仆并不是什么严重的罪行。这些行为再恶劣，跟赵盾先后导致了狐射姑、先蔑和士会的出奔，晋文公两公子及先克、阳处父、续简伯之死，以及二卿三大夫叛乱的系列事件比起来，其对世道人心的影响都微不足道。何以到最后十几岁的晋灵公落下了"不君"的罪名，而弑君引乱的赵盾却获得了"良大夫"的美名了呢？

其次，即便我们抛却这些不论，单以晋灵公的顽劣而论，赵盾也同样难辞其咎。当初穆嬴在朝堂上哭诉时提到，先君晋襄公在去世前曾言辞恳切地嘱咐赵盾："这个孩子将来如果能够成材，我就是受了您的赐予；倘若不能成材，我在地下也会怨恨你的。"

赵盾肩负晋襄公的托孤重责，那么给国君选称职的老师，提供良好的成长环境，都是他义不容辞的责任。然而事实上，赵盾罔顾自身重担，将全部精力都投入了争权夺利的政治斗争中，让一个本来应该接受良好教育的少年国君，在自由散漫的环境中成长为一个"熊孩子"。而当国家政治出现混乱的时候，又将所有的罪责都一股脑儿地推给了一个尚不能自主的孩子，如此作为本就是不负责任的表现，又如何能够当得起"良大夫"的头衔呢？

最后，一味地进行道德说教，只能将真实的矛盾与冲突爆发的内在逻辑掩盖起来，这也是三传"德性论"叙事的一大缺陷。倘若刨除了道德外衣实际上不难发现，赵盾与晋灵公之间的冲突归根结底还是权力之争。当晋灵公尚且年幼时，还没有参政议政的意识，赵盾对其有所管控也无可厚非。但伴随着年岁的渐长，晋灵公自然而然就会产生亲政自主的意愿，然而这个时候，赵盾却不愿归政放权，难免就会造成君臣之间的嫌隙，由此产生的权力纠纷显然不是仅凭道德就能一概而论的。

事实上，晋灵公夺取权力的手段，在历史上并不是什么特例。近如楚庄王与若敖氏之间的冲突，远如后世康熙帝和鳌拜的斗法，都与其有很大的相似之处。当君主幼弱，国家权柄完全被操控于权臣之手时，君主想要夺回原本属于自己的权力，就只能示敌以弱，甚至还会故意放大自己的缺点来迷惑对手。

从这个前提出发，我们似乎可以做出这样一种假设：假如楚庄王在与若敖氏争权的过程中死于非命，假如康熙帝抓捕鳌拜的行动失败了，那么他们在历史上留下的名声，恐怕比晋灵公好不到哪里去，那些"一鸣惊人"的美好传说也就不流传下来了。

而反过来讲，若是假以时日，晋灵公真的能够一局定乾坤除掉赵盾，谁又知道他会不会成为晋文公之后又一名有作为的君主呢？晋国未来的历史，乃至于整个中国历史的走向都有可能因此而改写。

然而，历史毕竟不容假设，赵盾在晋国的专权程度要远甚于若敖氏，其心思缜密程度更是对方无可比拟的。比如在危难时刻挽救赵盾的灵辄，在现代学者韩席筹看来不过是赵盾安插在公宫的心腹，可见赵盾对晋灵公控制之严密。这就使得晋灵公无论在朝堂内外都没有多少胜算，也注定将会成为这个由胜利者书写的历史叙事中一个可笑的失败者。

更重要的是，在这个重要的历史转折点上，晋灵公的失败已经不仅仅是他一个人的悲剧了，更是整个晋国公室走向悲剧命运的起点。此后百余年间晋国公室的凋零，乃至于最后为三家所瓜分的结局，在这一刻也就注定了。

第二节　世卿世禄

成公归国

晋灵公十四年（前607年）十月初三日，桃园弑君案爆发仅七天后，晋文公与王姬所生的儿子黑臀便从寓居多年的成周回到了晋国，并被确立为晋国的新任国君——晋成公。

按照我们此前的推断，王姬嫁到晋国的时间应该是在晋文公勤王之后，晋成公出生的时间应不会早于晋文公二年。因此，到他回国即位的时候，年龄大约有二十七八岁，是晋文公之后最为年长的国君了。然而，与年幼继位的晋襄公和晋灵公相比，晋成公尽管年富力强，可地位却显然更为尴尬。

按照晋国的政治传统，所有未被确立为太子的公子都会被送到国外，年幼时的晋成公也不例外。自打他的兄长欢被确立为太子，年少不经世事的黑臀就被远送到了外婆家，从此开始了二十余年的寓居生涯。本以为晋国的血雨腥风抑或风花雪月从此就与他再也没有半点关系了。他只想在天子的都城里做一个逍遥的寓公，在安乐富足的生活中消磨一生的光阴。

谁能料到，兄长在位不到七年就英年早逝，另外的两个兄弟在卿族的斗争中也死于非命，而侄子更是在尚未成年的时候就死于权臣之手。公室子弟凋零殆尽，自己这样一个毫无政治野心的看客，竟然因缘际会变成了香饽饽，被人从一个无人问津的角落推上了熙来攘往的历史前台。

晋成公回国后的程序，与父亲三十年前并没有太大的区别。他先是在郊外接受大夫的朝拜，然后在曲沃的武宫朝祭先祖后宣布即位，随后再赶回绛都，开始正式处理政务。

然而正所谓"三十年河东，三十年河西"，当他再次踏上晋国的土地，回到阔别多年的故乡时，一切都已物是人非。遥想起三十年前父亲回国时，身后还有一大批忠心耿耿的臣属追随，他们饱含着对故乡的眷恋和辛酸的泪水，热切地去拥抱朝思暮想的故土。面对艰难的处境和混乱的局势，君臣之间齐心协力、百折不挠，终于将局面掌控在自己手中。他们奋力调和了国内各阶层、各族群之间的矛盾，通过大刀阔斧的改革，将如同一盘散沙般的民众拧成了一股绳，共同缔造了晋国最为光辉灿烂的时刻——其中就包括那位声名远播的贤臣赵衰。

然而三十年后，晋成公则是孤身一人，像囚徒一般在弑君者赵穿的引领下，心情沉重地来到了一个近乎完全陌生的地方，走进了一个精心设计的牢笼，去领导一群盛气凌人的臣属。

他在国内毫无人望，遇到困难的时候没有人能从旁协助；他在诸侯间没有朋友，仅凭着所谓霸主的虚名很难让人为自己两肋插刀。而他所要面对的，却是以杀伐决断和残酷冷血而著称的铁腕野心家赵盾，一个手上沾满了国君和公子的鲜血、沾满了大夫和贵族的鲜血、沾满了秦晋两国将士鲜血的屠夫，一个踩着累累白骨走上权力高峰的中军元帅——而这个人恰好就是赵衰的长子，这真是一个莫大的讽刺。

对于国内大夫来说，他们的内心也同样五味杂陈。当迎接晋成公的车驾从成周返回，华贵的车盖从地平线上逐渐隐现的时候，所有人的内心都充满了忐忑。看到晋成公落寞的身影，人们自然也会想起晋文公刚刚回国时的孤独身影，同时不自觉地联想到他日后所创造出的辉煌成就。

这种强烈的反差在不同的人看来会有不同的感受。面对这样一个陌生的国君，有人会为将来可能出现的变革而感到欢喜，自然也会有人为此而感到忧愁。而在对未来感到忧虑和彷徨的人群中，赵盾或许就是最为特殊的那一个。

当晋成公在武宫举行朝祭时，不知他可曾想到过当年聚邑城中互相吹捧的桓庄之族；当晋成公摆驾进入公宫时，不知他有无念及抚摸着汾阳、负蔡的田册等待死亡的里克和丕郑；当晋成公高坐朝堂接受重臣朝拜时，不知他是否忆起了熊熊火光之中面目狰狞的郤芮和吕甥。

算起来，到晋成公回国时，赵盾执政已经有十五个年头。当初三十余岁、意气风发的他，如今已年近五十，也算是到了知天命的年纪。

人生近黄昏，总会不自觉地顾影自怜。此时的赵盾尽管大权在握，心中却很难说有多少喜悦，尤其是在经历了刚刚过去的那场宫廷夜宴之后。战场之上没有永远的赢家，名利场上也没有谁能够一直开挂。见惯了血海厮杀，赵盾深切地明白了这样一个道理：权倾朝野、呼风唤雨固然可以带来一时快意，可谁也无法保证手中权势能长盛不衰，家族基业能万古长青。君主生杀予夺的权力，随时都可以将自己到手的一切都打回原形。

作为周礼世界的第一大"魔王"，赵盾显然不会满足一时的煊赫，他必须要趁自己尚能左右政局的时候，建立一套行之有效的系统，在为自己的既得利益保驾护航的同时，也为子孙后代构建一座坚实的堡垒，以抵御随时可能复兴的君权。这座堡垒就是饱受诟病的世卿世禄制。

晋之乱制

站在晋国公室的立场，如果说晋文公是苦心孤诣加强君主集权、维护公室权益的"面壁者"的话，那么赵盾就是深悉其内心弱点，善于见招拆招，捍卫私家权利的一个不折不扣的"破壁者"。

早在确立其领导地位的董之蒐上，赵盾就宣布了一系列的为政举措，这也就是后来人们所称的"赵宣子之法"[①]。"赵宣子之法"的具体内容如今我们已不得而知，《左传》对其为政举措也只有简略的记载，其中提到：

> 宣子于是乎始为国政，制事典，正法罪，辟狱刑，董逋逃，由质要，治旧洿，本秩礼，续常职，出滞淹。既成，以授大傅阳子与大师贾佗，使行诸

---

① 参见郭永琴：《春秋时期晋国立法活动述略》，《山西社会主义学院学报》2018年第1期。

晋国，以为常法。

这段话的字数不多，但信息量却很丰富。所谓"制事典、正法罪"，就是要制定办事章程，修订刑法律令。晋国从小国寡民的状态发展到大国的过程，可以类比为一个公司由小变大的过程。小公司办事靠人情，大公司办事靠章程，但由于没有什么成熟的管理学理论可以参考，晋国虽然发展壮大了，却没有建立可靠的办事章程，这就导致行政效率低下，甚至会引发矛盾、酿成冲突。

晋文公在位期间，曾对这种混乱的现象进行过一定的规范，但他的做法只是搭建起了一个框架，制定了一个总体上的原则，没来得及细化规程，因此还存在很多漏洞。这就好比是一个公司建立了组织结构，也任命了一大堆管理人员，但岗位职责没有细化，行政财务制度没有健全，手续流程没有明确，在处理具体事务时依旧没有章法可循。

赵盾的做法就是在晋文公新政的基础上进一步优化细化，晋文公要"赋职任功""官方定物"，赵盾就规定各级卿大夫管理的权限、明确办事的流程；晋文公有"昭旧族，爱亲戚，明贤良，尊贵宠"的政策举措，赵盾便以"本秩礼、续常职、出滞淹"来进一步强化等级秩序，重设废弃的官职，提拔被埋没的人才。这就等于是把晋文公新政中的漏洞都打上补丁，行政系统的运行规则被进一步捋顺了。

在此基础上，赵盾依据新制定的法令开展"辟狱刑、董逋逃"的行动，具体来说就是对过去拖而不决的积案、悬而未决的疑案进行一次大清理，对违反了法令却未受到制裁的逃犯进行追捕，以起到稳定社会、安定民心的作用。

另外，他还提出了"由质要、治旧洿"的措施。所谓"由质要"就是改变过去熟人社会的一些习惯做法，规定在公私事务中，但有公开的财物往来都要订立契约、建立往来账目，这样一旦有了纠纷也有据可查。所谓"治旧洿"，按照孔颖达的注疏："法有不便于民，事有不利于国，是为政之洿秽也，理治改正使洁清也。"也就是要清除一些不符合国情民情的弊政，进一步提高行政效率，实现宽民利民。

如果单从以上的这些分析来看，夷（董）之蒐和被庐之蒐也算是一脉相承的。赵盾虽然为人蛮横霸道，可总归还是做了一些利国利民的好事，应该受到表彰。而且从《左传》当时的语境来看，赵盾默认赵穿做出弑君的举动，孔子都能称赞他"古之良大夫也"，如今他制定如此良法，孔夫子还会提出批评吗？答案却与想象中不同。

赵盾去世大约一百年后，正是孔子所生活的时代。彼时赵盾的后人赵鞅与中行氏宗主荀寅一道在汝滨修筑城池时，向当地百姓征收铁赋，铸造了一尊铁鼎，然后又将法律条文铸刻其上，这便是晋国最早的一部成文法——《刑书》。孔子旗帜鲜明地表达了对这部法令的强烈愤慨，说夷之蒐的成果是"晋国之乱制也"。

孔子反对这部法令，其首要的原因在于，夷之蒐上晋国三次更换中军将，引发了后来长达三年的混乱，这与赵宣子所颁布的法令有着莫大的关系。因此，所谓的"赵宣子之法"根本就是祸乱之源，是不足以用来指导政治生活的。

其次，晋国自唐叔虞立国以来，一直遵守宗法制的原则，让卿大夫按照贵贱等级的差别各守本分，百姓也能敬重这些上位者，于是就有了法度。后来到春秋时期秩序混乱了，贵贱等级的原则没人遵守了，晋文公就作被庐之法、设立了执秩之官来监督大家各归本位，国内秩序恢复如初，这才当上了诸侯盟主。而"赵宣子之法"则完全抛弃了礼法原则而使用刑法，这在当时是逆天悖时的乱政，是不足以效仿的。

换句话说，晋文公之所以能够称霸，靠的是"以礼治国"，而"赵宣子之法"则恰恰相反，靠的是"以法治国"。赵盾行政的重点更多的是关于刑法内容的制定，在经济上也更倾向于对卿大夫私有产权的保护，这些条款对国君权力的稳固是不利的，更与晋文公以强化国君的集权能力为主旨的"执秩之法"背道而驰。由大夫主导立法权，且改革的内容又与宗法制原则相背离，其结果就是彻底打破了宗法制的堡垒和国君在制度上的护身符，从而造成公室权力的加速下滑，这种种作为足以将赵盾推上"礼崩乐坏"第一功臣的宝座。

话虽如此，要说赵盾完全不把宗法制当回事，倒也不尽然。正所谓"弱水三千，我只取一瓢饮"，礼法的原则巨细靡遗，我只选择对我有利的。赵盾在以法制打破国君护身符的同时，回过头来却用宗法制为自己打造了一副金甲圣衣，这副铠甲便是从晋成公时期开始实行的"假公族制度"。

重建公族

统观晋文公所设立的"执秩之法"，实际上是一套"尊亲爱旧"和"尊贤尚功"并行的"双轨制"系统。一方面,他遵循守旧原则,任命胥、籍、狐、箕、栾、郤、柏、先、羊舌、董、韩十一个正牌公族执掌近官,其余"诸姬之良"和"异姓之能"则被排除在外。另一方面,则是创设三军六卿体制,为所有贵族提供一个可以公平竞争的职官系统。

这套制度设计在当时的情境下,完美地解决了新旧制度不相兼容的问题,为争霸事业的成功奠定了良好的基础。但对于试图巩固私家利益的赵盾看来,"执秩之法"无异于是为异姓大夫套上了一个沉重的枷锁,使得他们在与公族的竞争中总要付出更多的艰辛。

在过去的几十年里,异姓大夫在晋国建功立业、大放异彩,但无论他们在军中的身份有多尊贵,在这个以宗法制度为准绳的国家里也终究是外人,他们只能在疆场上卖命,却不能参与国君的核心决策。比如晋文公所设立的"近官"序列中,有一些负责宫廷事务、协理宗族关系的职务,通常都只能由公族大夫来担任,异姓大夫无论如何都不能插手。

这一点在刚刚过去的宫廷夜宴上便有所体现。尽管晋灵公在外朝的职权有限,但负责公宫守卫的都是他的私属,这就给了他足够的底气来发动一场针对当朝执政的政变。每每想到这些,赵盾便心有余悸。只要君权还能够与卿权分庭抗礼,还有凌驾于卿权之上的可能,只要国君对卿的任免以及权力行使甚至生杀予夺还能够发号施令,那么作为国君身边人的"近官"系统自然不可小觑。

此外,在鬼神信仰大行其道的春秋时期,宗教权力天然要高于世俗权力。那些如卜、祝、筮、史等在今天看来没有什么实际权威的官职,由于掌管着沟通天地鬼神的职能,其宗教地位天然要比军中元帅高一截。正因如此,尽管赵盾掌握了军政大权,在世俗政治中能够做到呼风唤雨、予取予求,却在与一名史官的斗法中败下阵来,只能眼睁睁地看着对方将"赵盾弑其君"五个字刻在竹简上,任由其将自己的恶行宣告诸侯而不敢发作。

为了破除"近官"系统对异姓大夫的种种限制,赵盾在晋成公归国后不久就鼓动国君颁布了一项新的法令:

> 初,丽姬之乱,诅无畜群公子,自是晋无公族。及成公即位,乃宦卿之
> 適子而为之田,以为公族,又宦其余子亦为余子,其庶子为公行。晋于是有

公族、余子、公行。

这项法令恢复了自晋献公以来被废弃的"公族大夫"职务，但与以往的任人规则不同，新设立的"公族大夫"不再以血缘的亲疏远近作为选人标准，而是以地位的高低贵贱作为准绳。

这也就意味着，无论是与国君有血亲的广义"公族"，还是自外而来的"异姓大夫"，只要能够坐到"卿"的位置上，那么他们的"适子"（也就是被确立为继承人的儿子，通常为嫡长子）就有可能被授予田土，并获得"公族大夫"的职衔；他们的"余子"（也即适子之同母兄弟）都能被授予"公族余子"的称号，又称"公路"；其庶子则可列为"公行"。如此一来，就构成了一支由远支亲族和异姓贵族构成的所谓"假公族"群体。

与晋文公的制度设计恰好相反，"假公族制度"的确立，除了能够缓解紧张的君卿关系之外，于巩固君权而言显然毫无益处，但对异姓卿族来说却是极大的利好。

一方面，该制度打破了异姓卿与传统公族之间的身份界限，使得他们能够毫无阻碍地进入"近官"系统，享受"公族大夫"带来的权益。与此同时，他们没有血亲带来的羁绊，又不必为君主的权益摇旗呐喊。

另一方面，赵盾所构建的假公族并非对所有人都开放，只有具备了一定权威的人，只有权势显赫的勋贵子弟，也即"卿之适子"才有可能跻身公族大夫之列。这就为公族大夫设立了相当高的门槛，使得一些原来具有近官身份的正牌公族，因为缺乏军政权力而失去了本该属于他们的特权；而在三军六卿体制中掌握一定权力的人，则既可以享受军政大权带来的红利，亦可以凭借公族大夫的身份进一步巩固既得利益。而所有这一切最终都导向了一个共同的目标，那就是世卿世禄制的确立。

卿位世袭

周礼虽然秉持"亲亲上恩"抑或"爱亲尊贵"的原则，明确在选拔官员、任命卿相时，要以与国君血缘关系的远近和地位尊贵与否作为首要判断标准，但对

"世卿制"却一直都持坚决反对的态度。

比如在《公羊传·隐公三年》中曾提到："世卿，非礼也。"世代承袭卿大夫的职务并不符合周礼精神。齐桓公举行葵丘会盟之时，与到场诸侯举行盟誓，也曾明确提出"士无世官、官事无摄"的准则，可见当时的人们早就发现了"世官"制度的危害，对"世卿"的出现更是充满了警惕。

春秋早期各诸侯国大都遵循这个原则，在任命卿职时，主要是从与国君关系最为亲近的公子当中选择。只是由于公子的身份太过于招摇，经常会因其血缘对国君的地位构成威胁，这才渐渐被各国君主疏远。但即便如此，为了防范卿大夫权力过盛，防范他们利用手中的职权肆意主导国君的废立，各国君主依然有意地回避卿大夫地位的世代传递。

比如在晋献公、晋惠公时期，晋国的卿位就从不固定，在短短四十年间，先后有士芳、申生、里克、荀息、罕夷、韩简、吕甥等多人出任卿职。晋文公设立"三军六卿"体制时，也从来没有想过要将卿位的世代传递作为必要选项，其所依托的主要选拔方式，是通过蒐礼上贵族大会协商来确定六正人选，而国君的意见显然会占更大的比重。

但晋文公或许并没有意识到，这种制度设计只有在国君威望较高的时候才能发挥作用，一旦国君幼弱无法发挥影响力，这个漏洞反而会成为卿大夫挟制君权的利器。而不幸的是，晋文公无论如何都想不到，自己会在正值壮年时突然离世，更想不到在他去世后的二十年间，晋国竟然会连续出现两名幼年继位的国君，这就给卿大夫利用漏洞扩充权力提供了极大的便利。

作为晋文公这一系列制度设计最成功的"破壁者"，赵盾既然发现了这个漏洞，就决不允许被其他人利用，转而侵蚀自己的利益。因此，当晋襄公试图利用君主的优势来重新调整六卿人选时，他便不遗余力地鼓动先克、阳处父等人破坏襄公的人事布局。而当他全面掌管了军政大权，更是逐步关闭了六正人选自由竞争的大门，转而在自己的利益联盟之内进行选拔。

最早在五大夫之乱发生后，赵盾就先后将党于赵氏的郤缺、臾骈、栾盾、胥甲编入卿列，其中的栾盾和胥甲都是上一任卿士的子嗣。到晋灵公十三年（前608年），由于与胥甲有隙，赵盾将其流放到卫国，但仍旧立了他的儿子胥克为卿，这就在某种程度上形成了卿位的世代传递的惯例。

晋成公即位初年，伴随着"假公族制度"的确立，卿位世代传递便也有了法理上的依据，世卿世禄制的推行也就不再需要遮遮掩掩。于是我们便看到，在晋成公主政的七年间，赵盾和他的继任者郤缺先后将先克之子先縠、赵盾之子赵朔、栾盾之子栾书拉入卿列。只不过由于六卿位置实在有限，他们权衡再三后不得不以蛊疾为由把胥克从内阁中踢了出去。而郤缺死后，荀林父虽与其立场不同，但对世卿世禄制的创举却深表赞同，因此也将郤缺之子郤克（郤献子）拉了进来。由此也就形成了邲之战时的新一届六卿，其序列分别是：

荀林父、先縠、士会、郤克、赵朔、栾书。

在这一届六卿中，除了荀林父和士会是首代创业者之外，其余四人都是依靠父勋进入内阁的"卿二代"。这也就意味着，子袭父勋进入卿列已成为常态，原本贵族会议君臣共举六卿的制度，正式被世卿世禄制取代了。

经过这样一轮变革，原本自由竞争的三军六卿体制完全变成了铁板一块，六卿变成了一个纯粹独立于君权之外、自主运作的政治实体。即便是君主野心再大，也无法干涉这个既已形成的规则，这就在无形中给国君套上了沉重的枷锁。

如果说设立假公族制度还是在以迎合周礼原则来假意向周公致敬的话，那么以卿位世袭为核心、以军功受赏为羽翼的世卿世禄制，则无异于是在公然向周公宣战。赵盾将这两种不同的制度模式结合起来，形成了一个正反馈的循环：地位越高就越容易获得封赏，拥有的土地越多就更能够巩固其卿的地位，卿的地位越稳固其子弟与国君在法理上的关系也就越亲近，进而也就更有利于提高其在国家政治中的地位。

这种以巩固卿权为目标的制度设计，为军政体制固化开了一道后门。晋文公所创设的人才自由流动体系仅仅存续了不到三十年，就再次回到了阶层固化的藩篱，晋文公为保障君权的所有努力也终在赵盾的猛烈攻击下彻底破产。

从此以后，卿大夫的权力和财富便像滚雪球一般越滚越大，不仅会让国君的权力愈发逼仄，更会对普通大夫的权益构成侵蚀。当卿位固化成为现实，普通大夫因失去晋升渠道而进阶无望，便只能依附于世卿大族寻求保护；那些已经分宗立祀脱离大宗的卿族余子、庶子也不得不矮化其自主地位，寻找大宗抱团取暖。由此，便在国家之下形成了以世卿为核心的几个利益集团。相互独立的利益集团之间的明争暗斗，国君与世卿集团之间的纵横捭阖，便成为此后一百多年间晋国内政的主要议题。

在日趋激烈的内斗中，公室的权益日损，卿族的权益日盛，使得国君在国家政治事务中更加难以有所作为，只能任由列卿在倾轧兼并中此消彼长，而这也为后来的六卿专政乃至晋国最终的分裂埋下了伏笔。

在完成这一系列布局后不久，年仅五十上下的赵盾就溘然辞世了。晋成公四年（前603年）春，与卫国大夫公孙免合兵入侵陈国，是他最后一次出现在史料中。最晚到晋成公六年（前601年）秋季，原本担任上军将的郤缺便已经开始执政了。从夷之蒐举行的晋襄公七年（前621年）开始算起，赵盾把持晋国政局的时间长达二十年，而这二十年也正是晋国政治制度异化的关键时期。

但正所谓"谋事在人，成事在天"。正如晋文公无法预料自己的身后事一样，赵盾虽然打开了侵蚀君主权力的潘多拉魔盒，却未必能让自己的后人安然坐享其成。在他去世二十年后，由其施政造成的弊端便结出了苦果，下宫之役那一场悲壮的血案，差点将勃兴的赵氏拖入万劫不复的深渊。这其间，究竟又发生了什么呢？

第三节　景公治政

晋成公七年（前600年）九月，晋成公在扈地会盟诸侯时去世，其子据（又名獳）即位为晋景公。晋景公即位时只有二十岁上下，正是年轻气盛、充满理想抱负的年纪，然而当他真正想要有所作为的时候，却发现自己面对的竟然是一个束手束脚的局面。

在他即位之前，主掌政权长达二十年的赵盾刚刚完成了国家政治制度的颠覆性变革。他首先创立了假公族制度，以设立公族、公路、公行的方式，将卿大夫的势力侵入到了国君的私域；与此同时，他又一手复活了为礼法所不容的世卿制，彻底阻断了国君在六卿人事任免上的通道。面对如此困局，哪怕是晋文公再世，恐怕也会感到束手无策。

让晋景公感到忧心的还不止这些。

按照赵盾最初的设想，他创设的这一系列制度，除了能防止国君对六卿人事的干预，还能封堵普通大夫升迁的渠道，算是给自己的既得利益上了一道双保险。以后哪怕是子孙愚钝不肖，至少可以凭借世卿的地位保住自己辛辛苦苦挣来的家业。

然而从世卿世禄制所产生的实际效果来看，赵盾的盘算显然打得太乐观了。这种制度设计看似是限制了君主的权力，抬高了普道大夫进入卿列的门槛，可只要国君还有扩张君主集权的冲动,只要人们打破藩篱追求上进的野心未曾泯灭,就总会有人想方设法挤进这个小圈子里。一旦他们的野心无法得到满足,由此而造成的冲突变得不可调和的时候,更加激烈的政治危机也就在所难免了。

世卿危机

晋景公即位的第三年(前597年)春季,楚庄王带领大军接连侵陈伐郑的消息传来。按照常例,晋国哪怕不能直接与楚军对抗,也应当出兵以袭扰楚国盟友的方式来转移楚军注意力才是。然而吊诡的是,陈国灭了又复,新郑解了又围,晋国却迟迟按兵不动。一直到当年六月,郑国已然城破并与楚人结下了盟约,晋国大军才在荀林父的带领下缓缓抵达黄河北岸,其间究竟发生了什么呢?

原来,就在楚国出兵伐郑的时候,刚刚执政不到四年的郤缺去世了。伴随着一代强人的相继落幕,晋国国内政局开始变得异常混乱,贵族们围绕三军六卿的职位展开了激烈的争夺。

这一轮权位争夺在六卿集团内部,主要表现为先縠和荀林父的争斗。我们知道,早在五大夫之乱爆发后,荀林父便已经顺位晋升为中军佐,在六卿中的排序仅次于赵盾。但由于受到赵盾的压制,在此后的二十年间,荀林父的主张一直得不到施展。后来好不容易熬到赵盾去世,谁知又被担任上军将的郤缺越级,足见其在赵氏执政联盟中的尴尬地位。

先縠的身份不太明确,据推测应该是赵盾同党先克的儿子,因封邑在原、彘,又被称作原縠、彘子。夷之蒐时,赵盾之所以能够得居高位,与先克的支持是分不开的。因此驱逐狐射姑之后,赵盾便将先克推到了中军佐的位置,与其一同执掌政权。而在同一时期,先氏家族还有先都、先蔑也都跻身于六卿行列。一个家族三人为卿,在六卿之中占据一半的席位,可以说是前无古人,后无来者。

不过正如若敖氏在楚国的境遇一样,先氏家族权势逐渐壮大的过程中,也会出现一些不和谐的声音。先克这一系与先都、先蔑所属的支系之间关系并不和谐,使得先氏家族在经历了短暂煊赫之后,很快就盛极而衰上了没落的道路。在后来不到三年间,先蔑因迎立公子雍在令狐之战后逃逸,先克被叛乱的五大夫所杀,而先都则是因为参与叛乱死于赵盾之手。先氏一门三卿迅速凋零,在此后的二十年间寂寂无闻。

大约是为了感念先克的恩情，到赵盾执政后期抑或郤缺执政时期，先克的儿子先縠又被安插到了六卿的行列。到郤缺去世之前，其职位应该是上军将，在赵氏执政联盟内部，是仅次于郤缺的二号人物。如今郤缺已然去世，若按照循序递进的原则，本该由担任中军佐的荀林父进位为中军将。然而排在其后的先縠大约是想效仿郤缺的故事，试图再次越级接任中军将的职位，由此便与荀林父爆发了激烈冲突。

三军六卿之外，对当前地位感到不满的也大有人在。比如出自魏氏家族的魏锜，一直想要求取一个"公族大夫"的头衔，但由于进入"公族大夫"行列需要相当高的门槛，以魏锜的身份又无法达到，于是就对"假公族制度"抱有强烈的不满。而出自赵氏的赵同、赵括，以及赵穿之子赵旃，他们的奢望则是希望能进入卿的行列。但如今六大家族共同执掌国政，赵氏家族每增加一个卿位，就意味着有人会像胥克一样被踢出局。但在当下这个激烈的竞争环境下，恐怕没有人会愿意牺牲自己成就他人，这就使得他们的诉求很难得到满足。

在这场人事布局当中，晋国的诸卿大夫究竟爆发了哪些冲突已经不得而知，我们只知道最后的结果是，先縠并未如愿越过荀林父成为中军将。而为了安抚那些野心勃勃的世家子弟，晋景公在保留原有三军六卿体制之外，又在六卿之下设立了六大夫：由赵括、赵婴齐担任中军大夫，巩（士）朔、韩穿担任上军大夫，荀首、赵同担任下军大夫。

也正是因为内部矛盾无法调和，当郑人与楚军在新郑鏖战的时候，晋国却迟迟不肯发兵；后来大军好不容易出动，又因为将帅不和，难以协调步调；而在两军已经对垒的情况下，三军六卿六大夫之间又龃龉不断，终于导致了邲之战的全面溃败。

这也就意味着，在邲之战中打败晋军的并不是楚军，而是晋国内部的权力争斗，而这一切的根源又在于那些不得志者对现有体制的不满。如若制度的建设不能顺应社会的需求，国家的施政纲领不能化解内在的冲突，那么晋国公室的复兴和中原霸业的重振就只能是镜花水月。面对这种进退维谷的复杂局面，晋景公又该用什么手段来破局呢？

赏善罚恶

邲之战的惨败，使得晋国在中原地区的影响力降到了冰点，原本依附于晋国的诸侯纷纷表现出了疏离的态度。及至晋景公六年（前594年），唯一的铁杆盟友宋国也在楚军长达九个月的围攻下屈服，更是严重挫伤了晋人的信心。

如果从霸业成败的角度看问题，邲之战的失败对晋景公来说显然不是什么好事。但正所谓"祸兮福所倚"，倘若从恢复君主权威、加强君主集权的视角来看，战争的失败反而带来了一个绝佳的机会窗口。

所谓"赏罚者，邦之利器也，在君则制臣，在臣则胜君"。在韩非子看来，君主想要建立自身的权威，最直接有效的手段无非是"赏罚"二字。赵盾之所以能够权倾朝野，就是因为他掌握了赏罚大权，如今晋景公想要重塑国君权威，也必须要在这两个字上下功夫。

起初，作为统领三军的中军元帅，荀林父自认为责无旁贷，主动承担起战争失败的全部责任，请求国君将自己明正典刑。晋景公虽不情愿，但为了严明法纪，本想同意他的请求，但有一个名叫士渥浊（士贞子）的大夫却站出来劝阻道："当年城濮之战时我军大获全胜，可文公依旧面带忧色。众人不解，文公于是就解释说，'成得臣（令尹子玉）仍在，我们的忧患就没有真正消除；困兽犹斗，何况是一国的执政呢？我担心他会再兴兵戈来报复我们'。直到成得臣自杀后，文公才终于松了一口气，说'楚国人不会来找我们麻烦了'。成得臣之死，对于晋国来说是又一次胜利，于楚国而言却是一次更加严重的失败，因此两代人都不能与我争锋。如今晋国战败，是上天要警戒我晋国，倘若真的将荀林父处死，那不是与楚国之前的作为一样了吗？若果真如此，我担心晋国也将会长期无法振兴了。荀林父为人忠厚，进思尽忠以报国家，退思补过以谢君恩，是宗庙社稷的保卫者。一两次的战败不过是如日食月食一般，并不能真正损害日月的光辉，怎能因此就轻易就杀掉一名股肱之臣呢？"

士渥浊是祁姓士氏大宗士穆子的嫡子，也是士会的侄儿，而在士会背后站着的又是整个六卿。之前在有关邲之战的章节中我们曾提到过，当先縠违背命令擅自渡河的时候，荀林父之所以要带领全军接应先縠，是因为他听取了韩厥的建议，让六卿共同承担战败的责任。而当全军出现溃退的时候，士会本可以靠着敖山设置的七道伏兵建立功勋的，但他也以与众卿分担罪责为由选择了撤退。这也就意味着，荀林父的个人得失早就与三军将佐的荣誉绑定在了一起，倘若荀林父因此而受刑，那其余将佐也必然要受到一定的处罚。

因此我们说，士渥浊在这里表达的，与其说是他自己的意见，倒不如说是六卿的集体意志，是为了帮助晋景公打消顾虑，好让他可以顺水推舟免除荀林父的死罪。但这对先縠而言绝对不是什么好消息，当他发现自己的盟友集体为荀林父求情的时候，就产生了一种不祥的预感，似乎所有的矛头都指向了他。

在接下来的一年中，一切都好像没有发生过一样，先縠依然做他的中军佐，甚至晋景公还特别派他主持了清丘会盟。但到了第二年（前596年）的秋天，先縠却不知为何竟召来了一支"赤狄"的军队，一直打到了晋国的清地。

至于先縠是怎么"召赤狄"入侵的，《左传》上没有半句多言，杜预作注时解释说，有可能是因为先縠在国内不得志，所以召"赤狄"入侵准备搞叛乱。而在《史记》中，太史公似乎是望文生义，认为是先縠害怕遭到清算，就自己投奔了"戎狄"，并与之合谋反侵晋国。但也有人不同意以上的说法，认为"召"的形式有很多种，也许先縠是故意挑起晋国与"赤狄"之间的纷争，迫使"赤狄"入侵呢？

但无论其真相如何，先縠终究为他的任性付出了代价，也算是向那些在战争中枉死和落下终身残疾的人给出了一个交代，只是这个代价似乎太过于沉重了。

当年冬天，在历数了其在邲之战中的行径和"召狄"伐清的罪状后，六卿中的二号人物先縠被公开处决，其家族也被尽数屠灭。这个曾经出现过先轸、先且居这样的英雄人物，创造过一门三卿辉煌历史，缔造了四代为卿皆至中军神话的煊赫家族，在一夜之间骤然陨灭，成了晋国卿族内斗史上第一个被灭门的强卿之族。

在此之前，大多数卿族内斗往往还具有浓厚的人文色彩，政治斗争的矛头通常都只针对政敌本人，极少牵连其亲族。然而先氏的灭族仿佛打开了一个考验人性的潘多拉魔盒，原本贵族之间的风度和礼仪在此后的政治斗争渐渐消失不见，取而代之的是不加节制的流血冲突和毫无底线的灭门惨案。卿族倾轧愈演愈烈，斗争的外延也无限扩大，如何在这种日趋激烈的形势下谋求自保，将成为各大家族所要考虑的首要问题，晋国的历史也从此进入了一条充满了血泪的不归路，而这恐怕也是世卿世禄制带来的必然结果吧。

士会修法

在完成了有关邲之战的追责工作之后，晋景公旋即又开始对国内的秩序进行大规模的调整。一方面，他以在邲之战中有所建功为由，将荀林父的弟弟荀首从下军大夫的位置直接拔擢进入六卿。另一方面，则是听从了伯宗的建议讨伐"赤狄"，随后以奖励灭潞功臣为由，将"狄国"的一千户臣民赏赐给荀林父，以奖励保荐之功为由，赏赐士渥浊以瓜衍之县（今山西汾阳孝义一带）。

晋景公的这一系列举动，极大地打击了赵盾所建立起来的执政联盟的声势，进一步壮大了以荀氏、范氏为首的反对力量在六卿中的地位。但毕竟权力的制衡只是手段，而非目的。想要彻底稳固君主的集权，归根结底还必须有配套的制度设计。

然而在晋景公所处的时代，在人们有限的政治实践中，似乎还没有什么其他的思想武器能够如周礼一般，既拥有完整的意识形态体系，又能够凝聚最大共识。于是乎那个一再被抛弃的古代理想制度，总会时不时地被迫切希望改变现状的思想家和政客们从布满蛛丝的"故纸堆"中搬出来，掸去表面的浮尘，重新包装后继续用来指导人们的政治生活。

晋景公七年（前593年）春，在平灭"赤狄"诸部后，晋景公即刻派人风尘仆仆地赶往成周，在将晋国"攘夷"的功绩传达给天子的同时，请求天子同意任命士会为晋国的正卿兼太傅。

按照几个世纪以前定下来的规矩，诸侯的卿都需要得到天子任命才算是合法的。可大家也都知道，自打"礼崩乐坏"之后，这套手续已经很久没有人认真履行了，如今晋人冷不丁地来这么一出，还真让人"受宠若惊"。面对大国的"合礼"请求，周定王自然是不敢也没有理由拒绝的。于是到这年三月二十七日，晋景公举行了盛大的典礼，以天子之命正式授予士会晋国的中军将兼太傅的职权。

如果站在我们今天的角度来看待这件事，晋景公的做法或许有些多余，但在当时却有着非凡意义。据说就因为走了这么一道程序，晋国境内的治安秩序一下子变得不一样了，以前为害四方的盗贼都不敢在晋国的土地上撒野了，所有的坏人一夜之间也全都消失得无影无踪。他们都去哪儿了呢？去秦国了。

为什么会有这样的奇效呢？《左传》引用晋国大夫羊舌职的话说："吾闻之，

禹称善人，不善人远，此之谓也夫。"从前大禹喜欢重用善人，那些坏人就因此感到害怕，从此滚得远远的；老百姓也都开始做善事，不敢再存有侥幸心理了。

与此同时，这一年王室还发生了一件不大不小的事情，起因是王孙苏因与召戴公、毛伯卫争权，派王子捷把对手全给杀了。召、毛之党不甘心失败，于是就故意在成周纵火，并趁乱把王孙苏赶出了王城。在晋国急欲与王室搞好关系的当口上，这件事情究竟谁是谁非已经不重要了，重要的是要讨得天子的欢心。刚刚受命为正卿的士会不辞辛劳，亲自赶赴王室调解纷争，很快就将这场乱局给扑灭了。

为了酬谢晋国定鼎江山的功劳，周定王特意让原襄公主持享礼，宴请士会。席间士会瞧见有人把带着骨头的肉放在专门的器皿中摆到了宴会大厅里，这种做法颇有些古怪，于是就私下里找人询问其中的缘由。这个举动成功地吸引了天子的注意，周定王把他叫到身旁，亲自讲解说："季氏，这你就不懂了吧！天子设享礼招待公侯的时候有'体荐'（也称房烝），就是要把牲口切成两半，将其一半盛于俎中放置在典礼上。这些'体荐'只能作为典礼之用，不能食用的。在设宴礼招待卿大夫的时候有'折俎'（也称殽烝），则是把牲口肢解掉，也放置在俎中陈列于典礼上。这些可都是王室的礼节啊！"

《左传》将这件事简单地介绍了一下就过去了，这让编纂《国语》的作者感到不太满意，于是又添油加醋地扩展了许多内容，不过总体上还是让天子像导游一样，带着士会来了一场"奇幻之旅"。

作为士蒍的裔孙，以掌管法律事务立家的士师家族的后人，士会对于本该烂熟于心的周官礼仪竟然如此陌生，也难怪乎人们会说这是一个"礼崩乐坏"的世道了。好在士会虽贵为正卿，却也是位不耻下问的君子，他就像是一个刚刚进入大城市的农村娃一样，对王室的礼仪感到十分好奇，如饥似渴地学习新知识、锤炼新本领。士会勤奋好学的劲头让天子过足了"教师爷"的瘾，一高兴起来就收不住手，对其倾囊相授，把士会想要了解的或者他自己想要显摆的事情都和盘托出，可是让士会大饱耳福了。

这是一次美好的宴会，事后回想起来，不仅天子会感到骄傲，王室的大夫也都会产生一种由衷的喜悦感。不过，若是我们仅仅是将士会的做法理解为奉承天子的话，那也未免想得太简单了。实际上，士会此行的真正意图是去向天子"取经"的，接下来，他要完成一件国君交代给的大事，也就是"归而讲求典礼，以修晋国之法"。

可惜的是，但凡是涉及体制改革的内容，《左传》上都语焉不详，我们很难从中确知士会究竟是怎么修订法度的。不过，参考《国语》的记录可知，士会的这套法律体系是以晋文公的执秩之法为蓝本，参考夏、商、周三代的典籍修订而成的。因士会的谥号为范武子，他的这套制度设计在后世又被称为"范武子之法"。

在过去的几十年间，晋国经历了两次大规模的修法。其中晋文公的"执秩之法"主要意图是要加强君权，而"赵宣子之法"则反其道行之，是为卿权扩张进行铺路的。"范武子之法"是晋国历史上第三次法律修订，在修法时抛弃时间较近"赵宣子之法"，转而采用四十年前的"执秩之法"，显然体现的是晋景公的意志，其中的用意不言自明。

韬晦哲学

作为卿大夫的代表，士会说起来也算是"赵宣子之法"的受益者，他之所以能够保有如今的地位，也是得益于赵盾所确立的"假公族制度"以及"世卿世禄制"。可他为什么要站在国君的立场上，特意制定有益于君权的法令来实现"自我革命"呢？这恐怕和他过去的经历有莫大的关系。

士会年轻的时候正是晋国上下壮怀激烈，铸就霸业辉煌的黄金时代，他见证了晋国由一个边陲国家一举跃升为中原霸主的不易，也体会到了晋文公变法所带来的巨大红利。然而这一切都随着夷之蒐变成了永远的过去，此后那场绵延日久的流血冲突，尤其是卷入狐赵的斗争而被迫流亡的经历，更是让他见识了政治斗争的血腥，留下了难以磨灭的记忆。回国之后，尽管他得到了赵盾的赏识并重新拥有了高官厚禄，可内心中对于流血斗争的恐惧却一直都挥之不去。

更让他无法接受的还有先縠的死。与之前的历次斗争不同的是，先縠骄狂所造成的结果，不仅仅是赔上了自己的性命，更牵连到整个家族，是以整个先氏家族数百年的血脉为他一个人的过失赎罪。这样的惩罚未免太过残酷了，对士会造成的视觉冲击和心理触动之大更加无法想象。

"眼看他起朱楼，眼看他宴宾客，眼看他楼塌了。"见证了他们一步步地攀上高峰的艰苦历程，羡慕过他们炙手可热的权势富贵，更目睹了他们瞬间从高处跌落的惨烈。经历过大起大落的人都会产生一种看破红尘的感悟，只是这种感悟先縠是无福消受了，只能让旁观者去慢慢体会。

人无千日好，花无百日红。人们总是会嫉妒腰缠万贯的富贵人家，钦佩勇于建功立业的英雄人物，仰慕德行美好的谦谦君子，可在现实生活中，这一切都如浮云一般永远都充满了变数。任你拥有再多的荣华富贵，创造了再伟大的功绩，收获过再美好的赞誉，在这样一个剧烈变动的时代都是不稳固的，都无法保证家族的祭祀能够得到永续。尤其是在近年来日益严峻的斗争形势下，没有人可以超然世外、独善其身，一旦流血冲突的战火复燃，每个人都有可能成为下一个牺牲品。

至于如何才能永续安定，已近暮年的士会自有他的一套世界观和方法论。或许在他看来，所谓的名利都是虚无缥缈的存在，生不带来死不带去，就算是留给子孙，他们也未必能守得住。只有当人们在面对纷繁复杂的诱惑时，能够压制自身的欲望，不去为了转瞬即逝的利益而争斗，这个世界才能够承平有序。

他倡导回归本源，向往周公设计的理想世界、大同社会；相对于积极进取去获得更多的财富，他更信奉一种类似于道家哲学的处世之道。在此基础上，清静无为的政治态度，抱朴守拙的人生智慧，谨慎周全的行事作风，不居功自傲的为人品格，也就成了铭刻在士会身上的独特烙印。

人在年老的时候总会有些怀旧，如今的严峻形势难免会让士会更加怀念年少时光，顺带着爱屋及乌，对晋文公的执秩之法怀有不一般的憧憬，这恐怕也是他不遗余力地推行"范武子之法"的原因所在。

然而，美好的时光总是短暂的，伴随着郤克从齐国朝堂上带回来的怒火，晋景公谋求以温和手段化解国内矛盾的机会窗口也瞬间关闭了。晋景公八年（前592年）秋季，刚刚完成了"范武子之法"修订工作的士会，因担心郤克怒火无处发泄而肇乱于内，主动宣布退居二线，刚刚开始还不到两年的体制改革进程倏然中断。而伴随着鞌之战的胜利，国人一扫邲之战失败的阴霾，民众信心指数急剧蹿升，积郁多年的情绪得到了释放，不少人的骄狂情绪也有所回头。

面对即将到来的危机，士会的内心充满了忧虑，于是便时常教导儿子要懂得抱朴守拙。比如在他退休之前，他就曾语重心长地教导士燮："人在大喜大怒的时候，行为就很少能够合于礼法，离经叛道的倒是很多。君子的喜怒是用来阻止祸乱的，如果不能遏制，就一定会兴起祸乱。我之所以选择致仕，是为了让郤克在齐国发泄他的怒火。否则我担心他会在国内掀起波澜，从而危及范氏的存亡。"同时他一再叮嘱："我退休之后，你和这些大夫们相处的时候，一定要恭敬从事，小心小心再小心。"

退休以后，士会对儿子的教导也从未有过松懈。《国语》中就讲过这么一个故事，说士会经常会守在门口等待儿子下朝回家。有一次士燮（范文子）回来得迟了，他就忧心忡忡问道："怎么回来这么晚啊，没出什么事吧？"

只见士燮眉宇间充满了喜悦，不无骄傲地回答说："朝中来了一位秦国的客人，在朝堂之上讲了不少隐语，在场的大夫们都回答不上来，只有我答对了其中的三条！"

士燮本以为会得到父亲的夸奖，却不料他话音刚落，士会就怒不可遏地举起了手杖，一棍子抢过来打掉了他的发簪，边打边骂道："不知轻重的小子，你懂什么呀！你以为就你聪明吗？大夫们不是不能回答，是故意谦让长辈父兄不肯作答罢了！我一天没教训你就敢卖弄学识，在朝堂上三次掩盖他人的才华，要不是我还在晋国，你小子可就危险了！"

经过持续的强化教育和长期的耳濡目染，士燮也逐渐养成了事事谨慎的习惯。鞌之战结束后，晋国大军得胜回朝，国中上下欢欣鼓舞，士会还像往常一样拄着拐杖在门口等着士燮归来。可他左等右等，一连等了好几天都没见到儿子的影子，直到中军和下军都已经刀枪入库，士燮所带领的上军才姗姗来迟。见到儿子后，士会同样以一种充满急切却又不乏温情的语气问道："你不知道我一直在盼着你吗？怎么这么晚才回来？"

见到阔别已久的老父亲，士燮满含着泪水回答说："出征有功，国人必然欢天喜地地迎接我们。如果我抢先回国，就一定会收获更多的关注，这就等于是在代替统帅接受荣誉。我不敢居功，所以来迟了。"

听了儿子的这番话，士会喜笑颜开："你能这样谦让，我就放心了。只要能一直保持谦和的态度，我们范氏就能免于祸难了。"

大军出征凯旋取得丰硕成果，晋景公无论如何也总得有所表示，于是每当有将领回朝，他都会说一句鼓励的话："这都是你的功劳啊！"士燮回朝复命的时候，他同样用这句话来勉励，但士燮却回答说："我军之所以能够取得胜利，都是因为郤克善于节制，荀庚的领导有方，我士燮又有什么功劳呢？"

事实上，在这样一个阴晴莫测的政治环境下，不仅仅是士会，整个晋国上下都弥漫着一股紧张的气氛。面对国君的勉励，暴脾气的郤克同样表现出了不凡的气度，他回答说："这都得益于国君平日里的教导，诸位将帅的齐勇同奋，下臣哪里有什么功劳呢？"士燮的直接下属栾书也推辞说："栾书不过是遵从士燮的指示，再加上士卒肯于用命，又怎敢居功呢？"

执政方阵

鞌之战后，三军将佐各自推功，成就了一段君臣和谐的佳话。然而，在这如童话叙事一般的表象背后，蕴藏的却是一股人人自危、但求自保的味道，足见国内的斗争形势已然十分严峻。

总括晋景公时期晋国政局上存在的尖锐矛盾，主要有这么三个方面：

其一是国君与卿大夫之间的权力划分。君主一心想要集中权力，于是便想方设法限制私权，掌握"赏刑"的权柄和制定"范武子之法"就是晋景公采取的主要手段；而卿大夫为了扩张私权则反其道而行之，以其自运行的体系不断侵蚀君主的权力。一张一弛之间，君卿矛盾就被激化了。

其二则表现为世卿家族与普通大夫之间的冲突。世卿家族想要牢牢地守住既得利益，而普通大夫则一心想要冲入世卿构成的小圈子。双方一攻一守，关系也就日渐紧张。

其三，则是世卿家族内部的纷争。关于这一点，我们不妨对比一下晋景公时期爆发的两场重要战役中的六卿排序。首先是晋景公三年（前597年），邲之战爆发时的排序为：

荀林父、先縠、士会、郤克、赵朔、栾书。

而晋景公十一年（前589年）鞌之战爆发的时候，我们只看到了半个六卿序列，其中：

郤克将中军，士燮佐上军，栾书将下军。

这场战争晋国六卿并未全部出动，剩余的席位一共有三个空缺，分别是中军佐、上军将、下军佐，这三个位置的人选事实上并不难确定。

在有关申公巫臣的故事中，我们可以得到的讯息是，在楚庄王去世之前，荀林父的弟弟荀首就已出任中军佐。楚庄王去世于晋景公九年（前591年），距离鞌之战的爆发还有两年，因此荀首在鞌之战时担任中军佐是毫无疑问的。

而有关上军将的位置，《左传》中也提到，鞌之战大军班师之后，晋景公向士燮表示庆贺，士燮推辞说："庚所命也，克之制也，燮何力之有焉？"其中的"克"指的是郤克，"庚"指的是荀林父的儿子荀庚（中行宣子）。从士燮的语气中可以看出，荀庚显然是他的上司，也就是上军将无疑。

这里唯一不好确定的是下军佐。按照邲之战时的排序，当时的栾书只是下军佐，而他的上司也即担任下军将的则是赵盾的儿子赵朔。而到鞌之战时，下军将以上已经没有了赵朔的位置。在以往的政治实践中，没有巨大污点而遭到降级在晋国是没有先例的，可见在此之前赵朔就已经去世了。那么下军佐的位置由谁来接替了呢？

晋景公十二年（前588年）十二月二十六日，晋国以封赏鞌之战的功臣为由召开了一次盛大的表彰活动。在这次表彰活动中，晋国在原有三军的基础上增添新中军、新上军、新下军，建立了空前绝后的六军十二卿体制，韩厥、赵括、巩朔、韩穿、荀骓、赵旃全都位列卿士。这里面并没有赵同的名字，但在此后的诸多历史事件中，赵同的名字却一直都排在赵括之前，可见其地位是高于赵括的，这也就意味着，在赵朔去世之后，接替他担任下军佐的正是赵同。

如此一来，我们基本上就可以明确鞌之战时的六卿排序，依次为：

郤克、荀首、荀庚、士燮、栾书、赵同。

从这个排序中我们可以看到，从邲之战到鞌之战，栾书的位置只是从下军佐升迁为下军将，而士会的儿子士燮则是直接空降到了上军佐的位置。与此同时，士会致仕之后，荀庚的位置向前晋升了一次，跻身为上军将。这也就意味着，在其父荀林父致仕之后，荀庚接任的也是上军佐。同样，荀首的位置晋升过两次就直接升到了中军佐，可见其初始位置也是上军佐。

这是一个很有意思的现象。如果再联系到鄢之战时郤克在六卿中的排序，我们似乎可以得出这样一个结论：当历史进入了晋景公时代，晋国六卿在世卿世禄制的基础上，又进一步演化出了一个小循环的模式。上一任的正卿去世或者退休之后，他的继承人会直接空降为上军佐，而不是从下军佐开始一步一步向上升迁。

之所以会形成这样一个独特的现象，其中的原因实际上并不难理解。晋国的六卿在多数情况下都是终身制的，升迁的过程也经常执行循序提拔的规则。除非是遇到了特殊的情况，抑或某个人的才能特别突出，否则这种规则便不会被轻易改变。

但人的寿命毕竟是有限的，在医学尚处于摸索阶段的先秦时期，即便是贵为一国之君、一国执政，也很容易被一场突如其来的疾病夺走性命。如果六卿成员都严格按照规程步步高升，处于下军位置的人很有可能此生都无缘攀到中军将的位置上，这对于一个政治人物来说显然是无法接受的。尤其对于那些已经掌握最高权力的人来说，若是手中的权势无法顺利地延续到下一代，那么现在所拥有的一切也就失去了意义。

为了摆脱这个让人绝望的困境，不少掌握有现时权力的人便开始寻找捷径，而在现行六卿体制中设置壁垒，就成了他们缩短等待时间最直接的手段。而将上军佐设置为这个壁垒的锚点，恐怕也是他们经过反复博弈后，最终找到的一个最容易接受的方案。这种现象在后来二三十年的历史中还会反复出现，本书中我们将其定义为"上军佐壁垒"。

"上军佐壁垒"带来的一个直接后果，就是将掌握六卿职位的家族划分为两个集团：一个是世代轮替掌握核心权力的前四卿组成的集团，他们将真正掌握实权的中军将之职牢牢地控制在手中，不允许他人染指，我们姑且将这四个家族称之为"执政方阵"；另一个则是位于四卿之外的其余家族，这些人虽然也都是世卿，但所谓的卿士地位，对于他们来说不过是一个安慰奖，要想真正地进入最高决策层，后面还有很长的路要走，因此这里称之为"替补方阵"。

"执政方阵"的形成，意味着最高权力的进一步集中，在加速侵蚀公室权力的同时，也加剧了世卿家族内部的矛盾。居于"替补方阵"的两大家族，会为了获得进入"执政方阵"的门票而暗中角力，自然就使得处于"执政方阵"的四大家族感到人人自危。为了避免被淘汰出局，他们也必然要想方设法压制对方的敌意。

如此一来，我们将晋国内部的三大冲突结合起来，就形成了景公乃至于厉公时期的一大奇特景象：普通的大夫阶层为了能够进入卿列，总要拼尽全力对六卿家族进行围追堵截；居于"替补方阵"的家族为了更进一步，则想尽一切办法挖"执政方阵"的墙脚；"执政方阵"欲求不满，又不断强化私家权力以侵蚀国君的权柄。

这实际上也就意味着，如果人们想要追求进步，排位靠前的卿大夫家族就必然会有人被淘汰出局。这种淘汰机制类似于"轮盘赌局"的游戏，所有身处局中的人都是被猎杀的对象，谁也不知道下一枪会不会瞄准自己。而正所谓"枪打出头鸟"，邲之战后先縠家族的覆亡，就是这种机制所导致的必然结果。

有了先縠的前车之鉴，居于中间地位的六卿家族难免会生出深切的危机感。他们时时刻刻都处在"前有豺狼，后有猛虎"这种腹背受敌的状态之中，一旦有所不慎就很容易落入圈套，从而步先縠的后尘而去，又哪里还敢恣意骄狂呢？这恐怕才是三军将佐纷纷表现出礼让谦和态度的根本原因。

为了消除这种人人自危的局面，晋景公也曾想过不少办法，比如鞌之战后建立的六军十二卿体制，其本来目的就是要缓解日益紧张的内部冲突。然而只要列卿与普通大夫之间的鸿沟尚未形成，国君还有对卿大夫生杀予夺的权力，这种"勇敢者的游戏"就不会停止，内部危机的进一步蔓延还是在所难免，各方之间爆发激烈冲突也就只是时间问题了，这也正是"下宫之役"爆发的宏观背景。

第三章
下宫之役探微

第一节　赵氏内忧

原同屏括

在晋景公时期这种人人自危的微妙气氛中，并不是每个人都能耳聪目明，及时识别到危险，并尽力放低身段做到藏巧守拙的，其中最典型的就是赵盾的两个弟弟赵同、赵括。而据史料中所提供的线索，似乎正是由于他们的放纵骄狂，最终引发了下宫之役的惨案。

提到赵同、赵括这两个人，我们需要先了解一下他们的身世。根据《左传》的记载，赵衰一共娶了两名女子，一个是在"狄国"所娶的叔隗，生子赵盾；另一个则是回国后晋文公许配给他的公室女子赵姬，生子赵同、赵括、赵婴齐。这名公室的女子据推测应是晋文公的女儿，但也不排除是晋文公同母姐妹的可能，因地位比较尊贵，故而称为君姬氏，又或赵君姬。

赵君姬在嫁入赵家之后，并没有仰仗自己的身份作威作福，相反她不止一次地劝说赵衰将叔隗母子接回来，并将他们奉为赵氏内子（嫡妻）和嫡长子，而她自己和三个孩子则屈尊做了侧室，这就在宗法上为赵盾继承赵衰的地位提供了依据。

有感于赵君姬的深明大义，赵盾继承家业之后也算是知恩图报，对自家兄弟倍加呵护。到晋成公确立假公族制度的时候，赵盾十分恳切地向国君提出了一个请求，就是把公族大夫的名额让给了君姬氏爱子赵括，而他自己则以"余子"的身份仅列为"旄车之族"，足见在政治上以冷血著称的赵盾确实也有温情的一面。

不过，依照假公族制度的约定，"乃宦卿之適子而为之田，以为公族"，也就是说，只有卿的嫡子才能出任公族大夫。赵盾把公族大夫的身份让给了赵括，理论上就等于是将赵氏嫡系的身份还给了君姬氏之子，这就为后来赵氏家族的内讧埋下了伏笔。

此外，赵氏还有一支侧室，也就是之前提到过的赵夙这一系。按照通常的世系表，赵夙生共孟（有资料显示其本名为赵武），共孟生赵穿，赵穿生赵旃，这一支因受封于邯郸，故而别为邯郸氏。

邲之战爆发之前，赵同和赵括的名字都只出现过一次，而且都是以陪衬的角色出现，赵婴齐和赵旃则是到邲之战中才有所记录，因此都没有什么实质的表现。而到了邲之战时，赵括、赵婴齐、赵同已分别担任了中军大夫和下军大夫的职务；赵旃虽没有明确的职务，但从其求卿不得的表现来看，地位应该也不低了。在这场战争中，赵同、赵括、赵旃与先縠沆瀣一气，都扮演了极不光彩的角色，只有赵婴齐的表现还算稳重一些。

邲之战结束后，国内政治生态发生了深刻的变化，尤其先氏的灭族给国人带来了极大的震撼。然而赵同、赵括似乎根本感受不到这种变化，抑或是先縠的覆灭反而更激发了他们的仇恨情绪，在此后的十几年中并未收敛其骄纵的个性。比如在晋景公六年（前594年）时，荀林父带兵大破赤狄潞氏，赵同受命前往成周献捷。在献捷过程中，赵同的表现很不恭敬，至于是怎么不恭敬的，史料并未具体交代，只是引用了刘康公的一句话说："不到十年，原叔一定会有大灾难，上天已经夺走了他的魂魄！"

如果沿着这样的一条线索走下去，赵同、赵括最终死于骄傲狂悖，似乎也算是罪有应得。但《左传》还给我们提供了另外的视角，表明下宫之役的爆发还另有原因，其中最重要的一条线索，就是赵朔的妻子赵庄姬的一桩丑闻。

宗主之争

赵朔谥号赵庄子，按照妻以夫谥的习惯，他的妻子就被称为赵庄姬。关于赵庄姬的身份，《赵世家》称其为晋成公的姐姐，也就是晋文公的女儿。但依照晋文公去世的时间计算，到赵武出生的时候，她的年龄最少也该有四十岁了。有鉴于赵武是赵庄姬的独子，四十岁生子在古代又比较少见，因此说她是晋成公的女儿、晋景公的姐姐或许更合适一些。

赵庄姬最大的烦恼是老公死得太早。无论是在《赵世家》的传奇故事中，还是在真实的历史情境下，到赵朔去世的时候，他的嫡长子赵武都还只是个牙牙学语的孩童。而与父亲赵盾在世时的风头无两不同，子承父业的赵朔却是一个极其缺乏存在感的人。

《左传》中关于赵朔的记载只有两次：一次是在晋成公六年（前601年），郤缺为了把他塞进六卿的队伍而废掉了胥克，这时赵朔担任的是下军佐，六卿排名最末；第二次是在晋景公三年（前597年）邲之战时，赵朔的位置向前移了一步，担任了下军将的职务。在名噪天下的邲之战中，他唯一的表现就是在下属栾书发表了一通长篇大论后，说了一句赞叹栾书的话，此后便再无音讯。

赵朔在史料中无所表现，但作为大独裁者赵盾的继承人，如果发生了什么意外事件的话，《左传》中应该不会了无痕迹。因此唯一的可能就是，在下宫之役爆发之前，赵朔就得病去世了。从邲之战到下宫之役满打满算也不过十几年的时间，这期间究竟发生了什么，赵朔究竟是什么时候去世的，史料上没有具体说明，我们也只能透过其中细节做一些简单的推测。

按照前文的叙述可知，到晋景公十一年（前589年）鞌之战爆发的时候，晋国六卿序列中已没有了赵朔的位置，可见最晚到这一年他就已经去世了。至于其去世时间的上限，我们可以根据赵武的年龄进行反推。

依据《左传》的记载，第二次弭兵会盟之后，时任正卿的赵武曾召集诸侯在澶渊举行过一次会盟。鲁国大夫叔孙豹在盟会结束后曾对其同僚表示，说赵武的年龄尚不满五十，却表现得像是一位八九十岁的老者。叔孙豹说这句话的时间是在晋平公十六年（前542年），我们就按最激进的虚岁五十来计算，赵武出生的时间最早也只能是公元前591年，也即晋景公九年之后。据此，我们基本可以断定，赵朔的去世要早于鞌之战爆发的晋景公十一年，晚于郤克使齐的晋景公八年。

这里的关键在于，赵朔不仅仅是赵盾的儿子，赵庄姬的丈夫，赵同、赵括的侄子，他还是晋国最高领导层成员。他的早逝在晋国政坛上会造成一系列的影响，其中的首要问题，就是意味着赵氏有可能会失去在六卿中的席位。

赵氏宗族人才济济，定然不会允许这样的事情发生。因此按照后来的卿位排序来看，赵同很快就进入卿列，填补了空白。而到鞌之战的次年，晋景公以奖赏功臣为由对军队进行扩编，在原来三军六卿体制的基础上增加了新中军、新上军、新下军，春秋历史上列国仅有的一次六军十二卿体制就此诞生，赵括、赵旃同时为卿。

赵氏一门三卿，这样的荣耀若是放在以往，绝对是振奋人心的大好消息。然而时移世易，如今同样的荣耀于整个赵氏宗族而言，却变成了一个随时都可能会爆炸的"定时炸弹"。

这种威胁在赵氏家族内部，主要体现为对宗主权力的争夺。

当初赵盾在世的时候，依托于君姬氏的高风亮节和自身的武功威势，当仁不让地挑起了大宗的担子。赵盾去世之后，尽管赵朔在宗族内外都缺乏威信，但在郤克、栾书等人的保护下，赵同、赵括也不敢有什么非分之想。然而，随着赵朔的早逝，这一切都产生了巨大的变数。

首先是在晋成公设立假公族制度的时候，赵盾为了报答君姬氏的恩情，将公族大夫的身份让给了赵括，使得赵括在法理上具有了赵氏大宗的身份。现如今赵同、赵括、赵旃又同入卿列，其身份更是比尚在襁褓中的赵武高出了不少。而若要论起辈分来，赵同、赵括都是赵盾的弟弟，赵武更是得喊赵同、赵括一声爷爷。如此一来，原本在赵氏宗族内部处于事实宗主地位的赵朔一系，如今在法理上和事实上都变成了赵氏的小宗，由此给赵庄姬带来的心理落差可想而知。

在晋国的政治实践中，宗主权力在大家族内部进行转移并不是什么少有的事情。比如赵衰就曾取代其兄长赵夙成为赵氏家族的大家长；狐偃这一支系也曾超越其兄长狐毛，成为狐氏家族的领头人；士会所开创的范氏更是取代了其兄长士穆子，成为祁姓家族事实上的宗主。

有了这样的先例，赵同、赵括大概也认为所有的一切都应该顺理成章。毕竟无论从哪个方面来讲，年富力强同时具有法理优势的他们，怎么看都比赵武更适合去领导赵氏这么一个庞大的家族。只要赵庄姬肯稍稍相让一步，一家人"和气生财"，就没有什么问题是解决不了的。

可赵庄姬是谁呀？她可是当今国君的姐姐，是赵庄子的内子。更重要的是，她没有君姬氏那么好的脾气,怎么可能允许别人爬到自己的头上?为了保住赵武的宗主地位,她什么事情都敢做,什么事情也都能做得出来,这也就注定了赵氏家族内部的争斗不可能以和平方式解决。那么,赵庄姬为了保住赵武的地位,究竟都做了些什么呢?

东窗事发

在感受到赵同、赵括的威胁后,赵庄姬首先想到的,大概是在家族内部寻找盟友。而遍历赵氏宗族内有职权的人物,能够为她提供助力的候选人并不多,其中最得力的恐怕也就只有赵盾的另一个弟弟赵婴齐了。

赵婴齐又称赵婴,是赵同、赵括的同母兄弟,因受封于楼地,故而也常被冠以楼氏,称作楼婴。与之类似的是,赵同、赵括的封地分别为原、屏,故而在论及晋国内部事务时,《左传》特意将赵同称为原同、原叔,将赵括称为屏括、屏季,以将其与赵朔、赵武这一系区分开来。

尽管与二赵一母同胞,但与这两位兄弟的张扬个性比起来,赵婴齐可以称得上是个另类。在邲之战时,赵同、赵括配合先縠扰乱军队的整体部署,而身为中军大夫的赵婴齐则不动声色地在先縠的眼皮子底下,预先准备了撤退所用的船只,使得其所统率的中军一部免于在混乱中倾覆。从这件事上也可以看出,赵婴齐不仅比赵同、赵括更有大局观,在谋划布局方面比他的侄儿赵朔也高明不少。他在很多事情上都能提前做好通盘打算,算是这个行将末路的强卿家族中难得一见的明白人。

在关于大宗地位的争夺上,赵婴齐并没有选择跟自己的亲兄弟站在一起,反而坚定地站在赵庄姬一边扶持赵武,这恐怕不仅仅是因为两人之间的私情或者一时的冲动就可以解释的。分析赵婴齐此时的心理状态,他之所以会做出如此决策,恐怕也是为了家族的长远发展考虑。

自赵盾去世之后,整个赵氏家族在政坛上的地位都没什么起色。尽管早先赵朔曾在六卿中担任下军将的职务,鞌之战后赵同、赵括、赵旃也都进入了卿列,但都没能进入前四卿的行列。这就意味着他们在整个决策层中仍处于边缘位置,与赵盾时期一呼百应的局面已经不可同日而语。

正所谓"匹夫无罪,怀璧其罪"。赵氏地位不如人,但得益于赵盾时期的用心经营，却占据了大量的资源。光是现在我们能够统计到的，就有赵夙时期获封的耿地，赵同所封的原地，赵括所封的屏地、赵婴齐所在的楼地、赵旃所在的邯郸。此外，赵盾主掌晋国将近二十年，他所在的这一支应该也有自己的封地。

赵氏既有在十二卿中的地位，又有广袤的封地领邑，其宗族权势虽不及以往，但在财富量级上却不落下风，难免会招来其他家族的忌恨。与此同时，在晋景公修订"范武子之法"，急欲扩张公室、抑制私权的大背景之下，在十二卿中占据了三个席位的赵氏已然成为其眼中钉、肉中刺，稍一不慎就会有倾覆之忧。在这种上有国君猜忌、下有大夫觊觎的局面下，赵氏又没有一个强有力的领导者，倘若再失去了背后的依靠，后果将不堪设想。

而赵庄姬的优势正在于此。一方面，她是国君的亲姐姐，只要有她在，国君就不会轻易对赵氏下手，而其余的家族也会看在公室的颜面上，不敢对赵氏有所动作。另一方面，她毕竟是赵朔的正妻，赵武也毕竟是赵盾的合法继承人。赵盾在世时对郤氏、栾氏曾多有照拂，后来郤缺上位后也曾对赵朔多有关照，而赵朔与栾书更是长期在下军共事，建立了深厚的情谊。所谓"不看僧面看佛面"，如今赵盾、赵朔虽已不在，但他们所笼络的关系、积攒的人脉依旧在发挥着作用。就算是人走茶凉，关系淡漠了，他们看在赵盾的面子上也总会对她们孤儿寡母有所照顾。眼下正是赵氏宗族势力虚弱、最需要外援的时候，以赵庄姬为牌面来保留郤氏、栾氏这两支，总好过赵氏一家单打独斗吧？

但无论赵婴齐是怎么想的，他有意帮助赵庄姬的行为终究还是无法得到赵同、赵括兄弟的谅解。到晋景公十三年（前587年）冬，兄弟二人就以与赵庄姬通奸为由将其赶出了家门，无奈之下，赵婴齐只好投奔齐国而去。

赵同、赵括不顾国君姐姐的颜面揭破所谓"通奸"的丑闻，又驱逐了赵庄姬最得力的助手赵婴齐，这就等于是向赵庄姬公然宣战了。这样一来，站在赵庄姬背后的诸多支持者，上至晋景公，下至郤氏、栾氏乃至于众多受惠于赵氏的普通大夫，都会因此而对他们采取敌意态度，这就等于是将赵氏原先的盟友全都推到了自己的对立面。

倘若赵同、赵括的强横仅仅停留在赵氏内部的话，或许最终的结局也不会那么惨烈。然而，赵氏兄弟显然高估了自己的能力，同时也对当下所面临的危机缺乏警惕。

从后来的种种表现来看，赵同、赵括显然不认同赵婴齐消极求稳的策略，他们更倾向于以积极进取的姿态去解决赵氏当前面临的危机，也就是将进攻当作防御的手段。而当他们的野心渐渐显露了出来，就必然会引起其他君卿大夫的一致戒惧，这就注定会使得他们的进取之路不会一帆风顺。

　　正因为如此，赵婴齐出奔齐国时才不无忧虑地说道："我在，故栾氏不作。我亡，吾二昆其忧哉！"（《左传·成公五年》）正当赵氏内部关系出现裂痕的时候，早有一双眼睛在远远地盯着他们的一举一动。赵婴齐的出走，让本已出现衰微迹象的赵氏大宗失去了最后一层护甲，一场针对他们的阴谋也逐渐浮出了水面。

　　那么，这个"栾氏"究竟是何许人也？为什么赵婴会认定他将对赵氏不利呢？

第二节　下宫之役

栾书为政

栾氏是一支历史悠久的公族，其族源最早可以追溯到西周末期的晋国君主晋靖侯。曲沃代翼时期，晋靖侯的庶孙栾宾被指定为曲沃桓叔的师傅，被一起分配到了曲沃。栾宾的事迹史料上无载，倒是他的儿子栾成（栾共叔）在三十多年后站在了曲沃的对立面，最终在侵扰曲沃的径庭之战中被晋武公捕杀。

栾共叔去世后的七十年间，栾氏从史料上消失了，一直到晋文公四年（前633年）"作三军"时，才有栾枝（栾贞子）的名字再次出现。栾枝的事迹主要发生在城濮之战期间，在回答楚军的挑战时，既能放低身段表现出晋国的谦逊，又不至于过于贬低自己，在外交辞令上拿捏得很是得体。在战场上，作为整个计划中最关键的一个环节，他有效地按照预定的计划演好了佯装败退的戏码，将晋军第一场系统性的配合作战演绎得淋漓尽致。综合看来，栾枝算是一个有学识辞令，有武力智谋，但中规中矩或者说略有些保守的一个人，赵衰称其"贞慎"也不无道理。

栾枝曾经受赵衰举荐，且二人长期在军中共事，关系非同一般。因此到赵盾剪除了五大夫之乱后，栾枝的儿子栾盾便被举拔为下军将。栾盾在任期间晋国内外兵劫连连，可无论是腥风血雨的国内斗争，还是斗智斗勇的秦晋纷争，似乎都与他没有半点关系。他就这样不温不火地在六卿中占据了一个职位，然后凭借着"世卿世禄"的东风，把位置顺利地传给自己的儿子，也就是我们现在要介绍的重磅人物——栾书。

栾书谥号为栾武子，他的第一次出场也是晋景公三年（前597年），与赵盾之子赵朔同在下军共事，在六卿之中排名最末。邲之战中，栾书曾引经据典从多个角度驳斥先縠的言论，并对战前局势进行了一番分析，让他的上司赵朔听了深以为然，于是连连称赞说："栾伯善哉，实其言，必长晋国。"

从以上的这些经历来看，自从晋国建立了三军六卿体系，栾枝、栾盾、栾书三代人接续传递，其在六卿中的席位几乎没有出现过中断，这在之前所有出现过的世卿家族中可以说是独一份的。但与此同时，栾氏家族在六卿中活跃了将近半个世纪，却没有任何让人记忆深刻的表现。当其余几大家族如先氏、郤氏、赵氏、荀氏、士氏纷纷出现执掌国政的强人时，栾氏三代卿士也没有出任过比下军将更高的职务。

难能可贵的是，即便是遭逢如此境遇，栾氏一族竟然全都能做到安之若素。眼看着正卿的地位在几大家族之间轮番转移，栾书久困下军行列，却从来都没有显示出有任何不满情绪。

除此之外，根据《国语》后来的追述，栾书出任卿职二十多年却不蓄私产，自己名下田产不过百顷，举行祭祀的时候连成套的礼器都无法置备齐全。而在执行政令的时候，他能够做到依法依规，没有弊端，以至于其德行能够泽被后世，令人长久怀念。

或许也正是这种不与人争且刚正不阿的特质打动了晋景公，到鞌之战的两年后，也即晋景公十三年（前587年）冬季，当中军将郤克宣布致仕之时，当时还只是下军将的栾书就突然被超拔为新任中军将，意外地走上了人生巅峰，而他原来的上司荀首、荀庚、士燮的位置都没有发生变化。

这个结果的确出人意料。在以往的历次人事调整中，从下军将以下直接超拔为正卿并非没有先例，比如先轸在出任正卿之前，只是六卿中排名最末的下军佐；晋襄公在位时期，也曾想直接任命没有卿职的士縠为中军将，而赵盾更是凭借蛮横手段直接坐上了中军将宝座。但这些破格调整大都有其特殊性，要么是战争时期需要更有谋略的元帅，要么就是六卿职位出现了大批量的空缺。但此次的人事调整却与这些特例毫无关联，那么显然晋景公对栾书的任命就别有深意了。

但这样一来又带来了一个新的问题。在原本的十二卿之中，居于"执政方阵"的四个位置分别由郤克、荀首、荀庚、士燮掌控。倘若将栾书从下军将的位置直接超拔为中军将，那么栾氏必然会挤占四大家族的位置，他们又有谁会愿意主动发扬风格呢？尤其是在郤克即将卸任的关头，他的继承人郤锜（郤驹伯）显然不可能再依据惯例空降到上军佐的位置上，这也就意味着郤氏很有可能会被挤出"执政方阵"。以郤克说一不二的性情，他能同意这么做吗？

郤克之愿

在过去几十年所形成的政治传统中，上一任中军将对于选谁作为自己的继任者往往有很高发言权。郤克为人刚烈、做事果决，很有当年赵盾的强人风范，显然不可能对自己的身后事毫无安排。因此，尽管这次对栾书的任命是出于晋景公的授意，可没有他的点头也是很难通过的。至于郤克为什么会支持栾书，史料上并没有太多的说明，但从当时的形势我们仍然能够看出一些端倪。

在过去几十年间，郤氏从属于由赵盾所组建的执政联盟，与荀林父分属不同的阵营，这个分歧到了晋景公时期仍然在发挥作用。但不同的是，自邲之战遭遇惨败之后，晋景公有意扶持赵、郤联盟的反对派别。他一方面诛杀了党于郤氏的先縠，另一方面又将荀林父的弟弟荀首安插到六卿的行列，使得郤氏的处境愈发艰难。

在此，我们不妨先回顾一下晋景公十二年（前588年）所形成的六军十二卿体制，担任六军将佐的分别是：

郤克、荀首、荀庚、士燮、栾书、赵同；
韩厥、赵括、巩朔、韩穿、荀骓、赵旃。

在这个排序中，位居"执政方阵"的荀首（智庄子）、荀庚（中行宣子）分别是荀林父的弟弟和儿子，士燮则是士会的儿子，都从属于郤、赵联盟的对立派别。一旦郤克退出了政坛，那么按照循序提拔的惯例，整个中军都会落入到荀氏集团的手中。这个时候，就算是按惯例让郤锜如愿空降到上军佐的位置，两大派别之间的权力分配也会出现严重失衡，这是郤克无论如何都不愿看到的。

为了避免这种情况的出现，郤克就必须在四卿之外选择一个可靠的盟友来占据中军的位置。但如此一来，就不可避免地会将自己的儿子郤锜挤出"执政方阵"的序列。因此，在提拔盟友来接替自己的同时，还必须削弱对立派别的力量，也就是将其余三卿中的一支剔除出去。这里唯一的悬念就是，究竟该将谁剔除出去，又该以什么样的方式来达成目的呢？

解决问题的途径无非是两条：一条是和平的方式，五大家族协商解决；一条是暴力途径，通过流血冲突来实现优胜劣汰。在当前的环境下，无论是身居高位的晋景公，还是处于漩涡中的五大家族，恐怕没有谁会希望将权力斗争演变成武力冲突。

这场协商的结果是显而易见的，据《左传》记载，到晋厉公三年（前578年）麻隧之战爆发时，荀首的儿子荀罃（又称智罃）已经出现在了下军佐的位置，表明最后被剔除的是中行氏的旁支智氏。

但问题到这里依然没有解决。协商的结果虽然有了，但当时荀首仍在中军佐的任上，郤克不可能为了达成自己的目的就强制让荀首退休。这也就意味着，郤锜最终晋升到上军佐仍需一段等待的时间，倘若在这段过渡期内发生了什么变故，郤锜很有可能会被永远排除在"执政方阵"之外，这对于郤克来说显然也是无法接受的。因此，想要保证自己的意愿能够顺利实现，继任中军将的人选就至关重要了。而在这个时候，摆在他面前的选项并不多：一个是下军将栾书，一个是下军佐赵同。

虽然我们无法确切窥知郤克做出选择的依据，但从现有的史料来分析，赵同显然不是合适的人选。一方面，郤氏、栾氏虽与赵氏交好，但他们真正信赖的是赵盾、赵朔父子，如今赵同、赵括公然侵夺赵庄姬在宗族内的权益，这与郤氏的意愿显然是背道而驰的。另一方面，从邲之战的表现来看，赵同与专断独行的先縠同气连枝，而当先氏遭遇灭顶之灾的时候，郤克并没有伸出援手，这就使得赵同难免会对郤氏有所埋怨。再加上赵氏兄弟骄狂的性情，连自保都尚且不能，又如何能指望他们来维护郤氏的利益呢？

无论如何，经过再三权衡，性情更为沉稳的栾书最终成为郤克青睐的对象，由此也就形成了六军十二卿体制形成以来的第二届阵容，分别是：

栾书、荀首、荀庚、士燮、郤锜、赵同；
韩厥、赵括、巩朔、韩穿、荀骓、赵旃。

需要特别注意的一点是，栾书受到提拔的时间与赵氏丑闻爆发的时间几乎吻合，这显然也预示着栾书与赵同矛盾的进一步加深。也就是说，几乎就在栾书受到提拔的同一时间，一场针对赵氏的阴谋就已经开始了，赵婴齐也已经意识到栾书将对赵氏不利。

那么，究竟是什么原因导致了双方会产生如此深的矛盾，以至于非要置对方于死地呢？对此《左传》同样没有给出任何解释，在这里我们不妨从性格的角度来做一分析。

前文我们曾提到，赵盾在执政时虽然对待政敌手段残忍，可对自家人却还是充满了温情。一直以来，他都对自己兄弟和子侄宠溺有加，即便他们犯下了天大的错误，赵盾也都能够理直气壮地纵容袒护，甚至不惜背上弑君的罪名。

赵盾对待亲属无原则的纵容，让他们养成了骄横跋扈目空一切的傲气，从属于赵氏侧室的赵穿、赵旃无不如此。而赵盾说一不二的权势，也让这些过惯了优裕生活的子弟不愿意屈居人下，惯于颐指气使。尤其是赵盾去世后，"赵氏家族势力的发展呈现出了急躁冒进的势头"[①]，赵氏子弟如赵同、赵括、赵旃纷纷要求加入卿列。而一旦愿望得不到满足，他们就与先縠联起手来扰乱军行，连荀林父这样的职场老人都不放在眼里了。在这种心理状态之下，一直籍籍无名的栾书又岂能入得了他们的法眼？也正因为如此，当邲之战中郑国的皇戌前来劝战，栾书对其言论做出一一反驳之后，赵同、赵括马上就站出来起哄，可见二人对栾书的轻蔑态度。

即便是栾书正式成为中军元帅，赵同、赵括与栾书在对楚作战方面的分歧仍然是显而易见的。这似乎意味着，二赵对于栾氏轻视、敌对的态度显然没有随着对方地位的变化而有所收敛，这也就进一步加剧了双方之间的冲突。

[①] 参见白国红：《春秋晋国赵氏研究》。

而与之截然不同的是，栾氏家族长期处于不利地位，使得栾书养成了善于隐忍的性格，但在隐忍的背后，也往往蕴含着睚眦必报的意味。当自己的地位尚且低微的时候，栾书自然不会去计较赵氏兄弟的跋扈，可一旦掌握了权力，以往受到的轻蔑和嘲讽就会变成促使他复仇的动力。

迁都新田

晋景公十四年（前586年）夏天，引发赵氏丑闻的赵婴齐刚刚被放逐到齐国，国内便发生了一起灾异事件：位于今陕西韩城的梁山突然崩坍，从山上滚落的碎石和泥土壅塞了黄河河道。

在古人的观念中，山崩地裂并不是什么寻常的自然现象，这种灾异的出现往往隐含着人君失德、国家将亡的征兆。在原始的历史记录中，有"伊、洛竭而夏亡，河竭而商亡"的传说，到西周末年更是出现了"三川竭，岐山崩……幽王乃灭，周乃东迁"的重大历史悲剧。

殷鉴不远，来者可追。梁山处于黄河以西，与位于今天山西河津的韩原隔河相望，早年是嬴姓诸侯梁国所在地，晋惠公即位之前曾在此避难。晋惠公末年，梁国被秦穆公吞并成为秦地，到晋襄公时期又被晋人夺取，此后便成了晋国的地盘。因此当梁山出现崩解的时候，就不能不引起晋人的高度重视。

晋景公为此急派传车召伯宗进宫问事。伯宗闻讯片刻也不敢耽搁，当即乘坐传车日夜兼程奔往国都，不巧在路上却被一辆载满货物的重车堵住了去路。伯宗心焦如焚，担心误了时辰，便一再催促他们赶快把路腾出来，谁料押车的人却不慌不忙地回答说："我这车太过笨重，与其等我，还不如趁早绕小路走得快。"

伯宗看他谈吐不凡，再加上心里也没个主意，正好跟他闲聊几句。谈话间得知他是绛城人，还知道国君要召伯宗问话，便有意无意地向其询问看法。押车人漫不经心地回答说："梁山上土壤松软出现崩解，这是再正常不过的自然现象，没什么可大惊小怪的。国家虽然以山川之主为尊，可遇到山崩川竭的大事，能做的无非也就是减少膳食用度、裁撤歌舞音乐、穿素色衣服、坐普通的车子、离开寝宫到郊外居住，命祝、史等官员向神祇贡献祭品、诵读祭文以祭祀山川之神。这些不过是例行公事罢了，就算是伯宗去了，又能有什么花样呢？"

人民群众在日常劳动实践中总结了大量人生经验，比起那些在书斋里苦思冥想、夸夸其谈的人更加讲求实际，看待这些日日如常的自然现象比贵族们要通透明白许多。押车人的这番见地让伯宗大受启发，便想将其引荐给晋景公，可对方并不领情，伯宗只好把话原原本本地转述给晋景公，算是有了个交代。

至于晋景公有没有相信押车人的话，国内的大夫们是不是同样看得开，我们就不得而知了，总之是这件事发生后不久，晋景公突然就开始谋划迁都事宜。对于这样一个动议，大夫们众说纷纭，一直拿不出一个统一的意见。其中有很大一部分人建议迁到郇瑕氏之地，也就是如今山西临猗附近，理由是那里土壤肥沃富饶，且靠近盐池有山泽之利，国家可以很方便地从中获利。

晋景公看着众人各执一词、争论不休，着实有些头疼，于是便宣布罢朝，向大家作了个揖就退了出去。当时担任新中军将的韩厥在公室兼任仆大夫之职，专门负责打理宫中事务，于是便跟着国君去往燕朝。在经过路门之时，韩厥突然发现景公正在院中候着，等他靠近了才不动声色地问道："你对此事有何看法？"

韩厥在回答时提出了两方面的意见：其一，郇瑕氏地方土薄水浅，容易聚集污秽肮脏的东西，居住其间会让人罹患风湿、脚肿以及各种心理疾病。与之相比，新田的土厚水深，又处于汾河、浍水相交的地方，污秽的东西就容易被水冲走，人民可以在此安居而免于疾病之苦。其二，郇瑕氏固然是物产丰饶，卿大夫也都愿意在此安家，可这对于公室来说却未必是什么好事。因为国都富饶，会鼓励民众骄奢淫逸、争财贪利的风气，反而不利于公室财富的聚集。

在儒家的政治理论中，有一套统治百姓的方法，用《国语》中的原话说便是："昔圣王之处民也，择瘠土而处之，劳其民而用之，故长王天下。"圣王治理百姓，不会选择肥沃丰饶的土地，反而会特意找一块贫瘠之地定居。其中的逻辑就在于，老百姓生活困顿，他们就会思考改善生活的办法，从而在思考中逐渐形成美好的品德；反之，如果老百姓生活富足，他们就会沉溺于安乐享受，反而会生出各种邪念来。因此，只有让百姓都劳碌起来，才能实现长久的统治。

韩厥的谏言同样体现了这一思路，卿大夫本就奢靡成风，国君想要抑制都无从下手，若果真迁到了郇瑕氏之地，面对盐池丰厚的利益，他们又岂能不动心？在卿大夫的带动下，老百姓自然也会跟风争利，由此带来的结果不仅会使得他们"淫而忘善"，更会侵夺本属于公室的利益，这对于君主的集权显然是不利的。

当初太卜郭偃曾说:"论至德者不和于俗,成大功者不谋于众。"既然卿大夫与公室的出发点不同,利益诉求又截然相反,那么就应该以国君的意见为主,而不是被卿大夫绑架。也正是在这一思想的指导下,晋景公力排众议,剔除了郇瑕氏这个选项,最终迁都新田,完成了利益重组的重要一步。

革弊布新

历朝都城选址或者迁都的理由各不相同,但总体来说无外乎以下几种:一是选择战略要地或形胜之地,对外可以肩负起"天子守国门"的重任,对内可以防止地方藩镇借机壮大,与中央抗衡;二是选择经济文化中心,在农业富庶、经济活力旺盛的地区就地取材,可以有效地扩充中央财政,以维护国家官僚体系的顺畅运行;三是选择交通要道,在便于人员往来、物资流通的同时,既能加强中央对全国资源的调度的能力,又能使得中央政令辐射全国,强化对地方的控制力。

参照以上标准来看,晋国迁都新田的选项似乎并不符合这些特征。韩厥提议的新田在今山西侯马境内,距离故绛不过区区几十里远,无论是在军事上、经济上还是在交通便利性上与故都没有太大的差异,在战略布局上的作用更是微乎其微。

而反观大夫们所看重的郇瑕氏之地,其地靠近蒲城、魏县以及当初秦国急欲索取的解梁城,战国初年霸主魏国的都城安邑也距此不远。定都郇瑕氏的话,向南可以通过虞坂古道和茅津渡直抵南阳、直插中原,向西可以通过蒲坂渡口直捣河西,可以缩短与秦、楚之间的空间距离,在战略位置上显然要比新田更加优越。晋国如此大动干戈实施动迁,却放弃了战略要地选择了一个毫无特殊性的地方,这就不得不让人怀疑:这究竟是在迁都,还是在挪窝呢?

结合当前晋国的政治环境,我们大可以参照后世北魏孝文帝的案例来做一分析。孝文帝一意孤行迁都洛阳,其中最重要的原因就在于,他试图推行一场轰轰烈烈的汉化改革。这项改革既涉及文化习俗的改变,也牵扯利益格局的转化,必然会受到老牌鲜卑贵族的反对。而这些保守势力在旧都平城的势力盘根错节,只有将他们所依赖的传统势力连根拔掉,改革才有可能顺利推行。

晋景公与北魏孝文帝有着同样的困扰。自晋文公去世后四十年来,晋国政治形态逐步变异,六卿家族在故绛形成了稳固的利益网络,各大家族既互相依存又相互制约，其中的利益关系犬牙交错，很难理得清楚。都城士、农、工、商不是从属于此家，就是隶属于彼家，唯独不属于公室，这些看不见的力量构成了维护卿家势力的群众基础。如果迁了新都，却未能削弱私家势力，那么这个都城的选址无论有多理想，都不合晋景公的心意。而新田所在的区域尽管距离故绛不远，但这里的百姓却是典型的"公家人"，对公室的认同感更强，也更容易接受教化，是公室推行改革最坚强的群众基础。

晋国迁都新田的时间是在晋景公十五年（前585年）四月十三日。考虑到迁都事项牵涉众多，从动议到筹备、从奠基到完工都需要耗费时日，因此这场讨论很可能在赵婴齐奔齐、梁山崩塌之后就已经展开了，从中也可以看到迁都新田与赵氏丑闻之间微妙的关联。

由此我们便可以梳理出晋景公在位期间施政的整体脉络：面对日趋激烈的国内冲突，晋景公总是尝试使用温和的手段来缓解矛盾；只有当这些办法都无法奏效的时候，他才会强硬起来。从邲之战前的妥协到清之战后对先縠痛下狠手；从制定范武子之法、建立十二卿制，到将卿大夫在故绛的利益连根拔起；这一系列的动作都反映了他在处理问题时由温和转向强硬的内在逻辑。

如今迁都的举动更像是一个预警信号，标志他将采取更加强硬的手段整肃国内政治风气；同时也是在向那些侈卿发出最后通牒，预示着一场狂风骤雨即将来临。如果在这种强烈的暗示面前都无动于衷，依然骄横跋扈、我行我素，那就等于是将自己推上了风口浪尖，自取灭亡。而赵同、赵括兄弟恰好就是这种看不清形势的愚者。

在春秋时期各国内部的斗争史上，"族大多怨，常成怨府；族大逼君，易为君仇"[①]，是一条颠扑不破的铁律。当此晋景公一心扩充君权的大背景之下，拥有众多封邑且权势日盛者更易受到国君的猜忌。而在"世卿世禄制"所造成的负面影响中，普通大夫对世卿家族权势和财富的觊觎，又常使得列卿无不战战兢兢。赵氏同时兼具了众多封邑的财富和一家三卿的权势，本就已经成了众矢之的。然而当众卿都无不谨慎求全的时候，赵同、赵括却偏要反其道而行之。对外公然挑战"执政方阵"尤其是执政卿栾书的权威，对内则不断侵蚀赵盾一系小宗的权益，自然就同时

---

① 何怀宏：《世袭社会及其解体——中国历史上的春秋时代》，生活·读书·新知三联书店1996年版。

激发了国君、世卿集团、大夫阶层以及赵庄姬的一致排斥，这便是下宫之役爆发最重要的推动力。

结合以上这些分析，下宫之役的整个逻辑链条便渐渐清晰了。首先是从宏观背景上看，普通大夫对世卿世禄制表现出了强烈的不满，纷纷将发泄怒火的枪口转向了获利最多的六卿家族。在世卿集团内部，有的家族为了维护既得利益不断扩充权力，而自身利益受到挤压的传统强族也急欲伸张权益，从而加剧了卿大夫之间的对立情绪。为了缓解国内紧张的政治局势，晋景公先是采取了诸多温和的手段来抑制卿权，但当他认识到这些努力都无法奏效的时候，整肃国内政治风气的手段也就强硬了起来。

在这样一个关乎生死的重要关头，原本强盛的赵氏家族却不合时宜地陷入了分裂状态。出自赵盾一系的小宗势力和由赵同、赵括组成的大宗势力在行为观念、政治立场等各个方面都走向了截然不同的方向。尤其伴随着赵朔的去世，小宗势力从此式微，更使得这种冲突愈演愈烈，最终到了不可调和的地步。到晋景公十三年（前587年），赵同、赵括不顾赵庄姬的颜面，捅破了她与赵婴齐通奸的丑闻，等于是彻底撕破了脸，将家族内部矛盾完全公开化了。

在这种情形之下，赵庄姬恼羞成怒，不惜联合栾氏、郤氏诬告赵同、赵括谋反，而这也正好与晋景公试图加强集权的意图不谋而合。在四股力量的联合推动下，形成于晋景公即位初年的"轮盘赌局"终于到了下一个触发点，一场惨烈的政治事变由此爆发。到晋景公十七年（前583年）六月，各方势力联合出兵包围赵氏下宫，讨灭了赵同、赵括之族并将其土地罚没充公，赵氏内部的冲突便以这样一种惨烈的方式画上了句号。

第三节　景公之死

赵武继禄

"下宫之役"爆发后,赵氏的土地被尽数罚没,并被晋景公赏赐给了祁奚。而按照春秋时期的宗法制度,小宗之于大宗既是从属关系,更是生死与共的命运共同体。赵盾虽曾长期居于执政地位,但在法理上他所在的这一支系仍属于赵氏的小宗。因此当赵同、赵括被诛灭时,赵武凭借其母亲的荫庇可以幸免于难,但其所属的土地却也都被罚没了。

而与之相反的是,赵穿、赵旃这一支系,由于早在赵盾主政时期便被置为"侧室",因此就具有了一定的政治独立性。相对于跟大宗之间的从属关系,其与公室的臣属关系显然要置于首位,因此并未受到牵连。下宫之役爆发后的几年间,赵旃也一直都保留了其在卿列中的职务。

这样的结果显然不是赵庄姬所乐见的,因此不久之后,曾身受赵氏恩养的韩厥便上表直言:"以成季的功勋,宣孟的忠诚,他们的土地爵位竟然无法为子孙所继承,这恐怕会让那些为善者感到害怕。夏商周三代的贤王之所以能够保持几百年的福禄,并不是说他们的后人就没有不肖之徒,而是因为他们的功业和德行太过伟大,足以庇护后人。如果君上能够善待赵氏的孤儿寡母,用以表彰那些为国家立过功勋的人，不正好可以昭明君上惩恶扬善的德行吗？"

韩厥的话虽然听起来拗口，但不无道理。这些年来国内政治局势之所以这么紧张，与先氏灭族带来的冲击是分不开的。如果在对待赵氏的时候能够一码归一码，不搞连坐、不搞清算，就能够安抚大家的紧张情绪，从一定程度上缓解日益严重的对立关系。

与此同时，韩厥也有他的私心，作为这次内阁调整中唯一入围的新势力，他的身旁还缺乏强有力的保护，而他与赵氏的这段情谊，使得他可以背靠赵氏强大的宗族力量来为自己撑腰，这总好过以韩氏一家的力量苦撑。

晋景公也是个听劝的人，果断采纳了韩厥的建议，恢复了赵武的土地、爵位。而赵衰对于寒门氏族的保护和温情，也终于得到了丰厚的回报。

不管怎么说，在君权疲软近四十年后，晋景公终于完成了一次华丽转身，强化了自身的权力，而韩厥也用自己的肺腑之言为赵家留下了复兴的希望，为韩赵两家延续二百多年的战斗友谊涂抹上了浓墨重彩的一笔。郤氏和栾氏也均如其所愿，栾书的执政地位得到了进一步巩固，而郤克希望郤锜进入"执政方阵"的愿望也得以实现，总还算是一个皆大欢喜的结局。

不久之后，伴随着中军佐荀首（智氏）、新上军将巩朔（士氏旁支）、新上军佐韩穿以及新下军将荀骓（荀氏旁支程氏）的相继离世，六军十二卿的庞大体制也终于完成了它的历史使命。晋国于是就裁撤了新中军、新上军、新下军的编制，重新组合了一支新军，形成了四军八卿的新格局。新一届八卿组成为：

栾书、荀庚、士燮、郤锜；韩厥、智䓨、赵旃、郤至。

然而，欢乐的时光总是那么短暂，美好的憧憬总是会被无情的现实击碎，完美的大团圆结局通常只是下一场无底线斗争的开始。对于晋景公来说，人生巅峰只是一瞬，存在于荣耀背后的只有后人无尽的戏谑。

甸人献麦

犹记得那还是一个六月天，晋国迎来了一个丰收的季节，去年播种的冬小麦跨越了整个寒冷的冬天，终于到了收获的时节。在这个充满了喜悦的日子里，举国上下脸上都洋溢着幸福的笑容。成群结队的青年男女在金黄的麦田中奔跑歌唱，不知不觉间一首熟悉的曲调便穿越了时空，响彻人们的脑海，那首《诗经·周颂·丰年》是这样唱的：

> 丰年多黍多稌，亦有高廪，万亿及秭。
> 为酒为醴，烝畀祖妣。以洽百礼，降福孔皆。

按照周人的习惯，粮食丰收以后通常会先向祖先和神祇献祭，祈求来年五谷丰登，然而这一年却是个例外。六月的季风刚刚来临，晋景公便迫不及待地让甸人献上新鲜的麦子，并安排了厨师烹煮，准备在这样一个喜庆的日子里，能先人一步大饱口福。在等待饭食上桌的片刻时间里，他还郑重其事地差人把桑田的一名巫医带上殿来，不无得意地问道："你不是说我吃不到今年的新麦了吗？我这就吃给你看。"

要说晋景公还真有一股子小孩子气，不就是吃口麦子的事嘛！年年都有新麦上市，这有什么好得意的，至于要跟一个巫师怄气？不过，这事儿还真有可说道的地方。

让我们把镜头拉回到几个月前。当时晋景公做了一个噩梦，梦中见到一个长发委地的厉鬼在自己面前捶胸跳跃说："你不顾大义杀了我的子孙，我要为他们报仇，上天已经准许我的请求了，你就等着瞧吧！"晋景公感到十分害怕，于是就躲到内室，结果厉鬼直接撞破了内室的门，向他直扑过来。

晋景公被吓得不轻，醒来以后就大病不起。大臣们急得团团转。当时的医学水平不够发达，医生和巫师还是同一个职业，他们只能尽量去找那些口碑比较好的巫医来为国君诊病，刚好被请来的就是如今跪在殿下的这位。不过在当时，据说这位巫医还真有两下子，到了寝宫他也不害怕，不等晋景公自述，他就已经真实还原了当时的梦境。晋景公听罢极为惊讶，于是问道："怎么样？——我还有救吗？"

巫医只说了一句话："君上恐怕是吃不到今年的新麦了！"

不管晋景公信不信，反正后来他的病情是越来越重了。所谓"病急乱投医"，人们四处为其寻医问药，消息很快就穿越国界传到了秦桓公的耳朵里。秦桓公虽然跟晋国人不对付，可还是本着仁爱之心，派出了最好的大夫医缓前来诊病。

秦晋两国路途遥远，医缓还没到晋国，景公就又做了一个梦，梦中他看到病魔化身成两个小孩儿，其中一个说道："医缓是名良医，我担心他会伤害我们，怎么办才好？"另一个小孩回答说："我们就躲在膏的下面、肓的上面，他就拿我们没办法了！"

医缓到了之后，仔细排查了景公的病情，最后还是无奈地摇了摇头说："这病处于膏肓之中，针灸不能到达那个深度，药物也难以产生效果，已经无法医治了。"晋景公想起梦中小儿之言，不由得感叹道："真乃良医啊！"

陷厕而卒

事已至此也无他法，晋景公差人向医缓馈赠了丰厚的礼物，并特意安排了人马护送他回去。事了之后，他郑重其事地把国事都托付给了太子州蒲，让众臣拥立其做了国君，也就是后来的晋厉公，他自己则落得一身清闲，安心养病去了。

可到了这年六月，晋景公的病情不但没有恶化，似乎还渐渐好转了。这个时候他又想起了当初请的那位巫医，心中愤愤：庸巫啊庸巫！寡人就是因为听了你的鬼话，以为自己活不了几个月了，这才把国君的位子让出去！现在寡人身体好了，大权却全都给了儿子，你让寡人将来以何面目见人？

所谓"天无二日，国无二君"。"太上皇"这个职务自古以来就是离间父子亲情的利器，不管是有意还是无意，一国之君一旦沦落到这个份儿上，通常都不得善终。且不说人的权力欲是没有止境的，单说面子这一关就实在过不去。当年晋献公在猜忌太子申生的时候就说过："人还没死就把国政交给了儿子，会让人耻笑的。"如今晋景公因为轻信一个骗子巫医的胡言乱语就让出了国君之位，这事要传扬出去，可不得让人笑掉大牙了嘛！

晋景公于是便怒气冲冲地将巫医抓了回来，准备要狠狠地治他的罪。可事不凑巧，偏偏这个时候，晋景公突然感觉肚子胀气，急忙往厕所跑，没想到这一去就再没回来。晋景公得意了半晌，新麦已经摆到了嘴跟前，结果还没等下口，就以一种令人难堪的方式驾鹤西去了。

当晋景公在茅坑里挣扎的时候，巫医的脸上已经大汗淋漓，战战兢兢地等待着"太上君"的发落。在朝堂上服侍长君的人们则心中窃笑,脑海中如放电影一般演绎着巫医可能会面临的"一千零一种死法"。只有一名寺人看到国君迟迟不归,隐隐有些担心,急忙跑出去寻找,这才发现晋景公已经惨死在茅坑里。

寺人忠心耿耿,顾不得景公满身的污秽,费力地把他拽上来背回到寝宫。大夫们得到消息的时候,国君陷厕而卒的糗事早已传得沸沸扬扬,想捂是捂不住了。倒是背景公回寝宫的那位小臣,据说头天夜里曾梦到自己背着晋景公登天,大概是没有预料到晋景公真的会升天,他还沾沾自喜地跟旁人说起此事,结果就被一顿闷棍送去给晋景公殉葬了。

这件事发生在晋景公十九年(前581年)的六月初六日。尽管故事过于离奇,可其中所涉及的各种梦境、预言都配合得严丝合缝、滴水不漏,整体构思也不可谓不严谨。从晋景公梦中所见来看,厉鬼怨恨晋景公杀掉了他的子孙,似乎与刚刚发生的下宫之役有一定的关联。后来又有两个小儿躲在膏肓之间,又似在暗指赵同、赵括两兄弟,更加深了人们对这种猜测的印象。也正是因为有这个暗示,在"赵氏孤儿"的故事中,司马迁便直接将晋景公生病的原因写成了大业的子孙作乱所致。

凡是有悖于常理的故事,其中的逻辑越是严谨、前后关联越是顺畅,就越是有阴谋的成分。这个故事在迷信鬼神的古代或许会让人深信不疑,可放到今天,我们就必定要怀疑其中造假的成分了。

晋景公去世的时候,距赵同、赵括被杀已经过去了整整两年,即便他们还有余党能够兴风作浪,可想要把故事编圆不出纰漏,可能性微乎其微。因此即便这件事跟赵氏的覆灭有关,也不太可能是二赵的余党兴风作浪,很可能是在朝中具有很大能量的人。

至于这个凶手到底是谁,已经不得而知。时隔两千多年,仅凭残存的一点资料想要决断这样一桩公案显然是不可能的,更没有必要。

可以确证的是,晋景公在位期间,赵氏的中衰对于君权的扩张有一定的助益,但效果并没有预想中那么明显。毕竟晋国的问题要比楚国复杂得多,楚国除掉了若敖氏的势力就足以保证君权的回归,可晋国却有大大小小十几个宗族林立,六卿体制也早已成为自主运行的独立系统,很难毕其功于一役。晋景公尽管极力做出改变,然而受制于赵盾所设下的藩篱,却是按下葫芦浮起瓢,难以一劳永逸地解决所有的问题。到晋厉公时期,君卿之间的权力斗争再次升级,流血冲突愈演愈烈,君主权力在达到一个巅峰之后再次衰落，这种总的趋势恐怕不是一两个君主就能够扭转的。

　　不过话说回来了，下宫之役对于赵氏来说的确是一次沉重的打击，但若长远来看，却是"塞翁失马，焉知非福"？这次灾难使得赵氏能够将姿态放到最低，从而躲过了即将到来的暴风骤雨，顺利地将香火延续了下去。而在晋景公、晋厉公时期崛起，一时间不可一世的栾、郤家族，在经过短暂的辉煌之后旋即陨灭，成为卿族斗争的牺牲品和后来者崛起的垫脚石。在后世崛起并主导历史走向乃至于瓜分晋国的，反而是此前一直沉寂无声、默默无闻的家族，其中当然也包括如今陷入衰落的赵氏，这样的结果恐怕是谁也无法提前预料的。

第四章
车辕之役与晋厉公之死

第一节　车辕之役

士燮之忧

晋景公在位期间，对内以德刑相辅，大力度开展集权运动，君主权威相比于灵、成时期有了很大的提升。对外则是及时做出了战略调整，一方面放低姿态与"白狄"结盟共同抵御秦国，维持了西部和北方边境的安定；一方面又积聚力量灭掉了盘踞在东山地区的"赤狄"部族，清除了对其国家安全构成直接威胁的外部力量。而在恢复中原霸权方面，他先是通过鞌之战扭转了邲之战后的不利局面，后又通过联吴制楚和弭兵之约重塑了晋国在中原地区的影响力，这些作为都为晋厉公时期的对外开拓奠定了良好基础。

及至晋厉公即位，晋国内外形势逐渐向好。晋厉公携晋景公所创造的大好局面，一手破除楚国与齐、秦之间的合纵联盟，一手构建诸侯协力制楚的连横之势，将楚国置于孤立无援的境地，并最终通过鄢陵之战的胜利，形成了对楚国的绝对优势。二十年忍辱负重，一朝厚积薄发，晋国的复霸大业已是触手可及了。

然而，即便是这样一幅团结一致、积极进取的奋斗画卷，也并不是每个人都能够欣然接受的。当鄢陵之战的尘埃落定，所有人都为这样一场扭转乾坤的世纪之战欢欣雀跃的时候，却有一个人默然立于马前，怅然若失地说道："国君幼弱，诸臣不佞，究竟有何德何能可以承受如此辉煌的战果呢？"

与当年邲之战时那些希望晋国战败的"不逞之徒"不同，此番因为战胜而感到不安的，却是一位忧国忧民的长者，他就是曾经主导弭兵会盟、如今八卿排位第二、担任中军佐的士燮（范文子）。

自楚国司马子反撕毁弭兵协议，决议出兵北伐以来，晋国上下群情激愤，朝堂内外充斥着好战的声音，只有韩厥和士燮两个人对出兵中原持反对态度。不过，与韩厥相对温和的态度比起来，士燮反战的态度显然更加坚决。无论是在君臣议政的朝堂之上还是在战鼓烈烈的两军阵前，士燮始终都不遗余力地鼓吹自己的观点，力图让众位同僚回心转意。

战争爆发的两个月前，当郑国叛晋伐宋的消息传来，众人商议是否该讨伐郑国时，士燮就旗帜鲜明地表示反对："照我看来，如果诸侯都背叛了，对于晋国恰恰是好事。如果只是区区郑国背叛了我们，我倒认为这反而是忧患的开始。"

然而担任中军将的栾书却不以为然，听到士燮的建议，他轻描淡写地回应道："不可以当吾世而失诸侯，必伐郑。"（《左传·成公十六年》）说罢便毅然决然地带领大军奔赴黄河而去。

士燮一再劝阻没能奏效，只能跟随大军一路南下，可他还是心存侥幸，认为总会有机会劝说栾书回心转意的。因为以士燮从政多年的经验，栾书担任执政以来一直都在避免与楚军接触。比如晋景公十五年（前585年）的桑隧遭遇战，当时六军十二将佐大都是积极请求与楚军开战，唯有荀首、士燮、韩厥三人要求避战，栾书毫不犹豫地采纳了三人的建议，选择避而不战。

事后有人问起这件事，说："圣人与众同欲，所以才能成就大业。如今请战者占大多数，反战者不过三人而已，您舍弃大多数而采用少数人的意见是什么道理呢？"

栾书的回答很让人费解，他说："倘若每个人所表现出的'善'是均等的，自然应该跟从大多数。"但现实中"善"在人群中的分布有多有少，栾书认为这三位卿士的"善"更多一些，有他们三位来主张，就已经可以说是"众"了。

关于这段话，后人大都按照"从善（贤）不从众"来理解，若果真如此的话，被撇在一边的其余八卿不知该做何感想。但不管怎么说，这段话因为被写进了圣贤书，还是受到了广泛的追捧，进而成为指导政治实践的一大利器。栾书更是在两年后故技重演,因而获得了"从善如流"的美名。

但问题是,带有道德色彩的善恶、贤愚、是非从来都没有统一的标准,在不同人的眼里会有不同的形态,这也就使得所谓的"从善不从众""从善如流"往往具有鲜明的人治色彩。只有当主政者全知全能且毫无私心杂念的时候,这个原则才能得到有效运用,避免民粹主义的泛滥,否则就只能成为为政者个人意志的镜像,沦为独断专行的工具。

栾书显然不是执行这一原则的最佳人选,当个人利益与国家利益发生冲突的时候,即便是自己所开创的原则他也能弃之如敝屣。事实上从一开始他所依从的都只有国君的主张。当初晋景公不愿跟楚国起冲突,所以栾书就极力避战。两年后,因鲁国汶阳之田的纠纷,诸侯又起了二心,正是需要立威的时候,他就顺势发动了侵蔡伐沈的战争。而到了晋厉公主政时期,他所面对的君主变成了一个年轻好胜的少年,自然就要极力主战以迎合国君的喜好了。因此,当众人围绕是否该向郑国用兵而展开争论的时候,同样是韩厥和士燮的劝阻,栾书就不再"从善如流"了。

德不配位

大军于晋厉公六年(前575年)四月十二日出发,当年五月渡过黄河,不久后便收到了楚共王亲率大军前来救援的消息。按照一般套路,一旦楚军介入,晋军所面对的就不仅仅是一个郑国了,这个时候再来劝说,或许栾书就会听从建议。有鉴于此,士燮及时进言,说:"我们还是假意避开楚军,以缓解国内的忧患吧!我也知道统领诸侯、复霸中原一直都是您的梦想,但由此所造成的后果却不是你我所能承担的,还是留待后人来做吧。只要我们能勤勉和睦侍奉国君,保证国内无忧,还怕以后没有机会吗?"

然而士燮的拳拳之心最终还是没能打动栾书,大军继续向前推进,到这年六月,终于与楚军在鄢陵相遇。事已至此,士燮只能做最后的努力,不过这次迎接他的不是栾书变色的脸,而是新军佐郤至傲慢的心。

几年前主持弭兵会盟的时候,郤至本是与士燮一条心的,可当他得知楚国并无和议之心的时候,便很快就转变了观念,投入到主战派的阵营中去了。此番面对士燮的劝阻,郤至列举了晋国过去的几次惨痛教训,说:"韩原之战,晋惠公不能振旅；箕之役，先轸不能反命；邲地一败，荀伯不能进取中原，这些都是晋国的耻辱。先君在位时的情况恐怕您也是知晓的，如今倘若我们再去躲避楚军，岂不是又增加了一次耻辱吗？"

言至于此，向来性情温和的士燮也被激怒了。他满是愤慨地回应道："先君夙兴夜寐、屡次征战是有原因的，当时秦、狄、齐、楚虎视眈眈，如果我们不拼死征战，子孙将无立锥之地。如今三强顺服，能够与我们抗衡的也就只剩下楚国一家了，这跟当年的局势完全不同。只有圣人才能做到既无内忧也无外患，否则外部安定了，内部就一定会生出祸患来。留下楚国这个外患让我们引以为戒，岂不更好？"

遍览士燮言论，他之所以反对伐郑，反对与楚军开战，其核心要义就是这句"唯圣人能外内无患，自非圣人，外宁必有内忧"。也就是说，只有圣人才配得上海清河晏的太平盛世，如果你只是个德行不足的凡人，外宁内安就成了鱼与熊掌不可兼得的矛盾体，必然要有所舍弃。晋国没有君临天下的王者之德，却偏偏想要干王者才能做到的事情，希望诸侯都来依附。殊不知这恰恰是祸乱的根源，正因为有诸侯的依附，国内政治环境才会变得这么糟。问题出在国外，尚且有补救的余地，可若是发生在国内，那可就难以应付了。

在《国语》中，士燮还形象地打了个比方，说德是福的基础，德行不够而享有太多的福气，就好像地基没有打好，却在上面筑起了高墙，不知道哪一天它就倒塌了，这就是德不配位的必然后果。既然如此，那我们为什么就不能舍弃外部的虚名而换来国内的欢乐祥和呢？

但对于"德行"这种虚无缥缈的存在究竟该如何判别，普通人就算是想破脑袋恐怕都弄不明白。为此士燮特别对晋国德行不足的具体表现形式进行了细致的讲解，其中的核心要点是晋国法治的混乱。

士燮在他的表述中将刑罚划定了三个层次，最低层次的刑罚是针对普通民众的刑事处罚；再高一层次的刑罚主要针对的是大夫阶层，或者我们可以理解为"监察体制"，贪污受贿、违抗君命都属于这一层次的处罚对象；最高层次的刑罚就是战争，用以处罚诸侯、大夫不尊王道的罪行。

在士燮看来，在国家治理当中，大夫们犯错造成的后果往往更加严重，而老百姓触犯刑法大多都是出于对在位者的怨恨。因此圣人治国，往往会对百姓多施恩惠以消除百姓的怨恨之心，对大夫则会使用严刑峻法来规避风险。这样一来，大夫们不犯错，老百姓也就不会产生怨恨，国内政治昌明，自然会内和而外威。只有达到了这样的效果，方能振武于外，去惩罚国外那些别有用心的人，以维护王道正义。

可现在晋国的法治状况究竟如何呢？士燮直观地解释说，处理刑事案件、用来惩罚百姓的刀锯用得太勤，以至于都供不应求了，可用来惩罚大臣的斧钺却放在仓库里生了锈。也就是说，如今晋国用来处罚贵族犯罪的"监察机制"用得太少，而针对百姓的刑事处罚过严过苛。

维持国家长治久安最基本的一点就是要做到一碗水端平，如今晋国连最基本的公平正义都做不到，凭什么让老百姓心甘情愿地为了你的荣耀而卖命？就连国内的法治建设都搞不好，又怎么好意思去与其他诸侯争霸？在民怨沸腾得不到伸张的情况下出征于外，就算是打胜了，那也是纯属侥幸。一个依靠侥幸来治理的国家，怎么可能没有内忧呢？

除此之外，士燮还从另一个角度阐释了自己的忧虑。他做了一个假设，说：假如我们战败了，就当我什么也没有说；可如果战胜了，以我们国君的脾性，究竟会产生什么后果呢？

士燮笃定地说道：如果战胜了，国君一定会自矜自傲，处处炫耀自己的智慧和武功，进而怠教而重敛，对自己的宠臣和姬妾大加封赏。他用来封赏的土地会从哪里来？自然是要向大夫索取。可大臣们又有几个人能够心甘情愿地把自己的土地奉献出来呢？最终的结果，恐怕会进一步将分配土地的基本经济秩序打破，从而产生变乱，危害所有人的权益。

说一千道一万，士燮最终要强调的就是"内睦而后图外"，如果不能消除内部的不和睦因素而贸然举兵，变乱随时都可能会发生。只可惜他终究是孤掌难鸣，他的良苦用心也无人理会，只能眼睁睁地看着自己的同僚在亢奋的军歌中，一步步走入了自设的陷阱。

到了这个时候，士燮也只能默默祈祷当灾难发生的时候，自己能够全身而退。因此当楚军压阵营前，他的儿子士匄提出"塞井夷灶，陈于军中，而疏行首"的时候，士燮忽然想到了自己当年"三掩人于朝"而被父亲责骂的旧事，于是便像父亲当年一样"执戈逐之"，并责骂道："国之存亡，天也，童子何知焉？"

士燮谋求自保的举动被苗贲皇看在眼里，让这个经历过生死兴衰的楚国亡臣不由得顾影自怜，说士燮真是"善逃难哉"！不过，恐怕连苗贲皇也不得不承认的是，士燮对于祸乱的恐惧远远超出了他的想象。

当晋军从鄢陵凯旋，所有人都在欢庆胜利的时候，士燮却一个人枯坐灯前，命令族内的宗、祝为自己祈死，并不住地默念道："国君骄横奢侈而又战胜强敌，是上天故意要让他放纵。灾难即将到来，唯愿那些爱我的人都能够诅咒我，让我快快死去，以保佑宗族无及于难，这将是范氏之福！"

到第二年的六月初九日，鄢陵之战结束一年后，一心求死的士燮终于与世长辞。而就在他去世半年后，也就是晋厉公七年（前574年）十二月二十六日，一场蓄势多年的政治剧变终于爆发。这场巨变就像是一个被释放的恶魔，所到之处人人战栗，几乎将所有的强卿家族都席卷其中。而释放出这个魔鬼的不是别人，正是士燮所一直信赖的战友，有着"从善如流"美名的中军将栾书。

一家三卿

在有限的史料中，我们所看到栾书是一名享有盛誉的君子，他既有"从善不从众"的美名，也有"实其言必长晋国"的智慧，更有"诸侯亲之、戎狄怀之"的伟大德行，不仅同袍战友会对其赞誉有加，就连他的对手多年后回忆往事的时候，仍然对其心存敬畏。

他还是一个强势的执政者，在近三十年的从政生涯中，总能在最关键的时刻做出正确的决策，使得他的个人经历很少会出现致命的污点。在全军皆溃的邲之战中，他一语戳破郑国意图挑起晋楚战争的狼子野心，也曾参与了后来包括鞌之战在内的几次重要战争，立下过汗马功劳。

晋景公十三年（前587年），一直在下军位置上徘徊不前的栾书，一跃被擢升为中军将，创造了一个轰动一时的职场励志传奇。此后的十五年间，他又以大国执政的身份，通过两次和平会盟、两次重要会战，先后战胜了秦、楚两大劲敌，一举将晋国这辆吱呀作响的"老爷车"从幽深的谷底送上了扶摇直上的复霸之路。

如果他的人生之路到此为止，或是执政生涯到此结束，那么他的一切光辉事迹定然会永载史册，没有人敢质疑半分。可就是这样一位谦谦君子，终究还是抵挡不住利欲熏心，在最后几年晚节不保，制造了一连串骇人听闻的惨案，让原本伟岸的形象就此惨淡谢幕。其中最令人感到震撼的，是由他与"三郤"之间的利益冲突而演化出的一场政治事变——车辕之役。

所谓"三郤"，指的是晋厉公时期郤氏家族出任卿职的三名大夫郤锜、郤犨和郤至。其中的郤锜前文已有介绍，他是晋景公时期正卿郤克（郤献子）的儿子，因封邑在驹，故而又被称为驹伯。郤犨、郤至出自郤氏旁支的步氏，追溯其立家者应该是与郤芮同辈的郤义。

郤义是晋惠公时期重臣郤芮的同辈兄弟，本人在史料中没有留下什么印迹，他的儿子步扬也只是在晋惠公时期担任过国君御戎。步扬身后留下了三个儿子，分别是步招、郤犨和蒲城鹊居。其中的步招大概是嫡子，直接继承其家业，在令狐之战时曾担任赵盾的御戎。郤犨因受封于苦（苦成）邑，因此常被人称为"苦成叔子"，又因单字一个"家"字，被称为"苦成叔家"，论辈分算是郤克的堂兄弟、郤锜的堂叔。蒲城鹊居虽无事迹可查，但名号却很响亮，大概是受封于蒲邑，算是一个如闲云野鹤一般的人物。蒲城鹊居又有两个儿子郤至和步毅。其中的郤至谥为昭子，又因受封于温邑又被人称为"温季子"，他与郤犨是亲叔侄，与郤锜是堂兄弟关系。至于步毅，则是在鄢陵之战中担任过晋厉公御戎，与栾书的幼子栾针共同辅佐晋厉公。

晋景公在位时期大力抑制卿族势力，但相对而言，其对待公族的态度还算温和，在位期间对栾氏、郤氏等世卿，以及韩厥、伯宗等出自公族的大夫都颇为倚重。受晋景公任人政策的影响，郤氏家族在晋厉公时期再次迎来了一个爆发期。

首先是郤克去世的时候，郤锜沿袭父职进入卿列担任下军将，在十二卿中排名第五。大约是郤克在卸任前有所安排，等到荀息去世后，郤锜顺利顶替了智氏在"执政方阵"中的位置，成为上军佐，而他的堂兄弟郤至也在不久后得以进入八卿序列。由此也就形成了晋厉公时期的八卿序列，分别是：

栾书、荀庚、士燮、郤锜；韩厥、智䓨、赵旃、郤至。

三年之后，到鄢陵之战爆发前（前575年），荀庚、赵旃相继卸任，荀庚的儿子荀偃接任上军佐，郤锜的位置向前顺延成为上军将。赵旃卸位后空缺的位置并没有留给邯郸赵氏后人，而是让郤犨接替。八卿序列又变为：

栾书、士燮，郤锜、荀偃；韩厥、智䓨，郤犨、郤至。

到此为止，四军八卿的位置被栾、范、郤、中行、韩、智六个家族瓜分。其中郤氏家族独得三席，几乎占据了最高决策层的半壁江山，而郤锜的地位更是仅次于栾书和士燮，在八卿之中排名第三。

鄢陵之战次年（前574年），中军佐士燮在恐惧中谢幕。如果没有意外的话，八卿序列会再次出现调整，从而形成新的内阁排序：

栾书、郤锜，荀偃、士匄；韩厥、智䓨、郤犨、郤至。

郤锜成为地位仅次于栾书的中军佐，由此"三郤"的权势也就进入了极盛时期。

猎杀三郤

晋景公在位时期，郤氏和栾氏是互相扶持的亲密战友。郤克卸任之前，将一直不得志的栾书从下军将的位置直接拔擢到了中军将，而栾书也投桃报李，顺利地将郤锜送入了前四卿的位置，二者之间的关系不可谓不亲密。然而也不知是从何时起，栾、郤两家的关系急转直下，最后竟演变到了互相残杀的地步。

统观《左传》《国语》中的记载，"车辕之役"的爆发，很大程度上是因栾书对郤至的嫉妒所起。

鄢陵之战[①]爆发时，楚军凌晨直压营前列开阵势，完全没有给晋军留下任何布阵空间。面对楚军的压迫，栾书主张采取固垒以待的保守方针，打算等齐、鲁等国的援兵赶到之后再与楚军展开决战。然担任新军佐的郤至却颇有些不以为然，他列举了楚军必败的几个理由，由此获得了晋厉公的认可。但与此同时，郤至也因犯下了以下掩上的致命错误，招致栾书的怨恨。

---

① 详见《晋国600年2》第五章第四节。

战争结束后，栾书便开始算计郤至。他首先在国内制造对郤至不利的舆论，以引起国君的猜忌。不久后，晋厉公就听到了楚国战俘公子茷的供词，说这场战争之所以会爆发，都是因为郤至密召楚王来犯的结果。而且郤至根本就不愿意拥护晋厉公的领导，反而想借机发难除掉晋厉公并拥立孙周为君，所以才在诸侯援军未至、郤犨与栾黡在东方乞师未归的时候贸然挑起战争。

晋厉公对此将信将疑，便找来栾书问话。栾书对这些传言不但没有提出任何疑议，反而还添油加醋地将郤至在战场上与敌方使者来往的细节摆了出来，以进一步增强国君的疑虑。与此同时，他还提出一个建议，让晋厉公派人到成周去监视孙周，以确认郤至是不是真的跟他有所往来。

栾书所提到的孙周，是晋厉公的一个远房亲戚，其祖父乃是晋襄公的次子、晋灵公的弟弟公子捷，算起来跟晋厉公也算是三代之外的旁系血亲了。不过依照当时的情形来看，晋国公室枝叶凋零，一旦晋厉公出现意外，这个八竿子才能打得到的亲戚却又是他的第一顺位继承人。因此当栾书提到"孙周"这个名字，晋厉公难免会提高警惕，抱着"宁可信其有"的态度对郤至的忠诚产生了怀疑。

栾书在晋厉公面前煽风点火的同时，也早早地做出了两手安排。一方面他鼓动晋厉公派郤至到成周去献捷，另一方面则派人秘密前往成周，安排孙周接见郤至。郤至自以为光明磊落，到了成周之后对约访之人来者不拒，就这样不明不白地中了栾书的圈套。晋厉公派人前去打探，果然就听到两人会面的消息，于是便对郤至动了杀机。

郤至对此浑然不知，回来之后依旧不改过去的行事作风。在后来一次田猎活动中，晋厉公先和妇人们一起搭弓过了把瘾，然后才让大夫们上场打猎。对于晋厉公娇宠嬖妾、轻慢大夫的举动，郤至本就心有不悦，偏偏当他打了一头野猪准备献给国君的时候，寺人孟张又将猎物夺走占为己有，更加将他激怒。郤至于是二话不说，把孟张射杀于当场，气得晋厉公急叫："季子欺寡人太甚！"

田猎事件之后，猎杀郤氏的计划便进入了倒计时。被列入猎杀对象的除了郤至之外，还有他的同宗叔伯、担任新军将的苦城叔子郤犨，以及郤克的嫡子、郤至的堂兄弟，彼时担任中军佐的郤锜。

承担猎杀计划的也有三个人，分别是胥童、夷阳五和长鱼矫。这其中的夷阳五因被郤锜抢夺田土而怨恨郤氏；长鱼矫则是与郤犨争田，因力有不逮不仅丢掉了土地，自己连同父母妻儿还被郤犨绑在车辕上示众，受到了极大的羞辱。

值得一提的是胥童，他是晋文公时名臣胥臣的后代，其祖父胥甲、父亲胥克在赵盾时期都曾位列六卿，但皆未得善终。胥甲因与赵穿扰乱军行，受赵盾排挤被发配到了卫国；而胥克则是在赵盾去世后，被郤缺以蛊疾为由废去了卿位，将腾出来的位置安排给了赵朔。经过这么两次事件，胥氏家族从此没落，胥童更是因此无缘卿位，自然对郤、赵两家恨之入骨。冤有头债有主，如今赵氏已然衰落，胥童便将复仇的目标锁定在了郤氏，必欲除之而后快。

这三个人既是晋厉公的"外嬖"，又与三郤有旧怨而存复仇之志，因此积极促成晋厉公的"倒郤"运动。计划开始实施的时候，胥童和夷阳五召集了八百名甲士，准备强攻郤氏府邸，可长鱼矫却轻描淡写地说道："想要除掉郤氏，用不着这么兴师动众，只要国君给我找一名勇士即可。"晋厉公不知他葫芦里卖的什么药，不过还是听其言，安排清沸魋供其调遣。

十二月二十六日，长鱼矫和清沸魋假装闹纠纷，在郤氏门外互相撕扯并抽戈相向，吵嚷着要找郤氏分辨。三郤只顾着防备胥童的八百甲士，对这二人并未起戒心，因此便如往常一般认真地询问案情，仔细梳理来龙去脉；在问话完毕后又退到亭榭中，就案情细节进行商讨，分辨是非曲直，准备做出最终判决，全然不知危险即将到来。

正当他们讨论得热火朝天的时候，长鱼矫手持长戈悄悄地摸了过来，乘其不备将郤锜、郤犨当场刺杀。郤至一看情形不对，急忙跳上车去准备逃跑，结果又被长鱼矫追上，被他从车上拉了下来，血溅当场。

一家三卿一日之间尽数毙命，其尸体也被陈列在朝堂上作为警示。在过去大半个世纪里屹立不倒的郤氏家族，就以这样一种极具讽刺意味的方式黯然退出了历史舞台。

以郤氏百年家族长盛不衰的煊赫，最后竟然栽倒在一个受过"车辕之辱"的小人物手中，真让人百感交集，因此这次事变就被称作"车辕之役"。

厉公之死

不过，事情到了这里还远没有结束。

车辕之役爆发后，参与倒郤运动的胥童、长鱼矫等人尤感不够过瘾，干脆列兵持甲，在朝堂上公然将当朝执政栾书以及他的副手荀偃全部劫持，想让晋厉公把他们通通干掉。晋厉公看了看三郤的尸体，又看了看脸色煞白的栾书和荀偃，心中有所犹豫，就推辞说："一日之内便有三卿横尸朝堂，寡人不忍心再开杀戒了。"

长鱼矫正色道："国君不忍于人，可别人却未必如国君这般心善。"眼见晋厉公心思笃定，不愿节外生枝，他便又补充说："既然君上心意已决，而臣下也做出了逼迫国君的举动，自知难逃刑罚，故请求逃亡国外。"说罢便愤然离开，从此浪迹天涯。

事后，晋厉公特别派人向栾书和荀偃道歉："寡人有讨于郤氏，如今他们都已伏诛，这件事也就过去了。至于朝堂被劫的事情，并非寡人本意，希望大夫不要放在心上，两位还是各复其位继续为国尽力吧！"

栾书、荀偃命悬一线，哪儿还敢计较？他们急忙向使者再拜稽首并回答说："国君讨伐有罪之人而能免臣一死，实在是天大的恩惠，臣唯有万死以报君恩，哪里还敢有所怨言呢？"

话虽如此，栾书到底还是心有余悸。当初他陷害郤至的时候，从来都没有想过有一天同样的罪责竟然会落到自己头上。这次的事情虽然有惊无险，但也给他敲响了警钟，让他知道国君的动作不会到此为止。特别是在处理善后事宜的时候，参与劫持事件的胥童并未随长鱼矫流亡，反而堂而皇之地被晋厉公任命为卿，不免让栾书对国君的真实用心感到怀疑。

后来的事态发展也正如长鱼矫所言，"君不忍人，人将忍君"，君臣之间的利益边界一旦被划破，就再也难以弥补了。在这种忐忑心情的驱使下，一个惊天的计划开始在栾书的心中酝酿。

不久之后，当晋厉公到大夫匠丽氏家中游玩的时候，栾书和荀偃突然发难，在途中将其劫持。车辕之役一个月后，也就是这年的闰月二十九日，二人将国君宠臣胥童杀死，可对于如何处理晋厉公这样一个烫手山芋，却没了主意。

他们首先想到的是要找一个有贤名的人来做主，于是一再召请士匄（士燮之子）、韩厥前来谋划，但二人都拒不出面。韩厥更是语气强硬地回应说："靠弑君来建立威信，就算是成功了也会身负恶名，这种事我做不到。想当初赵氏对我有养育之恩，即便如此，当赵庄姬想要除掉赵同、赵括的时候，我也能顶住压力不出兵。

（言外之意是：二位对我韩厥既无养育之恩，又无知遇之德，凭什么就认为我一定会帮助你们？）你们几位既然连国君都不愿意侍奉，又哪里能用得着我韩厥呢？"

荀偃闻听此言勃然大怒，当即准备发兵攻打韩氏。栾书担心斗争扩大会造成难以预料的后果，急忙劝阻说："韩厥为人果断刚毅，办事密不透风，说话逻辑性强，还能赢得百姓的支持。所谓犯顺不祥、伐果不克，打他的主意难有胜算，我看还是算了吧！"

经过几天的筹谋，栾书、荀偃用尽威逼利诱的各种手段，终于物色到了一个敢于担当弑君罪名的人，这个人是荀氏旁支、程氏开创者荀骓的后人，名叫程滑。到次年周历正月初五日，执掌晋国仅七年的晋厉公被程滑所杀，死后还被他们以薄车一乘草草地葬于旧都翼城东门之外的一处荒地上，以一种极其屈辱的方式结束了他短暂的一生。

第二节 三郤之罪

伯宗之死

经过几个月的腥风血雨，这场蓄势多年，波及几乎所有上层人物的政治事变，以弑一君、杀四卿（包括胥童）、亡一大夫的结局惨烈收场，给国人造成的心理冲击显然要大大超过之前的历次事件。

按照《左传》及《国语》"成王败寇"的一贯思路，政治斗争的失败者也往往会沦为失德无良的代表，因此郤氏家族尽管遭人暗算，晋厉公虽然死得不明不白，但若从史书中观其行状却也并非全然冤屈。书中列举了大量有关晋厉公及"三郤"的罪状，从而为他们一朝灭顶的事实找到了恰当的依据。

"三郤"在晋厉公时期表现极为活跃，除了跟长鱼矫、夷阳五等人有恩怨外，他们被指控的最为严厉的一条罪状莫过于陷害忠良了。被三郤陷害致死的大夫名叫伯宗，鄢陵之战时在楼车下为楚共王解说的晋国亡臣伯州犁便是他的儿子。

根据史料记载，伯宗祖上有一个叫公孙伯纠的人，因此后人以伯为氏，是晋国正宗的公族。又因为伯州犁有一个儿子叫作郤宛，人们据此推定伯氏有可能是郤氏的一个旁支，或许跟郤称还有一定的关系。

伯宗是一个很有远见卓识的智者，颇受国君的赏识，特别是邲之战后晋国内忧外困，晋景公但有重大决策总要听取伯宗的意见。比如晋景公六年（前 594 年）楚军包围宋国时，伯宗创造了如"鞭长莫及""藏污纳垢""瑾瑜匿瑕"等成语，力劝国君要懂得隐忍；同年，潞氏执政酆舒杀害晋景公的姐姐，又是伯宗提出"狄有五罪"，劝说晋景公要抓住时机一举剿灭赤狄。后来到晋景公十五年（前 585 年）的时候，梁山发生崩塌的异象，晋景公首先想到的也是传召伯宗进宫商议对策。

但以伯宗的才华与智识，却不是一名合格的政治家，当士会因儿子士燮"一日三掩人于朝"而对其大加责罚的时候，伯宗对此种情况不仅丝毫不以为意，还颇有些沾沾自喜。

《国语》中就讲过这么一个故事，说是有一次伯宗下朝回家时面露喜色，妻子问起原因，他洋洋得意地回答说："今天在朝上对答，大夫们都称赞我像阳处父一样机智善辩。"

他的妻子听后默然应道："阳处父为人华而不实，喜欢高谈阔论且缺乏谋略，因此才遭遇杀身之祸。大夫们拿你跟他比，我不知道这有什么好得意的？"

伯宗很不高兴，便想证明给妻子看，就说："你就这么不相信我？过几天我请大夫们来家里做客，到时候你听一听就知道了。"

妻子看他心意已决，只能依着他操办了一场宴会。席间伯宗引经据典、出口成章、夸夸其谈，在场的众人也都随声附和，对其赞不绝口。他的妻子在一旁静静观察，看到伯宗面对这么一群如狼似虎的政客，不知收敛性情、公然卖弄学识，她不由得为丈夫的安危更感担忧，于是语重心长地劝说道："那些大夫的确不如你。可我也听说，自古以来人们都会嫉妒那些才智高于自己的贤者，你地位不如人却处处显露才华，我怕将来会有人算计你！"

伯宗早就被虚荣心冲昏了头脑，听了这些话依然我行我素。妻子实在担心，便在每次上朝之前都反复提醒："俗话说，'盗憎主人，民恶其上'。没有人会喜欢别人凌驾于自己头上，你这个人说话太直，容易得罪人，还是小心为好。"

到最后看伯宗劝不动，她也只能退而求其次，坚持要给儿子准备一条退路。伯宗于是找到了贤者毕阳，后来也正是在毕阳的保护下，伯州犁才顺利逃到楚国。

实际上不仅仅是伯宗本人，他的后人也大都是这样一种性格，他们有才华有智谋，却总是事事出头而不懂得自我保护。从之后的历史记录中我们可以看到，伯宗的儿子伯州犁、孙子郤宛、曾孙伯嚭都曾位极人臣，在楚国和极盛时期的吴国担任重要职务，可最终的结局都很凄惨。伯宗自然也无法逃脱这个宿命，终于在晋厉公五年（前576年）遭人陷害而死，而施害者据说正是与其同宗的三郤。

伯宗的死，让同为晋景公一朝受到拔擢的公族韩厥产生了兔死狐悲之感，他不无愤慨地说道："善人本是天地的纲纪，却总是落得凄惨下场。三郤如此逆天行事，恐怕迟早也会走向灭亡吧！"

赵文子冠

除此之外，史料中还列举了大量事例来描摹三郤的性格特征，以证明他们的灭亡纯属咎由自取，其中最为生动的是一个叫《赵文子冠》的故事。这件事发生在车辕之役前，其中记述的是赵氏孤儿赵武举行了冠礼之后依次去拜访列卿大夫，诸位大夫对其进行劝诫勉励的一些言论。

在拜见栾书的时候，对方盛赞赵武一表人才，并回顾往事勉励道："当年我有幸侍奉庄主（赵朔谥号庄子），他英俊潇洒、气度非凡，只可惜在实务方面稍有欠缺，希望你以后能在务实方面多多努力！"

士燮则三句不离戒惧，对他说："希望你以后能戒骄戒躁，时刻保持警惕之心。贤能的人受到宠信会更加警惕，只有智慧不足的人才会恃宠而骄。自古以来，有雄心的君主会奖赏那些敢于进谏的臣子，而贪图享乐的则会惩罚他们。古时圣王在建立德政之后，会专门听取百姓的意见，考察百官的职事。为了能让自己不受蒙蔽，他们会让乐师诵读前代的箴言，让在列的百官时时献诗讽谏，还会专门到民间采风收集舆论动态，一旦有了错处就及时纠正。这些都是保持戒惧具体实用的方法，多学习一些总会对你有所帮助。"

韩厥作为赵武的保护人，主要在为人处世上提出建议："学会保持警惕就是成人了，而成为成人的关键在于亲近善人。如果你一开始就与善人打交道，善人再推荐善人，不善的人就无法靠近你了；如果一开始就跟不善之人混在一起，物以类聚，很快就没有善人再与你亲近了。这就好比草木的生长一样，同类总是聚集在一起。人戴上冠冕，就好像是宫室有了墙壁，只要时时勤拂拭，不要让污秽聚集就足够了。"

曾在邲之战中被楚人俘虏的荀罃对赵武也寄予厚望："好好努力吧！作为成子

（赵衰）、宣子（赵盾）的后人，如果到老还只是一名大夫，那将会是你的耻辱。当年成子善文、宣子忠诚，二人勤勉事君，终于成就大功。你要能集先祖之大成，将来必定能取得成功。"

栾书工作务实，士燮但求谨慎，韩厥善于治事，荀罃更加通达，四个人因应自身的人生感悟对赵武提出了不同的要求，对此大夫张老曾总结说："不错！栾伯（栾书）的话可以让你不断精进，范叔（士燮）的教诲可以恢宏你的德行，韩子（韩厥）的告诫能助你成就事业。有了这些人的谆谆教导，再加上智子（荀罃）所提到的先主庇护，基础已经完备，以后能否成就事业就要看你自己的志向了。"

但是当赵武再去拜见三郤的时候，整个画风就变得不一样了。他们非但没有要勉励的意思，反而说话夹枪带棒，丝毫都不顾及听者的感受。

比如在面见郤锜的时候，对方先是夸了一句"美哉"，紧接着便不咸不淡地说了一句："年轻人比不上老者的地方还有很多啊！"郤犨则漫不经心地说道："现在想要当官的年轻人多的是，你说我该怎么安排你呢？"更让人哭笑不得的是郤至，他酸溜溜地说了一句："尽管比不上旁人，退而求其次还是可以的。"

张老在评价这番言论的时候，只说了一句话："三郤说的那些不过是将死之人的胡言乱语罢了，又何须理会呢？"

悲情管姜

这段故事明晰地勾勒了三郤的脸谱化形象：郤锜倚老卖老，郤犨贪得无厌，郤至傲慢自大。这样的刻画尽管生动，却仍不足以勾起人们的憎恶情绪，为了达到劝人向善的奇效，还需要列出具体的事例来供人们鞭挞。

其中，郤锜尽管是郤氏家族的宗主，留下的事迹却是最少的。在几次重大历史事件中，他都仅仅是充当一个可有可无的配角，唯一一次以他为主角的论述，出现在晋厉公三年（前578年）。

当时晋国打算召集诸侯伐秦，郤锜作为使者被派往鲁国请求出兵。据说在这次外交活动中，郤锜的表现很不庄重，用书中的原话说是"将事不敬"，因而惹得孟孙氏宗主仲孙蔑（孟献子）大怒，说他肆意妄为，完全不把国君的诏命放在心上，更不把鲁国的君臣放在眼里，这种人是活不久的。

与缺乏存在感的郤锜比起来，身为长辈的郤犫可以说是劣迹斑斑、罪行昭昭。有关他的罪状主要有三件，第一件发生在晋厉公元年（前 580 年），是受命到鲁国去缔结盟约时态度傲慢且强"娶"豪夺的事情。

那次鲁国之行，郤犫全然把公事撇到一边，无端向鲁国大夫公孙婴齐（子叔声伯）求娶妻子，而他所要求娶的女子正是公孙婴齐同母异父的妹妹。这名女子因出自齐国大夫管于奚之后，在这里我们姑且将其称作管姜。

说起管姜的身世，还不得不提到一件旧事。多年以前，鲁文公的公子、鲁宣公的同母弟叔肸与一个不知名的女子未婚同居生了公孙婴齐。叔肸想纳这位女子为妻，却遭到他的嫂嫂、鲁宣公之妻穆姜的强烈反对。

后来这名女子背井离乡流落到齐国，嫁给了齐国大夫管于奚，这才生下了管姜以及公孙婴齐的另一个弟弟。可也怪她命不好，在生下两个孩子后不久就守了寡，生活日日不如意，便只好托人将两个孩子送回鲁国。

彼时叔肸已经去世，公孙婴齐便代父收养了这两个孩子。等他们长大了，就安排弟弟做了大夫，让妹妹管姜嫁给了鲁国大夫施孝叔，也算是给他们寻到了好的归宿。

郤犫求娶妻子这件事之所以让人感到不可理喻，原因就在于，管姜当时早已嫁为人妇，夫妻二人琴瑟和谐，哪里有夺人所爱的道理？

更何况，公孙婴齐乃是鲁国上卿，既有公孙的身份，又是具有崇高的政治声望，而郤犫当时在晋国只是一名普通大夫，在列国政治秩序中的地位并不比公孙婴齐高。他仅仅仗着晋国使者的身份，就让这样一个久负盛名的君子做有违礼法的事，等于是在公然欺侮鲁国上卿，自然也在鲁国上层掀起了轩然大波。

可郤犫是骄纵惯了的人，完全不顾及此事会造成什么影响，无论公孙婴齐如何劝解，都始终不肯退让半分。无奈之下，公孙婴齐只好忍痛"棒打鸳鸯"，硬着头皮把自己的妹妹要了回来，再嫁给了郤犫才算了事。

关于这个故事还有一段后话。管姜在临别时问她的前夫："鸟兽还不忍心丢弃配偶，你就这么忍心让我走吗？"施氏无奈地回答说："我总不能因此和你殉情或者逃亡吧？"管姜听了之后以泪洗面，只好跟随郤犫到了晋国。

等到车辕之役爆发后，管姜带着在晋国生的两个孩子回国，施孝叔亲自到黄河边上迎接。夫妻离散七年之久，见面之后本该互致安慰才对，可施孝叔却突然开始显现英雄气,当场就将这两个孩子投进黄河里淹死了。

管姜心如死灰,静静地看着这一切,随后对施孝叔说道:"当年你不能保护自己的爱人而让她离开,现在又不能爱护别人的孤儿而将他们杀掉,你这样的人是不会有好结果的。"说罢就毅然决然地离开了施氏。

关于郤犨的第二桩罪发生在晋厉公四年(前577年)。早先卫国大夫孙林父与国君不和,逃到晋国避难,七年之后卫定公出访晋国,晋厉公欲让他们二人见面,可卫定公却坚决不肯听从,事情也只能作罢。但到后来,也不知是出于什么原因,晋厉公突然让郤犨出面,硬是把孙林父送回了卫国。在这次出访活动中,卫定公设享礼款待郤犨,却不料郤犨的反应十分冷淡。当时负责襄礼的宁殖(宁惠子)就说:"苦成叔子恐怕命不久矣!享礼是用来'观威仪、省祸福'的,苦成叔子一脸傲慢的样子,这难道不是取祸之道吗?"

郤犨乱鲁

如果说以上两件事还都是小节的话,那么接下来这件事所体现的就不仅仅是他的行为无状了。

话说鄢陵之战前(前575年),晋国决定讨伐郑国之时,曾派郤犨出使齐、卫,栾黡出使鲁国,向东方列国请求援军。但由于楚军压营列阵,晋厉公听从郤至之言提前开战,致使诸侯联军都未能及时赶到增援。

战争结束后,齐、卫两国军队还是按照约定日期赶到,可他们左等右等,却迟迟未能等到鲁国派来的军队。原来此时的鲁国也正处在卿族内斗的旋涡中,鲁成公为了处置危机一再延迟出兵,这才耽误了时日。

事情的起因说起来也简单。鲁成公在位时期,出自三桓的季孙氏宗主季孙行父(季文子)、孟孙氏宗主仲孙蔑联合臧叔许(臧宣叔)把持军政大权,让同样出自三桓的叔孙氏宗主叔孙侨如(叔孙宣伯)心存不满,就想要除掉其他几家独揽大权。后来叔孙侨如与鲁成公的母亲穆姜有了私情,便试图通过裙带关系影响国君决策,从而达成自己的目的。穆姜陷入黄昏恋无法自拔,对叔孙侨如自然是言听计从。

鄢陵之战爆发前,鲁成公接到伐郑的指令,便按部就班地带兵出征,谁知在送行的时候，母亲竟突然提出要求，让他除掉季孙氏和孟孙氏。鲁成公不愿听从，便敷衍说晋国正在危难之中，得先帮他们解决了困难，回头再来商议国内的事。穆姜听出了儿子的言外之意，气得浑身发抖说不出话来。这时刚巧看到鲁成公的庶弟公子偃和公子鉏从旁走过，穆姜就指着他们说："你不同意不要紧，别忘了他们也都是有继承权的。"

如此赤裸裸的威胁竟然出自母亲之口，鲁成公真为她的执迷不悟感到震惊。言者或许只是一时气话，闻者却不能等闲视之，为了防止意外发生，鲁成公假意按照原定计划出兵，但在抵达一个叫作坏隤的地方时，特意停下来安排仲孙蔑回去加固宫室的防卫，并增派兵力驻守。等一切安排妥当去与晋军会合的时候，已经比预定时间晚了许多。

穆姜的这一举动叔孙氏不知事先是否知晓，反正最后的结果是偷鸡不成反蚀把米，让国君与孟孙、季孙两家的关系更紧密了。窗户纸已经捅破，想要再和睦相处已经没有可能，叔孙侨如心有不甘，干脆孤注一掷，真的开始打起了国君的主意。

到这年秋天，诸侯在沙随举行盟会。叔孙侨如特地派人带着礼品找到了郤犨，让他向晋厉公进言，说鲁侯之所以在这场战事中迟到，是因为想要坐山观虎斗，只等晋楚两家打出个胜负来，正好前往依附胜利者。

这套说辞倒是很符合鲁国一贯做法，因此对于郤犨的转述，晋厉公丝毫都没有怀疑。结果当鲁成公兴致勃勃地赶来，准备与诸侯一起商议伐郑事务时，却实打实地吃了一个闭门羹。

尽管受到冷落，鲁成公还是得出兵跟随晋国伐郑。而这一次穆姜又故技重演，鲁成公再次设守后行，又耽搁了好些时日。更让情况雪上加霜的是，由于出兵延误没有跟上大部队，当他们抵达郑国东部的时候，诸侯联军已经移军西部驻扎，鲁国军队不敢直接从郑国境内通过，只好停留在督扬等待接应。为了应对可能受到的责问，在等待接应的那四天里，鲁军统帅公孙婴齐水米未进。等到晋国使者来了，也是恭敬地等他们都吃饱喝足了，自己才去用餐。但可惜的是，无论他表现得如何诚恳，终究也抵挡不住背后有人捅刀子。

这次，叔孙侨如又派人联络郤犨，对他晓以利害，说："鲁国有季孙氏和孟孙氏，就好比晋国有栾氏和范氏，一国的政令都出自他们之手。可是他们如今却商量说：'晋国的政令出自不同的家族，朝令夕改让人无所适从，倒不如跟着齐国和楚国，哪怕是亡国，也总好过跟着晋国像个无头苍蝇似的乱撞好。'如果晋国还想要在鲁国行使意志，就把季孙行父扣下杀掉，我在国内杀掉仲孙蔑。只要除掉这两家的势力，从此以后鲁国由我掌管，定然会一心一意侍奉晋国。有了鲁国作为表率，其他的小国也定然不敢造次。可如果放季孙行父回国，鲁国必然会叛晋而去的。"

这番话既是在明示季孙氏对晋国的不忠，同时似乎也是在以己度人暗示郤犫：你之所以壮志难酬无法施展抱负，就是因为有像栾氏、范氏这样的家族压制着，既然你我同病相怜，那就应该互相扶助才是啊！或许是这番话的确刺痛了郤犫，果然他又在背后搞了不少小动作，并于当年九月在军中逮捕了前来助阵的季孙行父。

国家执政久滞不归，让本来就内心忐忑的鲁成公更加不知所措了。他特别委任公孙婴齐为全权大使前往晋国，请求释放季孙氏，而自己则心焦如焚地在郓地等待消息。让所有人都感到意外的是，郤犫竟然毫不掩饰自己的企图，还试图用高官厚禄、城池土地来收买公孙婴齐，希望他回去之后能够配合叔孙氏刺杀仲孙蔑。

公孙婴齐在列国中的声名可不是凭空而来的，怎能为这点蝇头小利就置国家大义于不顾呢？他不仅不肯接受郤犫的馈赠，还转而向士燮寻求帮助，通过士燮向执政栾书说情，才终于将季孙行父带回了鲁国。

这么一来，叔孙侨如的计谋完全大白于天下，接下来的事情也就顺理成章了。季孙回国之后很快就将罪魁祸首叔孙侨如放逐到了齐国，并将叔孙侨如的弟弟叔孙豹（叔孙穆子）接回来继承家业。就这样，一场如闹剧般的政治风波，在栾书、士燮的干预下得以平息，而郤犫则在其中扮演了一个极不光彩的角色，最后为挽回颜面不得不接受季孙氏的盟约。

第三节 大预言家

勇而知礼

与郤犨和郤锜的蛮横不同，郤至给人们留下的总体印象还是很清正的。或许是因为郤至为人豪迈、野心太大，根本不屑于小打小闹，因此唯一一次出现在"头条新闻"上便捅破了天。

事情发生在晋厉公元年（前580年），郤至与坐镇王城的天下共主争夺鄇田（今河南武陟一带），且态度十分强横。天子争抢不过，只好派大夫刘康公和单襄公气势汹汹地到晋国去讨要说法。

鄇田乃是温地的别邑，而温地又是郤至的食邑，因此在郤至看来，鄇田归属自己是无可争辩的事实，因此便理直气壮地叫板说："温地一直以来都是我的封邑，怎么能够随意丢弃呢？"

王使引经据典反驳说："当初周武王克商，将天下土地分封诸侯，苏忿生正是凭借这块土地而成为王室司寇的。后来苏氏投奔狄人，又因与狄人有隙而转奔卫国，从而失去了这块土地。到周襄王时，为了慰劳晋文公勤王之功，将苏氏故地赐予晋国，这是温地归属于晋国的开始。自此以后，温地曾先后归属于狐氏和阳氏，最后才落到您的头上，怎么能说一直是您的土地呢？况且说，要论起'自古以来'，那么天下所有的土地都是天子属官的封地，又能有你什么事呢？"

听完王使这番话，晋厉公恐怕早被绕晕了，干脆就劝说郤至放弃算了。至于郤至是如何辩解的，这件事究竟如何收场，后文都没有交代，我们自然也不敢随意猜测。但总而言之，郤至毕竟是个通情达理的人，这场纠纷也没有酿成什么严重的后果。

因此，要单看这件事的话，郤至虽说不是什么省油的灯，可终归还是能够讲得通道理的。而如果要结合其他事例来看，似乎还会给人产生一个感觉，郤至不仅没有表现出郤锜和郤犨那样的强横，反而还有些可爱。

这几件事在本书其他部分都有过介绍。比如第一次弭兵会盟后，晋楚双方互派使节参加盟誓，郤至作为晋国方面的代表到楚国聘问，其间司马子反傲慢无礼，而郤至却表现得谦恭得体。鄢陵之战爆发时，郤至先是以"伤国君有刑"为由放过了郑成公，此后又在遇到楚共王时"免胄而趋风"，不仅受到了楚共王的赞许，还得到了《国语》中"君子"极高的评价，说他是"勇而知礼"。

事实上，"勇而知礼"不仅仅是郤至的行事原则，更是深深地铭刻在他的骨子里的人生信仰。当车辕之役即将爆发时，"三郤"实际上早就听到了风声，而且还就此进行过一次密谈。当时郤锜暴跳如雷，扬言要尽起郤氏宗族和党羽，与国君拼个鱼死网破。也正是在这次会议上，郤至提出了三个观点：

第一，大丈夫立于天地间，所依靠者无非信、智、勇三个字。守信的人不会背叛国君，智慧的人不会残害百姓，勇武的人不会犯上作乱。《国语》中的表述略有不同，说是勇武的人不会作乱，智慧的人不会欺诈，仁义的人不会结党。总体上都是在说，无论处于何种境地，都不能丢弃做人的原则为所欲为。否则一旦做出叛逆的举动，最终性命不保不说，还会被钉在历史的耻辱柱上受世人唾骂，落得个人神共弃的下场，这是很不明智的。

第二，郤氏家族之所以能有今天这般壮大，全是仰仗国君的恩赐，你所有的族人，所有的家产，所有的私人武装都概莫能外。如果仅仅因为听到了一些风吹草动，就仗着国君的赐予而反叛国君，那跟白眼狼有什么区别？这不就是在变相地告诉世人，我们郤氏就是对国君不忠吗？与其如此，倒不如慨然处之，好歹也能让劳苦大众免于兵祸，也算是给自己死后留下一个好名声吧。

第三，"君实有臣而杀之，其谓君何？"国君想要杀掉臣子，那是他的权力。

如果我们的确有罪，国君能让我们活到今天已经算是天大的恩赐；反之如果我们无罪而被诛杀，国君也会因此而众叛亲离，国家也会因此而不得安宁。国君要是连这些都不计较了，那我们徒劳挣扎又有什么用？

从这个角度来看，郤至对礼的坚守简直到了一种执迷不悟的程度。他恪守忠信礼义的原则，就算是在战场上也不忘向他的敌人致敬，即便是国君的"屠龙刀"都已经杀上门来了，他还是一如既往不愿因此做出叛逆之举，足见他阔达恢宏的人生气度，这样的坚守不能不让人为之动容。

按理来说，像郤至这样勇而知礼、仁而好义，集万千优点于一身的人，这个世界也的确不该辜负他。尤其是按照《左传》的叙事逻辑，知礼的人都该有好报才是，为什么偏偏郤至就不能善终呢？史料中同样对此给出了合乎情理的答案。

民恶其上

郤至最大的问题，也是士会、士燮父子尽量避免陷入的泥潭，那就是恃才傲物。他与伯宗一样，都是天资聪颖且具有远见卓识的人，但却都不是合格的政治家。

他个性张扬、为人洒脱，总认为人生就应该快意恩仇，活得潇潇洒洒，要靠真才实学攀登人生巅峰，而不是整日里钩心斗角、尔虞我诈，靠做一些见不得光的事情去博取荣华富贵。

他不仅在战场上炫耀才华、力压栾书，在成周献捷时也毫不掩饰对栾书的轻蔑态度。他曾宣称晋军之所以能够在鄢陵取胜，全是有赖自己的智谋过人，而栾书和士燮不过是两个庸人，身为主将不知方略，差点坐失败楚的良机。

他早已把正卿的位置当成了囊中之物，为了给自己登临执政之位提前造势，郤至还在成周四处活动来延揽声誉。他曾在众人面前夸夸其谈，说："我郤至如今虽然只是新军佐，在八个人里排位最后，可要论起才华来，我要排第二，就绝对没有人敢排第一，中军将的位置舍我其谁？晋国若是用了我郤至做执政，什么楚国、越国哪里还敢嚣张，肯定夹着尾巴年年来晋国朝拜。"

鄢陵一战晋国一扫过去的阴霾，一战打出了大国雄风，而郤至又居功至伟，在其中发挥了"中流砥柱"的作用，那些龟缩一隅浑浑噩噩的天子近臣们早已对其趋之若鹜。郤至刚刚出现在天子的朝堂上，王城里就掀起了一阵旋风，甚至就连天子卿士王叔陈生都对他赞誉有加，逢人便说："郤至这人可了不得，将来一定能够执掌晋国大权，而且在他的执掌下，晋国必定会走向更大的辉煌。"他还劝说王城的大小贵族们，要趁着郤至没有上位的时候赶紧巴结，以便等他真的执掌晋国了好有所照应。

但在这一片狂热之中，也总有人保持着难得的冷静，要给骄傲自满的郤至泼上一盆冷水，这个人就是邵桓公。当郤至登门拜访并提起自己的志向时，邵桓公曾劝说道："你的确很贤能，也有成为执政的资质。但我听说，晋国卿位向来是循序提拔的，恐怕您的愿望不会那么快就能实现啊！"

郤至不以为然地摇了摇头："什么次序不次序的，那不过是唬人玩的罢了。想当年先大夫原轸就是从下军佐的位置提拔为正卿的；赵宣子无尺寸之功，却也能一步登天；如今的栾伯，也是从下军将的位置直接升为中军主帅。我的才华远高于他们三个人，他们能办到的事情，我郤至一样可以做到，您就瞧着吧！"

邵桓公看他执迷不悟，便也只能点到为止。后来他又将这番话转述给了单襄公，对方也不由得苦笑一声，评价说："俗话说'刀架在脖子上'，说的恐怕就是郤至这种人吧。"

单襄公引用了几句谚语和诗句，其中一句"兽恶其网，民恶其上"，与伯宗妻子所说的"盗憎主人，民恶其上"表达的是同一个意思。他说："圣人之所以推崇谦和礼让，君子之所以不敢恃才傲物，是因为他们知道所有人都有高人一头的欲望，也都不喜欢别人凌驾于自己之上。你越是想赶超别人，就越会遭到排斥，这都是人之天性。因此真正知礼的人，遇到跟自己地位相同的必定会再三谦让，为的就是不掩盖别人。"

与之类似的还有《尚书》中的一句："民可近也，而不可上也。"意思是说，即便是身无长物的普通百姓，也只能亲近而不可居高临下地俯视，否则就会受到百姓的憎恶。圣人正是因为懂得这个道理，所以才将民心放在首位，以求得国家安定，如此方能长久地享有福禄。对待百姓尚且如此，那么为官作宰的时候，就更应该注意谦让了。因此单襄公才说："被普通人怨恨后果尚且难以预料，更何况是手握实权的侈卿呢？郤至在晋国八卿之中地位最低，却要处处凌驾于其他七人之上，其结果无非是招致这七个人的怨恨。将来他又该如何应对呢？"

佻天不祥

关于郤至为人的第二大缺点,在单襄公看来,是狂妄无知。他对自己"勇而知礼"的名声颇为自得,也曾自夸有三件大功:"三逐楚军之卒,勇也;见其君必下而趋,礼也;能获郑伯而赦之,仁也。"——在战斗中三次追逐楚军,这是"勇";遇到楚王必下车快步向前,这是"礼";能够俘获郑伯却放了他一条生路,这是"仁"。但单襄公对此却不以为然,认为郤至根本没有弄明白所谓的"勇、礼、仁"的真正内涵是什么。

中原诸侯讲求礼仪,但礼仪也有国礼和军礼的分别。所谓"制戎以果毅,制朝以序成",军礼强调果敢刚毅,重视的是纪律,国礼强调爵位尊卑,重视的是名分,在不同的场合要有所区分。如果是在外交场合,对所在国君臣或者来访的使者以国礼相待,这是值得称赞的。但若到了战场上,全军的唯一目标就是消灭敌人、迫使对方屈服,所有脱离了这个中心目标的所谓礼仪都是虚伪的。

具体来说,在战场上"以义死用谓之勇,奉义顺则谓之礼,畜义丰功谓之仁",为了王道正义这个核心目标的实现而舍生忘死才能称之为"勇",为了成就大义而严守军法才是"礼",为了让道义的光辉不断发扬光大而建立功勋才是"仁"。

当全军都在为组织目标奋力拼杀的时候,你放弃了杀敌建功的机会擅自释放郑君,这是"贼"。在战场上与对方国君礼尚往来,那是"弃毅行容",就是"羞"。置国家利益于不顾而跟仇敌亲近,就是对全军将士生命的不负责任,是为"佻"。

关于这一点,《左传》还曾讲到过这么一个故事,说是晋灵公十四年(前607年)时,郑宋两国在大棘交战。其间有一个郑国士兵掉到了井里,宋国大夫狂狡发扬助人为乐的传统美德,用戟把他拉了上来,不料对方上来以后非但没有表示感谢,还把他给俘虏了。

对于这件事,《左传》中的君子就批评说:"昭果毅以听之之谓礼,杀敌为果,致果为毅。"在战争中杀死敌人才是果敢,能以果敢之心建功立业就是刚毅,能将果敢、刚毅的精神内存于心、外化于行才能称之为"礼"。狂狡置家国大义于不顾而偏重小节,属于"失礼违命",被俘也纯属咎由自取。

由此我们不难发现,宋襄公在泓水战场上不听从子鱼的建议,一再申明所谓的"仁义"原则,显然也是有悖于军礼的行为。当然,这都是另外的话题了。

不仅如此，单襄公还指出了郤至的第三个缺点——太过自我。他说："这次晋国之所以能够取胜，是因为上天憎恶楚国，因此才让晋国打败他们以示惩戒。郤至自以为是靠自己的智谋战胜了楚军，那岂不是在贪天之功吗？而所谓的仁、礼、勇，是成千上万的百姓和普通士卒用他们的血肉筑成的，也不是郤至一个人的功劳。"

这个世界上没有英雄，有的只是恰好站在时代潮头，为时势所造就的幸运儿，以及踩在累累白骨上最终摘取胜利果实的幸存者。战争之所以能够取得胜利，是过去几十年来晋国各阶层、几代人共同努力换来的结果，是那些抛头颅洒热血的无名英雄创造的功业。人民群众才是历史的真正创造者，如果没有这二十年来的谋篇布局，没有百姓的辛劳付出和将士们挥洒的鲜血，哪怕你长出了三头六臂也无法鼎定乾坤。人们热衷于给予那些凯旋者鲜花和掌声，却并不代表他们就可以问心无愧地包揽所有的荣誉，更不代表人们要对那些死难者的血泪熟视无睹。

郤至在鄢陵之战中的表现的确可圈可点，可他若还有那么一点自知之明，能够如鞌之战后各军将佐那般谦和礼让，人们还会顾念其舍生忘死的勇气而给予他几分尊重。可如果他因为压住了栾书就开始自鸣得意，因为取得了成绩就开始沽名钓誉，其结果只能是"佻天不祥，乘人不义，不祥则天弃之，不义则民叛之"。

因此，单襄公毫不客气地评价说，郤至不仅不懂得"仁、礼、勇"的真实含义，还恬不知耻地玷污了这三个神圣的词汇。所谓"奸仁为佻，奸礼为羞，奸勇为贼"，用在他的身上再合适不过了。

综合以上的评价，单襄公给出了最后的结论："郤至有佻、羞、贼三桩罪过却还想要上位，这就是典型的刀都已经架到脖子上了竟然还全不自知。要我说啊，他别说升迁了，将来能够保住一命就已经算不错了。到时候恐怕不止郤至，王叔陈生这些拼命巴结他的人，也会跟着遭殃啊！"

观容知心

单襄公对郤氏家族的命运充满了悲观情绪，其预测也并不仅限于此。在后来举行的柯陵会盟上，鲁成公为郤犨干预鲁国内政之事忧虑万分，故而向单襄公大倒苦水。单襄公抚慰他说："晋国必将会发生内乱，你有什么好担心的？"

鲁成公疑惑不解，便问道："寡人是担心受到晋国责难，你却说晋国将有内乱，不知道您是从天道得知的呢，还是根据人情世故推测出来的？"

单襄公轻笑说："我又不是能掐会算的盲人乐师，更不是负责占卜的太史，怎么可能知道天意如何呢？我只是根据他们的言谈举止进行推断的。一般来说，一个人的耳、目、口、足都是其内心的窗口，由此表现出的举止、神色、言谈、步态都是其内心的表征，可以根据这些细节见微知著。如今郤锜言语冒犯无礼，郤犨言辞隐晦曲折，郤至言谈中总离不了矜功自伐。说话太冲就容易造成误伤，总绕弯子的人绵里藏刀会诬妄他人，自我吹嘘的人会掠人之美、掩人之能。郤氏如今受宠于晋，一门之中就有三卿五大夫，官高禄厚本来就容易遭人嫉妒，可他们非但不知谨言慎行，还要处处招人怨恨，哪有不亡的道理？"

作为一名颇负盛名的预言家，单襄公可以说是一个传奇。二十多年前，他曾预言过陈国的灭亡，如今与鲁成公会谈，不仅预测了三郤的灭亡，预测了齐国国佐之死，同时还对晋厉公的最终命运做出了同样精准的预言，认为晋厉公也会像三郤一样，成为晋国内乱首当其冲的受害者。

刚刚听到这个预测的时候，鲁成公简直不敢相信自己的耳朵，单襄公于是解释道："诸侯会盟是国之大事，由此可以观察兴亡。倘若国家没有灾祸，那么国君在盟会上的举动就一定无可指摘。然而晋侯目光飘忽望远，走路时脚又抬得很高，目光和举止很不协调，看起来魂不守舍，心中一定有所盘算，这也就证明了晋国内部一定不太平。我听说'目以处义，足以践德，口以庇信，耳以听名'，国家要想兴旺，这四者缺一不可，都必须谨慎对待。而晋侯的这些做法会让其德、义日渐消损，四者已疏失有二，定然会带来灾难，甚至殃及整个国家，所以我才断定他活不久了。"

事实上，早在鄢陵之战爆发前，那个忧国忧民忧家业的士燮也曾做出过同样的预测，他曾反复提到"德不配位"的主张，认为晋国德行不够，是不能承担天下承平的福报的。

按照《左传》《国语》中的固有逻辑，其结果也真如二人所料，因鄢陵之战战胜楚国，晋厉公更加不可一世，开始没节制地向宠臣、爱妾赏赐田地。等到土地不够用了，他便开始打其他大夫的主意。而也正因为"三郤"家大业大又不懂得节制，自然就成了其首选目标，车辕之役由此爆发。

按照这个叙事逻辑，后来胥童和长鱼矫之所以要把魔爪伸向栾氏和中行氏，恐怕也是因为他们恃宠而骄，不满于仅仅瓜分郤氏的土地，这才酿成了最后的灾难。在整个过程中，他们的行动尽管没有得到授意，最终也因为晋厉公的阻止而没有执行，但他们的贪得无厌显然也是被纵容的结果，因此晋厉公终究也要为此负主要责任。

第四节　内乱之源

姑成家父

《左传》和《国语》通过说理和举证等方式将厉公及"三郤"的丑恶之事揭露出来，对他们的形象进行了脸谱化的塑造，奠定了后来两千年里对"车辕之役"是非因果进行评判的主要基调。在这种叙事逻辑的指引下，人们天然就认为三郤的灭亡具有某种合理性，栾书弑杀晋厉公似乎也具有了某种正义性。

但问题是，这个世界上不存在全善全恶的人，人性总是复杂立体的，当史料中对一个人的评价出现了"一边倒"的好评或者差评的时候，也往往是需要我们警惕的地方。就拿郤犨来说，在传统史料中，他骄横无知、贪得无厌的形象可以说是深入人心，但近年公开的上海博物馆藏楚简中有一篇题为《苦（姑）成家父》的文本，却给我们呈现出了一个完全不同的郤犨。

在这篇以"苦成叔家"为主要叙事对象的简文里，一改郤犨往日的不堪形象，将其塑造成了一名公正无私的"铁面青天"。在他主政的一亩三分地上，无论是权贵还是草民，他都能够一视同仁，即便是国君的亲信犯了错，也往往逃不过他的法网。但他所侍奉的国君却是个暴虐无道的君主，不仅自己为非作歹，还纵容手下人兴风作浪，终于使得百豫地方百姓群起反对晋厉公的统治。

为了挽回晋厉公的声誉，郤犨亲自带领族众前往百豫进行治理。他一方面教导百姓遵纪守法，安抚并压制他们的反抗情绪；一方面夙兴夜寐，勤于政事，亲自选拔官员，建立国君与百姓之间的桥梁，借此约束并纠正晋厉公的行为，让其暴行无法在地方施展。

经过他的有效治理，百豫地区很快就实现了"君有道、臣有节"的理想状态。但晋厉公非但没有因此回心转意感谢他，反而因为他的勤政爱民让自己不能随心所欲，对他愈加憎恶了。

当朝执政栾书也看不惯晋厉公的做派，不过他并没有试图去改变一个暴虐成性的君主，而是打算效仿赵盾另立新君。由于三郤一直维护晋厉公，栾书担心自己的计划会受到阻挠，于是便挑拨离间，打算拉拢三郤入伙儿。在见到郤犨后，栾书说："人生在世本来就很不容易，如今国君荒淫无道，根本就不在乎你的付出。你辛辛苦苦做了那么多，最后反而让他对你更加忌恨了，你究竟是图什么呢？"

郤犨义正词严地回答说："我既然接受了这份重任，就应该为国家长远考虑，就要公正无私、尽心尽力完成使命，怎么能够得过且过呢？只要是做符合道义的事，哪怕让我现在去死，我都无怨无悔。"

栾书拉拢不成，便去向晋厉公进谗言，说："三郤家底丰厚，拥有众多部属却不听从您的命令，这样下去，我担心他们会成为国之大患啊！"

晋厉公本来就不喜欢郤犨，如今又听栾书这么一说，心志也就更加坚定了，决定让长鱼矫去除掉三郤。郤锜听说后，就对郤犨说："我们绝对不能坐以待毙！以我们的部属与国君对峙，如果成功了，晋国的政权就会牢牢地把握在我们手中；即便是失败了，也能全身而退，反正总会有人收留我们的。"

郤犨又严词拒绝了他的提议："我听说，为臣者只有当国君满意了，自己才能有所请求。当初我们努力工作，为的就是能够长久地保卫国君，为其抵御灾难；国君看重我们并对我们委以重任，也是因为认为我们能够治理好国家。如今我们辜负厚望而遭到厌弃，挽回国君信任没有其他办法，唯有继续秉公办事而已。如果我们不思己过却要趁机对国君不利，这是罪大恶极的不义之举，是绝对不能容忍的。况且说，就算我们能够全身而退，作为不能侍奉君主的叛臣，天下为君者又有谁肯收留呢？"

郤犨如此坦诚，晋厉公却不为所动，消灭三郤的计划仍在有条不紊地进行中。

不久之后，长鱼矫从宫中外出，去到百豫随意抓捕了几个人回来，引得郤犨大怒，就将其一家人都绑起来带到了朝堂上。

所谓打狗也要看主人，晋厉公很生气，后果很严重。待郤犨走后，他便对强门大夫发泄怒气，强门大夫以谄媚事君，建议把内库里的囚犯都放出来，并发给他们武器，好让他们剿灭三郤。晋厉公依计而行，让强门大夫带着囚犯释放了长鱼矫，并通过长鱼矫杀掉了三郤，郤犨就这样不明不白地死在了他一心要维护的国君手中。

当然了，故事的结局总是一致的。栾书看到晋厉公亲自剪除了自己的羽翼，自然是兴奋不已，很快就向公室发难，晋厉公也终于尝到了自作自受的滋味。

多怨有庸

上海博物馆藏楚简以另外一个视角叙述了车辕之役的来龙去脉，认为郤犨之所以遭到晋厉公的忌恨，主要是由于其为官公正无私，在具体行政的过程中触到了暴君的逆鳞。与此同时，在原本叙事结构中只是有那么一点私心的栾书，在这里则被进一步丑化，变成了意图弑君谋国的奸雄。

至于事件的触发点，则是变成了由长鱼矫随意抓捕百姓而起，郤犨也是为了端正法度才将其与家人一同抓捕，这与传统史料中郤犨与之争夺田土的叙述也截然不同。而在得知晋厉公将要作难时，郤犨所说的那番话，基本就是《左传》中郤至言论的翻版，也隐约地反映出了郤氏家族对待国君的态度。

一直以来，不少人都对上博楚简的真伪持怀疑态度，其中文本的真实性至今还没有定论，但这并不妨碍我们将其中的内容拿来做参考。事实上，无论是《左传》《国语》，还是上博楚简，它们的创作者对于历史事件的记录都不可能是完全客观的。同样，无论是古代历史的亲历者，还是我们如今社会热点事件的参与者，在观察一个人或者一个事件的时候都有其局限性。

这种局限性首先表现在信息获取上的偏差，也即观察者未必能深入了解人物和事件的全貌。由于人脑机制本身的原因，即便是全程参与了整个事件，也无法将事件原貌完全还原出来。而当记录者无法亲历历史事件时，这种局限性就会变得更加明显，从而使得所谓的"信史"也往往存有失真的部分。

另一方面则表现为观察者的主观偏见。立场不同的人，看待同一问题的角度会千差万别，这种主观偏见经常会促使他对所获取的信息进行加工筛选，对有利于所论述观点的事实进行选择性记录而忽略其他的细节。当这些经过了多层加工的信息历经千年进入我们视野的时候，很可能就已经面目全非了，如果我们还是执着于一家之言，就未免有管中窥豹、断章取义的嫌疑。

《左传》《国语》采录士燮、公孙婴齐等人的言论中都提到，晋厉公在取得鄢陵之战的胜利后，一定会"伐智而多力，怠教而重敛"，从而"夺诸大夫田"；而胥童给晋厉公提出的建议也是"必先三郤"，可见并不是因为他们果真犯下了多大的罪过，也未见得晋厉公就果真听信了栾书的陷害之言。晋厉公"作难"的终极目的是要复兴公室、强化集权，剪除侈卿的威胁只是其中的一个手段，其针对的目标也并不仅限于三郤。长鱼矫斩杀三郤之后，胥童等人在朝堂上贸然劫持栾书、荀偃，实际上是将晋厉公的真实目的暴露了出来，这也难怪栾、荀二人会因此感到恐惧了。

至于为什么三郤会成为晋厉公发难的首要目标，其原因正如我们在上一章曾经提到的，在春秋时期各国内部的斗争史上，"族大多怨，常成怨府；族大逼君，易为君仇"，这是一条颠扑不破的铁律。这条铁律依照胥童的话来说，是"敌多怨有庸"；用单襄公的话来说，是"高位实疾颠，厚味实腊毒"；用公孙婴齐的话说，是"非多怨民无所始"；用我们当代的语言来说就是"无脑炫富"容易激发人们的"仇富"心态。

那么问题来了，郤氏家族到底强盛到什么程度，以至于让身为国君的晋厉公如坐针毡，让身为正卿的栾书坐立不安，非要置之于死地呢？

族大逼君

依照我们之前的介绍，郤氏的强大首先表现在其权力的旺盛。在晋厉公后期的八卿序列中，郤氏以郤锜、郤犨、郤至独占三个席位，几乎占据了最高决策层的半壁江山。其中郤锜的职位更是一度达到了中军佐，其权势显然比下宫之役爆发前的赵氏更为炙热。

除此之外，单襄公在预测郤氏命运的时候也曾提到："夫郤氏，晋之宠人也，三卿而五大夫，可以戒惧矣。"从中可知，除"三郤"之外，郤氏家族还有五人同时在朝中担任大夫，这就构成了所谓"一门三卿五大夫"的格局。

不过，这还并不是郤氏家族权力网络的全部，他们不仅在军政系统中有着重大发言权，在其他事务上的地位也同样不容小觑。比如郤犫，早在他升格为卿之前，就曾奉命与秦桓公缔结盟约，并多次出使齐、鲁、卫等国处理外交事务。鄢陵之战后，《左传》更是明言，说郤犫"将新军，且为公族大夫，以主东诸侯"，进一步明确了他在东方外交事务中的主导地位，这也是他能够插手干预鲁国内政的底气所在。

至于郤至，史料中虽未明确其具体职权，但从他的一系列表现来看，似乎与楚国有着撇不开的关系。最早在晋景公初年，郤至似乎就已经开始与楚国打交道，并在申公巫臣叛逃的过程中扮演过重要角色。到晋景公晚年，他更是与士燮一起主导了第一次弭兵会盟，并亲自前往楚国缔结盟约。鄢陵之战中，他之所以能与楚共王礼尚往来，恐怕与此也有很大的关系。

这样一来，郤犫负责东方外交，郤至负责楚国事务，两个人基本上就垄断了晋国对外的一切通道，使得其他家族很难有施展空间。

这还不算，如果我们回顾一下车辕之役的全过程的话应该会注意到，长鱼矫之所以敢在郤氏府内行凶，靠的可不是"千里走单骑"那般的勇力，而是利用了"三郤"不设防的心理。

比如其中有一个细节，说长鱼矫和清沸魋"抽戈结衽，而伪讼者"，随后趁三郤"将谋于榭"的机会将他们刺杀。长鱼矫为什么会以这种方式引起三郤的注意，三郤又为什么会毫不犹豫地受理此案，难道仅仅是因为他们地位高吗？答案显然是否定的。如果三郤没有处理诉讼事务的职权，他们又何必在明知晋厉公将要对自己动手的情况下自找麻烦呢？这可不仅仅是他们"目空一切"这四个字就能解释得了的。

郤氏强盛的另一个表现，在于其封邑的众多和财富的集聚。从前文对人物的介绍中，我们大致可以梳理出郤氏家族的部分产业，其中至少有郤、冀、驹、步、蒲、温、苦七个封地。后世的叔向在评价郤至的时候也曾提到，"其富半公室，其家半三军"。也就是说，郤氏家族的财富土地和私家武装已经与公室达到了同一个数量级，距离富可敌国也只是一步之遥了。早在鞌之战爆发前，曾在齐国受辱的郤克就曾扬言要用自己的私家武装去攻打齐国，这绝对不是狂妄者的一时义愤，而是有着真实依据的。

综合以上的分析可以看到，三郤的势力已经覆盖了行政、军事、司法、外交等诸多领域，几乎掌控了国计民生的方方面面，其财富量级更是远超当年的赵氏，甚至可以与公室媲美，自然会引起国君的忌恨和其他家族的不满。

这实际上也表明了，像郤氏这样的家族，哪怕他们什么都不做，也会因为庞大的资源储备和武装力量，成为国君的眼中钉、肉中刺，必欲除之而后快。

对于同列朝堂的其他宗族也是同样的道理，郤氏宗族无处不在的权势足以让他们感到惊惧，其可堪与公室比拟的巨量财富，也足够引起野心家的垂涎和觊觎。

尤其是栾书，身为执政却无外交职权，在军中又处处受到三郤的挟制，自然就会对这个曾经有恩于己的家族感到忌惮。而三郤在利用职权谋害伯宗牵连到栾氏子弟的时候，他也只能眼睁睁地看着栾弗忌死难不能干预，更让他产生了深深的无力感。

然而即便是已经如此强大，郤氏家族却丝毫没有衰败的迹象，三卿五大夫尽管清高傲慢，却并无纨绔子弟所具有的那些不良习惯，反而是个个都充满了进取心。尤其是郤至，尽管他在八卿之中地位最低，却最是足智多谋、志向高远，全然没有把自己这个顶头上司放在眼里，怎能让栾书不感到忧惧？这恐怕才是导致郤氏覆亡的真正原因。

制度之困

栾书的忧虑，也正是晋厉公的忧虑。尽管在所有的史料中，这位被冠以恶谥的君主早已声名狼藉，成为暴虐无道的象征，但平心而论，在现存史料中我们还很难看到他究竟做了哪些不得人心的事情。至少跟他的堂叔伯晋灵公比起来，晋厉公并没有那么多需要耗费笔墨大加挞伐的例证，人们也只能把他发动车辕之役前在盟会上的心不在焉当作是呈堂证供。

如果非要说他有什么不当之处的话，或许是跟三郤一样，进取心太过于强烈了，用《国语》中的原话说，就是"唯无德而功烈多，服者众也"。其中的"功烈多，服者众"，如果用在胜利者的身上，是雄才大略的表现，用在失败者身上，就成了穷兵黩武的罪证。而所谓的"无德"也是在这种"成王败寇"的思维惯性引导下,那些充当事后诸葛亮的人过度解读罢了。

与他有着同一谥号的周厉王,在当时的贵族阶层看来是不折不扣的暴君,但在今天看来,或许还称得上是一个敢于较真碰硬、向既得利益者发起挑战的改革家。因此,当我们切换立场,站在当时人们奉行的君臣伦理的角度上,对于晋厉公的评价或许就会截然不同。

晋厉公一生奉行的准则,在一定程度上就是晋景公打压豪强政策的延续,其根本目的就是为了"去大族不逼",也就是打击佗卿以扩张君权。但与父亲在位时的局面相比,他所面临的政治形势恐怕更加严峻,至少在晋景公时期,还没有出现如郤氏这种在财富和武装上都可以与公室分庭抗礼的佗卿。一个郤氏尚且如此,如果要加上诸如栾氏、荀氏、范氏这些老牌贵族,当他们都以同样的势头扩张起来,哪里还会有公室生存的空间呢?

想要化解这种危机并非全无道路可选。早在晋献公主政时期,用职业官僚管理公室土地的试验就已经开始推行了,选卿制度也有了初步的设想。但问题就在于,任何制度都有其惯性,任何组织或者团体都有其路径依赖,既得利益阶层的抵制和反弹更是任何改革都无法绕过去的门槛。

尤其是在西周封建制的框架内,礼法制度是一种双向性的伦理规范,国君在君臣关系中虽处于主导地位,但卿大夫对君权的制约力量也同样显著[①]。而作为在封邑上拥有独立治权的实体,卿大夫与国君之间天然会存在离心倾向,这就使得他们在制定和执行政策、解释礼法原则时,更倾向于保护私家利益,同时有意显现并蚕食君主的权力边界,从而进一步摧毁君权作为统治根基的神圣性。

这也就意味着,即便是没有赵盾的独断专行,世卿世禄制的回潮、卿大夫权力的集中也是大概率会发生的事情,这与人们的思维惯性以及新制度模型诞生之初的不完备有着莫大的关联。

这种种乱象将封建制的系统性危机暴露无遗,也让晋厉公产生了时不我待的紧迫感。他既要解决迫在眉睫的"三郤"问题,同时也要为削弱佗卿做长远的谋划,无论最终的改革方案是什么,"夺诸大夫田"都将是必然的选项,只是其原

---

① 参见李若晖《放逐君主:周礼权力结构解析》(《政治思想史》2017 年第 2 期);王浚波《春秋晋国君臣关系略论》(《山西档案》2016 年第 1 期)。

因绝对不会是"伐智而多力，怠教而重敛"的结果。

事实上，在紧张情绪逐渐蔓延的晋厉公时代，人人都能感受到一种诡异的气氛，身在棋局中的其他家族，如栾氏、范氏、荀氏，也难以逃脱受人敌视的命运。比如叔孙侨如在利用郤犨驱逐政敌的时候，就很巧妙地利用了这个心理向郤犨暗示，说："鲁之有季、孟，犹晋之有栾、范也，政令于是乎成。"以士燮的时时忧惧，也难免会"无辜躺枪"，更何况是其他家族呢？列卿之间互相警戒、互相防范、互相敌视的紧张情绪，就如同空气一样，无时无刻不充盈在人们的生活中，让人丝毫都不敢放松警惕。

面对国君强烈的进取心，卿大夫们自然不会坐以待毙。这种情况也正如士燮所言："诸臣之委室而徒退者，将与几人？"晋厉公的改革一定会引发既得利益者的抵制，没有谁愿意任人宰割，也没有谁愿意主动退让，将已经到手的利益拱手返还给公室。只是面对随时可能会爆发的危机，不同的人会有不同的选择。

来自范氏的士燮首先选择了保留外患以缓解内忧，而在战争无可避免地爆发之后，他又及时转变策略，以一死来换取范氏的安定。出自荀氏的荀偃、荀罃以及荀雅的后人们则选择了断尾求生，他们早早地分了家，分别以中行氏、智氏、程氏等几个互不统属的独立家族的面目出现。

"三郤"虽然给人留下了狂妄的印象，但并非看不清形势，只不过是在寻求自保的过程中，选择了一条与荀氏截然相反的道路。他们吸取了赵氏覆亡的教训，为了避免出现家族内讧给人以可乘之机，紧紧地团结在一起共同对外。因此我们便看到，尽管三郤之中郤犨的辈分最高，郤至的能力最强，郤锜最缺乏存在感，可他们却都能坚定不移地团结在郤锜的周围，共同为郤氏家族的长远发展出谋划策。然而，这一做法无异于将整个郤氏家族推向了风口浪尖，让他们在成为众矢之的的同时，也成为国君所忧虑的对象。

与以上众人的被动自保不同，栾书显然是一个务实主义者，更是一个不择手段的人。他似乎是想到了"大禹治水"的经验，既然危机不可避免，不如就干脆加以疏导，将这祸水引到别人的头上，以刺破那个让所有人都感到恐惧的泡沫。

为此，他不惜背叛了亲密的战友，断然拒绝了韩厥和士燮的提议。这不是因为他不懂得"外宁必有内忧"的道理，恰恰相反，他正是想要利用这一点，想要通过离间晋厉公与"三郤"的关系来实现自己的目的。

只不过让栾书没有想到的是，他精心设计的罗网，差点让自己作茧自缚。经历了这样一场惊魂时刻后，那种生命不由自主的恐惧感，未来不受掌控的焦虑感，盟友纷纷疏离的孤独感，都深深地烙在他的心里，让他突然意识到了晋厉公的野心，更促使他最终做出了弑君的举动。或许在举起屠刀的那一刻，栾书还在不断地自我安慰：既然为了国家安定总要有人做出牺牲，那这个人为什么就不可以是国君呢？

第五章
晋国诸卿利益格局重组

第一节　悼公新政

先声夺人

春王正月，日影南移，北国迎来了一年中最为寒冷的时节。在充斥整个视野的苍黄萧瑟中，却有一支装饰华贵的车队，正迎着料峭的寒风从成周缓缓驶出，驶向更加辽远的北方。

几天后，车队抵达了新绛郊外的清原，国内大夫闻讯纷纷赶来，让这片本来空旷的原野顿时变得拥挤起来。当这个经过了长途跋涉的车队渐渐出现在地平线上，所有人的内心都忐忑起来。

车队刚刚停稳，一名稚气未脱的少年便缓缓登上了高台，在众人的注目下发表了一段简短而不简单的讲话：

> 孤始愿不及此。虽及此，岂非天乎！抑人之求君，使出命也，立而不从，将安用君？二三子用我今日，否亦今日，共而从君，神之所福也。

说话的这位少年被人称为"周子"，正是去年栾书陷害郤至时所利用的晋国公族孙周（也叫孙纠）。晋厉公殚精竭虑除掉郤至之后，晋国的国君大位终于还是落到了他的身上。而这一年，他才仅仅十四岁。

从他国迎立新君即位，这在晋国已经不是第一次了。在孙周之前，晋惠公、晋文公、晋成公都有在外流亡或者寓居的经历。不同的是，过去那些被迎立的国君，无论与前任关系是亲是疏，至少都有一个公子的身份，其继位并不会让人感到突兀。但每每提到这位新君孙周，却总给人带来一种莫名其妙的窘惑之感。

孙周是晋襄公后裔，其祖父是晋襄公次子公子捷，号称桓叔。晋襄公去世时，晋灵公和公子捷都尚年幼，但依照晋献公不蓄养公族的基本国策，即便是年幼的公子也必须避居国外，因此晋灵公一继位，其弟公子捷就被送往了成周。

公子捷在成周生有一子，名谈，按照当时的命名规则，应该称为公孙谈，有时也简称孙谈。公孙谈在车辕之役爆发之前已经去世，留下了三个儿子：其中最年长的是一个"不能辨菽麦"的"无慧"之人，还有一个叫杨干的小儿子才不过总角之年，今日回国为君的孙周是他的次子。

由此算来，孙周按照辈分该是晋厉公的堂侄，但已经是三代之外旁系血亲了。正是因为亲缘关系的疏远，使得晋国之于孙周显得无比陌生，这种感觉恐怕要比当年的晋成公要更甚几分。

在孙周有限的人生阅历中，他只知道晋国是一个强盛的国家，也是他永远都回不去的故乡。他大概从来没有想过有朝一日要回到那个陌生的国度，去领导一群桀骜不驯的侈卿豪强。因此，当栾书安排他与郤至会面的时候，孙周从来都没有怀疑过其用心，更不会意识到这个国家的内政能与自己产生什么交集。然而造化弄人，那次会面仅仅一年之后，那位年富力强且志得意满的堂叔竟突然死于非命，使得当年公族抢破头想要争取的国君宝座，就这样出其不意地落到了自己身上。

不过，对于这样一个结果，那位曾言中三郤和晋厉公最终命运的知名预言家单襄公却丝毫都不感到意外。按照史料中的说法，孙周年幼时曾拜在他的门下学习诗书礼仪，单襄公对于这个聪慧且早熟的弟子青睐有加，认为他在侍奉老师的时候能做到"立无跛，视无还，听无耸，言无远"，是一个懂得"慎、成、端、正"的有德君子。听说了有关晋国的消息，孙周"有忧未尝不戚，有庆未尝不怡"，这是不忘本的表现。他的品性可以称得上是"文"，有文德就能得到天地的护佑，以后最起码能够成为一国之君。单襄公因此断言，孙周将来一定能主掌晋国。

单襄对于周易八卦有着很透彻的理解。他回顾了当年王姬因梦而为其子取名黑臀的来历，分析了晋成公回国时得到的卦象，再结合孙周所具备的各种美好德行，得出了梦、卦、德互相印证的结论。

更有甚者，他还大胆地提出，说孙周"言敬必及天，言忠必及意，言信必及身，言仁必及人，言义必及利，言智必及事，言勇必及制，言教必及辩，言孝必及神，言惠必及和，言让必及敌"，是一个兼备了敬、忠、信、仁、义、智、勇、教、孝、惠、让等十一种美德的君子。

单襄公在此处所做的论断并不只是一种纯粹的道德评价，因为在当时的天人观念之下有"天六""地五"的说法，合起来就组成了"十一"这样一个天地的常数。所谓天有阴、阳、风、雨、晦、明六气，地有金、木、水、火、土五行，"十一"这个常数素来都是天子的专利，旁人哪怕有再大的野心也不敢轻易染指。单襄公作为王室卿士，不顾礼教大防而将此大数用在一个士子身上，甚至认为其文德能与周文王旗鼓相当，可见其对孙周的期许有多高。因此当王叔陈生围着郤至打转的时候，单襄公却独独看上了孙周这支"潜力股"，临死前还特意嘱咐儿子要善待孙周，可见老夫子终究也是不能免俗的。

能够得到单襄公如此高的评价，孙周必有其过人之处，而其出场亮相也的确不同凡响。在来到晋国后的第一场公众演讲中，他开头便说了这么一句话："孤始愿不及此。虽及此，岂非天乎！"

这句感慨天意的话看似寻常，却透露着不寻常的意味。当年晋文公回国之前，介子推就认为其得国乃天意所归，随亡之臣若借机讨赏那就是在"贪天之功"。孙周常受单襄公的熏陶，自然也懂得如何以天道为自己至高无上的君权"赋魅"。因此，在会见前来迎接的大夫时，他开宗明义就阐明了自己的立场：我孙周之所以能够回国即位，靠的是上天的眷顾，与你们的拥立毫无关系。你们不要看我年纪轻，就想当然地认为可以倚仗拥立之功恣意妄为，我孙周绝对不是可以任由你们摆布的傀儡。

表明态度之后，他接着说道："人们之所以要迎立国君，是因为他们需要一个发号施令的领导者。如果拥立了国君却不服从君命，那又何必多此一举呢？"在《国语》引述的文字中，孙周还打了一个比方说："接受了国君的命令却悖逆行事，就好比是把收割的庄稼给烧掉。如果因为谷子没有成熟你们烧掉它，那还情有可原；可如果谷子成熟了还要烧，那就是你们暴虐。同样的道理，孤既然受各位重托，就必定会竭尽所能去做一个明君。如果孤的确不成器，就算是被废了也无怨无悔；可若是认为孤做得还可以，但却又想以暴虐的姿态来侍奉，是不是就太专横了？"

最后，孙周又正色道："如果你们还用得着孤，今天就在这里立下誓言；若是用不着孤，也最好今天就下个决断。臣子恭敬地听从国君的命令，这才是神灵所保佑的。"

孙周的"开场白"措辞严厉，也着实给了在场的大夫们一个下马威，让他们不得不重新审视过去对这个孩子的看法。只是在这种时候，他们还来不及细细琢磨，只能把头压到最低，并用最洪亮的声音回答："迎立您回国是群臣的心愿，臣等自然唯命是听，不敢有所违逆！"

这一天是公元前573年周历正月（夏历去年十二月）十五日，孙周与众大夫在清原歃血盟誓，旋即进入新绛，暂住在伯子同氏家中。十一天后，也即正月二十六日，入曲沃武宫拜祭先祖，并于二月（夏历去年闰月）初一日正式继任为晋国的国君，是为晋悼公。

整饬卿制

晋悼公回国时所面临的政治局面可以说是千头万绪。一方面，随着君卿争斗持续深入，逐渐形成了几大豪强轮流执政的寡头政治局面。政治寡头的形成不仅对君权构成了威胁，也逐渐将中下层贵族的上升通道堵死，使得原本流动性充足的晋国朝野渐渐又显现出阶层固化的迹象。

另一方面，卿大夫之间的斗争形势也越来越残酷，过去那种仅限于游戏参与者个人的有限度竞争一去不返，取而代之的是关乎整个家族生死存亡的烈性斗争。为了能够在日趋残酷的竞争环境中占据绝对优势，游戏参与者往往会罔顾公序良俗互相攻讦，所采取的手段也越来越没有底线，使得整个国家的政治风气乌烟瘴气，也更加剧了国内紧张局势。

对于这种病入膏肓的内政局面，孙周似乎早就开好了药方，刚一回国就采取了大量措施，着手打破原有的政治生态。为了缓和紧张气氛，稳定肇乱者的情绪，他将内乱的责任都归罪到前任国君晋厉公身上，并下令驱逐引导厉公作乱的所谓

"不臣者七人"，与胥童、夷阳五一起制造车辕之役的近臣都在被驱逐之列。

不过，此举并不等于承认了栾书、荀偃弑君的合法性，这与晋成公处理赵盾弑君一事时所采取的态度截然不同。晋悼公要逐渐恢复国君在国家事务中的发言权，就必然要获取人事任免的权力。而当此之时，国内各大卿族慑于车辕之役带来的高度压力大都噤若寒蝉，悼公正好利用了这段时期内人们的恐慌心理，在八卿之中注入了大量新鲜血液，逐步对世卿的排序进行了革命性的调整。

不过，对于其具体的调整方式，《左传》中语焉不详，我们也只能依照《国语》的相关记载，大体上描摹出这一进程：

首先是晋悼公即位元年（前573年），由于位列八卿的"三郤"尽数陨灭，序列出现了不少空缺，晋悼公特意选拔了吕相、士鲂、魏颉等一批新人充实进来。由此形成了其即位之初的八卿序列，分别是：

栾书、荀偃、士匄、韩厥；吕相、荀䓨、士鲂、令狐颉。

这里需要注意的是，《左传》中并没有明确士燮去世后士匄的具体职位，但依照之前"上军佐壁垒"的惯例，士匄的初始位置应该不会脱离"执政方阵"的序列。再加上栾书和荀偃弑君之时，曾先召士匄、后请韩厥，可见士匄当时的地位是高于韩厥的。因此郤锜被杀之后，士匄就晋升为上军将，而韩厥则顺位填补了上军佐的位置。

这个序列只持续了十个月左右，到是年十一月，栾书从执政的位置退出，晋悼公超拔韩厥直升为中军将。至于栾黡的初始位置，根据当时鲁国大夫臧叔纥人（臧武仲）的叙述，当时的下军佐由士鲂担任，这也就意味着栾黡最高也只能是新军将。因此这个序列就又变成了：

韩厥、荀偃、士匄、荀䓨；吕相、士鲂、栾黡、令狐颉。

晋悼公二年（前572年）左右，下军将吕相去世，晋悼公将"赵氏孤儿"赵武补充到八卿序列，担任新军佐；四年（前570年）左右，新军将魏颉去世，晋悼公又提拔魏绛为新军佐。此时的八卿又变成了：

> 韩厥、荀偃、士匄、荀䓨；栾黡、士鲂、赵武、魏绛。

晋悼公八年（前566年）十月，韩厥宣布退休，晋悼公第二次超拔中军将，以荀䓨接任执政，韩起担任上军佐，而原本担任中军佐的荀偃则贬为上军将。八卿序列为：

> 荀䓨、士匄、荀偃、韩起；栾黡、士鲂、赵武、魏绛。

晋悼公十四年（前560年），荀䓨和士鲂先后去世，晋悼公决定在绵上举行大蒐仪式。又因荀䓨的儿子荀朔英年早逝，其孙智盈还不满六岁，士鲂的儿子彪裘也还年幼，于是就先不设新军将帅，所部并入下军调遣。到第二年，也即迁延之役结束后，晋悼公干脆裁撤了新军，重新恢复了三军六卿的体制。最后形成的六卿格局为：

> 荀偃、士匄，赵武、韩起，栾黡、魏绛。

从这几次的调整中我们可以看出，晋悼公完全打乱了之前业已形成的惯例，在卿列排序上掌握了极大的话语权。

首先是在正卿的选拔上，晋悼公一再突破之前循序提拔的旧例，先后两次将韩厥、荀䓨从上军佐的位置超拔为中军将。这种因功叙职的做法，在增强国君对世卿家族掌控力度的同时，显著降低了卿大夫依靠资历获取执政地位的预期，进一步鼓励他们在内外事务中发挥才智，为复霸事业的最终达成奠定了良好的基础。

其次是打破了以往卿位可上不可下的惯例，着手对内阁进行整顿，有弑君前科的栾氏和中行氏都是他借以立威的"建信木"。比如晋悼公元年（前573年）冬天，把持朝政十几年的栾书从中军将的位置卸职，其去向也成了一个谜，而其继承人栾黡则是被下放到了新军将的位置上。时任中军佐的荀偃尚年富力强，且在弑君事件中只是个从犯，晋悼公于是从轻发落，暂时让他保持原地踏步。到晋悼公八年（前566年）韩厥退休后，荀偃又被降为上军将，这在晋国历史上当属首次。

起用旧族

为了获取广大贵族阶层的支持，晋悼公还特意起用了一批沉沦的旧族。比如晋文公在位时期，曾有胥、籍、狐、箕、栾、郤、柏、先、羊舌、董、韩等十一个公族掌握近官职位。但随着朝堂局势的演变，胥、狐、郤、先等已经退出了政治舞台，籍、箕、柏、羊舌、董等氏族渐渐不显，如今在政治舞台上活跃的公族就仅剩栾氏和韩氏两家。而即便是这两家，也都是在晋景公时期才开始显达的新贵，公族枝叶的凋零可见一斑。

在长期的政治斗争中，中下层的贵族往往是谨守礼仪的中坚力量，也是国君赖以抵制侈卿豪族的群众基础，两者自然会结成利益联合体。历代国君都希望能通过扩大中小贵族的实力，来对上层的寡头形成制衡。

但在过去，国君所倚仗的这个群体有一个不太体面的总称——"外嬖"。人们特意将其与宫中女眷的称谓"内嬖"并立起来，使得这个称呼自诞生之日起就带有强烈的贬义色彩。然而事实上，包含在这个范畴内的，不仅有像晋献公时期扰乱朝纲的梁五和东关五，晋厉公时期导君为乱、受人唾骂的"不臣者"，更有如智氏的始君荀首、被三郤陷害的伯宗、以司马身份进阶为卿的韩厥等有良好声誉的大夫，并不能一概而论。

"外嬖"之所以受人非议，其根本原因在于，当将士们在沙场上浴血奋战、争取功名的时候，很多无尺寸之功的"外嬖"却公然接受封地成为大夫，甚至平步青云进位为卿，轻轻松松地就实现了多少人梦寐以求而不得的人生理想。国君仅凭一己好恶对他们特别关照，不仅不能重塑国君的公信力，反而会破坏正当的竞争秩序，摧毁了劝人向善的公序良俗，成为影响社会公平正义的毒瘤。

对于那些痛心于礼崩乐坏的君子来说，要想让国家秩序承平，国君就应该好好地约束自己，要么按照周礼的原则任用亲族，要么正心诚意地"亲贤臣远小人""弃嬖宠而用三良"。早年晋文公之所以不敢对自己的随亡之臣大加封赏，很大程度上也是受到这方面观念的制约。倘非如此，国君的野心越大、进取之心越强，就越会显得无道昏庸，晋厉公以革新面目示人，最终却不得善终便是一个明证。

晋悼公充分吸取了晋厉公悲剧带来的教训，因此并没有采用以往培养"外嬖"与世卿对抗的方式，转而以擢录功勋为由，越过八卿直接着手进行中下级军官的任免，其中最为显著的就是对卿大夫御戎和车右的控制。

在早先的传统中，即便是国君也没有固定的御戎，只有到了战时才会通过占卜等方式临时指定，直到晋文公时期，国君御戎才成为常设职务。此后随着国君权威的日渐式微，卿大夫们有样学样，也都有了固定的御戎。晋悼公则再三申明政令，撤销了这一不合礼法的惯例，设立军尉进行统一的监管和调配。

在新的制度框架下，国君御戎的权力有所扩大，他不仅要在战时执行国君的意志，更要肩负"校正"职责，负责其他御戎的日常训练和思想工作。相应地，国君车右也被赋予了"司士"的管理职权，负责训练和教导卿大夫的车右。除此之外，还专门设立乘马御驯养军马，各军的战车马匹也由公室统一调配。

将御戎、车右的任免和管理权限集中到国君手中，这在一定程度上限制了卿大夫用人的权力。同时，卿大夫的御戎和车右由个人的亲信变成了公室指派的专人，其行动就会受到掣肘，可以有效避免强卿专行独断、任意行事，进一步提升了国君对卿大夫的制约能力。

在这个过程中，许多不见经传的贵族开始浮出水面：弁纠和荀宾分别担任晋悼公的御戎和车右，祁奚和羊舌职被任命为中军尉和中军尉佐，魏绛被任命为司马，张老被任命为侯奄，铎遏寇为上军尉，籍偃为上军司马，程郑为乘马御。晋悼公四年（前570年）祁奚退休后，晋悼公还借祁奚的举荐，将祁午和羊舌赤推上了中军尉、佐的位置。

修法论礼

在军政事务之外，晋悼公作为一个"兼具各种美德的完人"，对于"礼"的作用尤为重视。他对假公族制度的运行进行了规范，先后以"荀家惇惠，荀会文敏，黡也果敢，无忌镇静"为由，任命荀家、荀会、韩无忌、栾黡等人为公族大夫，让他们教导卿家子弟恭、俭、孝、悌等美德。除此之外，晋悼公还多管齐下，对晋国的法制进行了大规模的编修，其中最典型的做法，就是以士渥浊为太傅编修"范武子之法"，以右行辛为司空编修"士芬之法"。

有关"范武子之法"的内容，之前曾做过介绍，这部脱胎于晋文公"执秩之法"的法令，本来目的就是要剥离"赵宣子之法"中不利于君主的因素，重建礼法秩序，为晋景公加强集权提供法律支撑。只是由于士会执政时间太短，其所修订的法律多有不完善之处。晋悼公命人重修"范武子之法"，其用意一来是要进一步完善法令、巩固君权，二则是要剔除其中过激的部分，以图缓解君卿之间的紧张关系。

对于所谓的"士蒍之法"，《左传》上并无只言片语的叙述，我们只是从后来的史料中看到，士蒍在晋献公时期担任司空，"以正于国，国无败绩"。时隔近百年，在晋国战无不胜的当下，晋悼公将这套老古董搬出来，显然不是要追求什么"国无败绩"，更不是要让司空为其大兴土木追求奢侈生活，因此其重点就只在"以正于国"这四个字了。

翻查士蒍的生平事迹，其中最值得一书的就是帮助晋献公诛灭桓庄之族一事。时晋献公受桓庄之族的逼迫，士蒍翻覆之间便将其尽数清除，达到了强干弱枝的效果，为晋献公集权以及后来"国无公族"政策的出台奠定了基础。所谓的"士蒍之法"恐怕就是在这段时期内出台，并为晋献公的集权服务的。

如今的晋国虽已无公族的忧虑，但产生了一大批掌握有广土众民的"假公族"虎视眈眈，其情形与晋献公当年的处境颇有相似之处。晋悼公重提"士蒍之法"，恐怕也是想借鉴其中限制公族的法令，用以制衡由"假公族"构成的世卿集团。

与士会修订法律时的作为类似，晋悼公最初任命的正卿韩厥也有过一段问礼的记录。晋悼公五年（前569年）时，有鲁国大夫叔孙豹来晋国访问，晋悼公设享礼接待他。席间，晋国的乐师先后演奏了《肆夏》和《文王》中的两首诗，他都毫无反应，直到最后演奏到《鹿鸣》一诗时，他才突然起身，很是庄重地三拜以致谢。

韩厥对此十分好奇，于是就派人询问："您奉了君命来到敝邑，敝邑按照先君之礼招待您，可您却舍弃重大的礼节，单单拜谢细微的，请问这是什么道理呢？"

叔孙豹回答说：《肆夏》中的那首诗是天子招待诸侯之长时所用的音乐，《文王》中的那首诗是两国国君相见时使用的音乐，使臣身为大夫不敢接受如此高规格的礼仪。而《鹿鸣》一诗是贵国国君用来嘉奖寡君的诗句，使臣当然要替寡君拜谢了。至于《四牡》，那是国君用来慰劳使臣的，《皇皇者华》更是劝人向善的诗，使臣岂敢不拜？"

此事在史料中一笔带过，并未说明韩厥受教之后做了些什么，但身为晋国正卿却特意咨询礼仪的细节，从中也可以窥见晋悼公以礼仪制衡卿权的用心。

一个国家的强大，单单依靠贵族的力量和政治的清明是远远不够的，在壮大中产阶层的同时，晋悼公还不忘加固底层的统治基础。对于底层的士和庶人，他都给予了一定的优待，《左传》将其概括为"施舍、己责，逮鳏寡，振废滞，匡乏困，救灾患，禁淫慝，薄赋敛，宥罪戾，节器用，时用民，欲无犯时"。

具体来说，就是要赐舍财物，免除民众对国家的债务，公室提供财力、物力赈济灾民和贫苦百姓，给鳏寡孤独等弱势群体予以优待。为增进民众的安全感，他还特意减轻赋税、宽恕罪过，让过去因为贫苦而沦为盗匪的人能够各安本分，以营造一个和谐安定的底层环境。

以往无论公室还是卿大夫都过于奢靡，在使用民力方面不加约束，使得底层贵族和平民黎庶怨声载道。晋悼公提倡移风易俗，节约器用，节制欲望，尽量不在农忙的时候征召劳力从事奢侈性的营建。这些做法在一定程度上解放了生产力，同时获得了底层民众的拥护，为晋悼公的集权奠定了良好的群众基础。

第二节　世卿联盟

刑善礼让

依儒家史料的固有逻辑，晋悼公这一系列的改革举措很快就收到了奇效，晋国内政环境在短短几年内就发生了极大的改观。《左传》对此给出了极高的评价：说晋国举拔的官员都尽职尽责，处理事务的时候能做到不改变常规。授予的爵位不超过德行，师不欺凌正，旅不逼迫师，百姓没有指责的话。社会运行规范有序，等级秩序严丝合缝，人们崇德尚礼、互相谦让，一片盛世欢歌的景象。

到晋悼公八年（前566年）进行人事调整时，内阁诸卿之间甚至还出现了鲜见的竞相谦让上位的盛况。当时中军将韩厥宣布告老，原本应由担任中军佐的荀偃来接替他的位置，但荀偃却一再谦让，不仅将中军将的位置让给了荀罃，还把中军佐的位置让给了更年轻的士匄，自己反而降了一级做了上军将。中军以下，栾黡和士鲂年龄虽大，可也很懂得让贤敬贤，他们将上军佐的位置让给了韩厥的儿子韩起，二人仍旧担任下军将、佐之职。魏绛功高德劭，和戎之策由他所献，可他却认为赵武更加贤能，所以把新军将让给了赵武，自己只屈居新军佐之职。

这种奇特的景象就连楚国的令尹子囊听了都赞不绝口：晋国的卿把职位让给善人，他们的大夫也不失职守，士努力教育百姓，庶人致力于农事，商贾工匠和寻常皂吏都能各安其业，终于造就了"君明臣忠，上让下竞"的大好局面，这样的国家又有谁能够与之抗衡呢？

到晋悼公十四年（前560年）的绵上治兵时，这一幕又奇迹般地重演了。按照晋悼公的计划，他原本是想让诸卿循序提拔，也就是让士匄、荀偃统领中军，韩起、栾黡统领上军，赵武、魏绛统领下军。然而议题刚刚摆上台面，士匄就突然提出："伯游比我年长。当初之所以顶替他担任中军佐，是因为我与智伯相熟，所以才做他的辅佐，而不是因为我的贤能。"既然有人这么慷慨，晋悼公倒也不便说什么，于是便按照士匄的提议，任命荀偃为中军将，以士匄为中军佐。

中军将领已经确定，那么接下来就应该确定上军将佐的人选了，然而还没等晋悼公提名，韩起又突然开口，说赵武比自己更适合担任上军将的职务。晋悼公一时间有些拿不定主意，于是转头又问栾黡：既然韩起不乐意，那你来做这个上军将可以吗？

众人都把目光投向了栾黡，可他却恭谨地回答道："臣不如韩起。既然韩起愿意推荐赵武，国君还是按他的意见办吧！"

话已经说到这个份儿上了，晋悼公也不能勉强，只好又按照韩起的意见，任命赵武为上军将，韩起为上军佐，剩下的栾黡和魏绛，就让他们统领下军。

这番上下竞相谦让的景象，与之前卿族之间为了争权夺利不断流血冲突的局面形成了巨大的反差，诸侯对此可谓好评如潮。《左传》中的君子更是连连点赞，说："让"是礼仪的主体，士匄能够守礼谦让，他的下属也都纷纷效仿，即便是以栾黡的专横也不敢违背。晋国因此空前团结，几代人都因此受益，这是取法于善的缘故啊！君子并引用《尚书》中的一句话说道："一人有庆，兆民赖之，其宁惟永。"以此来说明高位者拥有谦让和善等品德对于家国天下的重要性。

历史上一般都将晋悼公视为一名雄才大略的君主，在他的治理下，晋国终于打垮了楚国，实现了霸主伟业的二次复兴。君子崇尚古代传说中的理想世界、大同社会，难免会将复杂混乱的现实政治理想化，把晋悼公时期的晋国描摹成一个政治清平、和谐美满的盛世图景，把晋国复霸成功的原因归结为人们道德境界的提高。

可当我们跳出晋悼公所处的历史时期，把时间线稍微拉长一点就会发现，晋悼公所建立的宏图伟业不过是昙花一现；而他死后君权旁落的现实也告诉我们，晋悼公在处理内部关系方面的表现，也只能说是差强人意，这与他圣明伟岸的形象显然是不相匹配的。

外部的忧患消除之时，往往也是内忧兴起之日，这是鄢陵之战爆发之前士燮最感担忧的问题。历史的发展一再为这个结论提供了佐证。

伴随着争霸战争的高歌猛进，以及车辕之役造成的负面影响逐渐消退，诸卿家族为了维护自己的利益而私相授受的风气逐渐沉渣泛起，卿大夫们内心长期被压抑的魔鬼也被释放了出来。

在这个过程中，各个家族都因循历史传统或者现实处境重新站队，使得晋国进入了一个权力重新洗牌的进程。而晋悼公十四年的绵上治兵，实际上就是这个新的政治架构正式成型的时刻。这也就意味着，晋悼公中后期晋国"上让下竞"的局面，只是其利益重组过程所浮现出来的表象，而这种重组又与诸卿大夫对过去及未来的想象有着千丝万缕的联系。如果我们只是从道德层面来理解发生在晋悼公时期的局面，就难免会把这些久经沙场的世卿想得太简单了。

为了搞清楚这种新格局形成的脉络，以及对后来的历史进程产生了什么影响，我们还要从诸卿家族过去的发展历程中来探个究竟。

祁姓范氏

车辕之役爆发后的这几年，是晋国历史一个重要的转折点。过去的几十年间，上承赵盾主政所造成的影响，晋国一直都存在着以赵氏为首的"执政联盟"和以荀氏为首的"反对联盟"两个互相对立的派别。在这个二元对立的格局当中，范氏和荀氏以其地位的相对弱势一直保持着一定的联系，这就为两家后来的进一步交好创造了条件。

到晋景公时期，伴随着世卿世禄危机的爆发，赵氏"执政联盟"内部频发内讧，原本强盛不可一世的先氏、赵氏、郤氏三大家族先后遭遇毁灭性打击。晋悼公即位之后，栾氏家族也因弑杀晋厉公而遭到了"软处理"，终于使得这个垄断朝堂近半个世纪的政治联盟分崩离析。而在过去刻意保持低调的荀氏和范氏，反而在各方重压之下顽强地存活了下来，成为晋悼公时期最有影响力的世卿家族。

晋悼公主政时期，由范氏、荀氏所派生出的三个家族分别由士匄（范宣子）、荀偃（中行献子，字伯游）和荀罃（智武子，字子羽）主掌。其中的士匄是士会之孙、士燮之子，于晋厉公七年（前574年）进入卿列，依照之前的惯例，最初担任的是上军佐的职务。

鄢陵之战后，国内矛盾集聚到了一个临界点。眼看着祸乱已然无法避免，士燮万念俱灰，内心绝望到了极点，只能默默地为范氏家族的命运而祷告，并让族内的宗祝为他祈死。后来事态的发展果如士燮所料，在他去世后不久，晋国就发生了车辕之役等一系列变乱。

在整场事件中，胥童之流之所以要抓捕栾书、荀偃，概因二人在当时诸卿之中地位最高。由此我们可以想见，假如士燮没有自祷去死的话，那么遭到拘捕的很可能就是他本人了。这样的局面一旦发生，无论他做出何种选择，范氏家族都无法逃出这个吞噬人心的旋涡，其结局要么是身败名裂、家破人亡，要么就是如栾书、中行偃一样成为遭人唾弃的弑君者——由此也可以看到士燮的良苦用心。

但与其祖父士会、父亲士燮时常戒惧谨慎的态度不同，年轻时的士匄多少有些莽撞。比如鄢陵之战爆发时，楚军压营列阵摆出咄咄逼人的架势，使得晋军没有腾挪的空间来从容布阵。当三军将佐为此忧心不已的时候，士匄却快步冲入大帐，建议大军直接填井平灶，在军营中摆开阵势来抵御楚军。

这个计谋在战术上没什么错处，而且后来晋军也的确采取了这个方略，但由于他的态度太过无礼，已经犯了"掩人之能"的官场大忌，引得父亲士燮怒不可遏，当场抽戈追逐要教训他。士匄当时并不理解父亲的良苦用心，但在父亲死后，他亲身经历了后来发生的一系列变故，这才终于意识到了问题的严重性。因此当栾书扣留晋厉公前来召请的时候，士匄坚决不肯应召。

士匄在晋悼公初年为人还算低调，几次与齐国、鲁国在外交上的交锋也都很得体，大体上延续了其祖、父的为政风格。比如晋悼公四年（前570年）时，晋国准备在鸡泽举行会盟，因担心齐国不来参会，故而特派士匄到齐国聘问。其间与齐灵公交涉时语气柔中带刚，言辞恰到好处，既达成了胁迫齐人结盟的目的，又不至于让齐灵公太过难堪。

晋悼公九年（前565年）时，士匄受命去鲁国答谢鲁襄公的聘问，鲁人设下享礼款待，双方互相赋诗作答，宾主其乐融融。临别之时，鲁国正卿、季孙氏宗主季孙宿大概是有意巴结晋国，于是便赋《彤弓》一首。通常情况下，当诸侯有功于天子，王室会赏赐彤弓以示表彰，《彤弓》的主要内容就是关于这种赐命仪式的记载。士匄作为晋国的卿士，显然没有资格领受如此褒奖，于是便移花接木，将季孙宿对自己的奉承当作是对晋悼公的期望，同时回应说："当年城濮一战，晋国先君文公在衡雍奉献战俘，因而从周襄王那里得到了彤弓的赏赐，以作为子孙后代的珍藏。士匄作为先君官员的后代，哪里敢不接受您的命令？"

作为范氏的第三代宗主，士匄对于前代创业艰辛的经历并无太多体会，因此当政治局势出现松动的时候，不免就产生了骄狂情绪。特别是在担任中军佐之后，原本谨慎的作风便开始消退，整个人都变得浮躁起来。

比如晋悼公十一年（前563年），晋国与吴国在相地举行会盟，回程行经宋国边境，士匄伙同荀偃要求灭掉当地一个妘姓小国偪阳，以封给宋国大夫向戌。中军将荀罃起初不同意，还斥责他们说："偪阳城虽小却很坚固，我们带领诸侯联军至此，攻下来不算什么功劳，可攻不下来却未免让人耻笑。"但在二人的苦苦哀求之下，荀罃最终还是点了头。

攻打偪阳的战争很是惨烈，诸侯联军围城月余都未能将其攻克。眼看着雨季就要来临，荀偃和士匄担心路途泥泞不便回师，于是就生出了退缩之心。荀罃当即怒不可遏，命令他们七日之内必须攻下，否则就提头来见。二人自知理亏，便身先士卒亲上战阵，终于又用了五天将其攻克。

战后因为向戌的推辞，晋国把偪阳赠予宋国，宋平公在楚丘款待晋悼公，并以《桑林》之舞来为晋国君臣助兴。《桑林》一诗最早是商汤祭祀桑山之神时所用，在周朝属于是天子专享的娱乐节目。宋国本为殷商后裔，在周王朝又属于"三恪"之一，在礼乐上使用更高的规格无可非议，但晋国作为普通的诸侯就没有此等荣耀了。荀罃于是便向宋人推辞不受，可士匄和荀偃却异口同声地认为这没什么大不了的。后来宋国私下里用了《桑林》之舞，导致晋悼公受到惊吓生了急病，他们二人又想唆使荀罃回宋国去请求祈祷，结果又被骂了个狗血淋头。

范氏家族在晋悼公时期跟士匄同列为卿的还有一位士鲂，他是士会之子、士燮的同母弟，也就是士匄的亲叔叔。因被封在彘地另立门户，因此又被称作彘季、彘恭子。

晋厉公被杀之后，士鲂曾与荀罃一道受栾书指派去成周迎回晋悼公。晋悼公即位后，认为士会（范武子）当年创立新法以安定晋国，这部法律至今都让人受用无穷；士燮（范文子）一生勤勉安定诸侯，如今和平安定的国际秩序便是他的功劳。这两位长者为晋国谋求霸业的复兴创造了如此优良的条件，他们的功劳德行不应该被人忘记，因此就让士鲂肩负起屏卫宗族的重任，在八卿中任新军将的职务。

士鲂在任期间主要承担的是一些琐碎的外交工作，参与军事行动的过程中没有什么出彩的地方。甚至到晋悼公十二年（前562年）时，还因对秦军疏于防范，被对方前后夹击吃了一次败仗。士鲂去世后，由于其继承人彘裘年幼，晋国此后不再设立新军，重新回归三军建制，士鲂的后人再也没有机会进入卿列，由其所立的小宗彘氏在未来的生存中也只能依附于强大的范氏，并随范氏的兴衰而共存亡。

另外还需一提的是，士匄所在的范氏原本只是祁姓士氏家族的一个小宗，其始封之君士会是当时的大宗士穆子的弟弟。由于士穆子极少参与军政，故而史料对他的事迹缺乏记载，直到晋景公时期，才有其长子士渥浊（士贞子、士贞伯）开始频繁出现。

史料中有关士渥浊最早的一次记录是晋景公三年（前597年），彼时主将荀林父身负邲之战战败之责，主动向国君请死。晋景公本打算杀掉荀林父以平息众怒，但在士渥浊的劝说下才打消了这个念头。在后来的几年间，士渥浊又出现了两次，一次是晋景公十三年（前587年）预言了赵婴齐的逃亡，第二次是在次年，他又预言了郑悼公的命数。

到晋悼公时期，士渥浊因"帅志博闻而宣惠于教"被任命为大傅，承担完善国家刑法礼仪的重任。士渥浊之后有士弱，谥号为庄，在晋悼公时期担任理官，主理司法事务。士弱之后有士文伯，与范宣子士匄同名，字伯瑕，在赵武执政时期担任辅臣；有士景伯，称司马弥牟，辅佐韩起执政。另外还有个士富，其身份不详，在晋悼公四年（前570年）时被任命为侯奄。士氏的大宗在士弱之后就渐渐衰弱，逐渐成为小宗范氏的附庸。

大宗之外，还有一个小宗巩氏，其代表人物是巩朔，在其生活的历史时期内应该也是一个举足轻重的人物。晋灵公十一年（前610年）时，晋国与郑国发生纠纷，就是以巩朔为使与郑人进行谈判。晋景公三年（前597年）的邲之战，巩朔与韩穿同任上军大夫，并受士会指派在敖山前设置了七支伏兵，确保了上军的顺利撤退。鞌之战后，两人携手进入卿列，在新上军分别担任将、佐；晋厉公即位前后，两人又相继卸任，此后再也没有参与内外事务的记录，巩氏大抵上也成了范氏的附庸。

姬姓荀氏

得益于祖、父时代的长期积累,范氏与荀氏的两个分支中行氏、智氏都保持了较为良好的关系。而或许是由于年龄相仿,士匄与中行氏的宗主荀偃的关系又尤为密切。

这里的荀偃是荀林父(中行桓子)之孙,荀庚(中行宣子)之子,谥号为中行献子,字伯游,是中行氏的第三代宗主。荀偃的年龄比士匄大一些,出仕也要早几年,大约是在麻隧之战后不久,他代替其父进入卿列,并担任上军佐的职务。鄢陵之战后,随着士燮的去世和三郤的覆灭,荀偃顺位晋升为中军佐,距离中军将的位置就只有一步之遥了。

然而不幸的是,由于受到栾书的牵累,荀偃在车辕之役中无辜"躺枪",差点被晋厉公的近臣杀掉,后来在惊恐之下又随同栾书做出了弑君之举,因此在晋悼公时期受到了一定的压制。所幸与其同宗的智氏宗主荀䓨在车辕之役中保持了足够的定力,故而因祸得福受到了晋悼公的重用,从而为中行氏的复兴创造了机遇。

说起荀䓨,有一段往事便不能不提。自古以来,举凡是英雄人物的出场,大都不同凡响。荀䓨的出场也格外与众不同,他第一次走入人们的视野的时候,是以战俘的身份出现的。

话说在邲之战爆发时,荀䓨随其父亲荀首在下军服役,战争开始后不久便被楚国大夫熊负羁所俘。他的父亲荀首为了将他寻回,坚持带领下军所部重返战场,最后带着连尹襄老的尸体和战俘公子谷臣返回国内。到楚庄王去世前,他的父亲荀首已经位列中军佐,于是便开始操作两国交换战俘的事宜,荀䓨也在离乡九年之后终于得以返回故土。

回国之前,荀䓨与楚共王曾有过一段有趣的对话。当时楚共王曾问道:"你怨恨我吗?"

荀䓨回答说:"当时两国交战,下臣不能胜任战士的职责,因而做了您的俘虏。贵国没有用我的血来祭祀神灵,反而肯让我回国接受处罚,这已经是很大的恩惠了,又怎么能够怨恨您呢?"

楚共王又问:"那你感激我吗?"

荀䓨又说:"两国各为自己利益考虑,摒弃恩怨释放战俘以谋求和好。这是两国之间的大事，下臣并未请求您的恩赐，又有什么可感激的呢？"

话说到这里本应适可而止了，可楚共王当时还只是个十几岁的孩子，并不懂得如何转换话题，因而依旧按照原先设计好的问话继续问道："回国以后，你会如何报答我？"

荀罃生长在晋国霸业衰微的年代，从小便受晋文公时期英雄故事的熏陶，听到这样的问话便有似曾相识之感，于是便答道："臣没有什么可怨恨的，您也没有什么恩德，无怨无德，不知如何报答。"

楚共王一时不知该说些什么，于是便又问了一次："话虽如此，但我还是想听听你的想法。"

荀罃正襟危坐，坦然说道："因为您的威严，能够让我这个阶下囚回国接受惩罚，若是寡君将臣处死，也算死得其所。如果托您的福，寡君将我交给您的外臣荀首处置，将我在自家的宗庙处死，臣也死而无憾。若是寡君垂怜，允许臣戴罪继承宗子地位，并侥幸承担国之大事，带领军队保家卫国，那时如若遇到了贵国的军队，臣也不敢违背礼义有所回避，必竭尽全力效忠国家，绝无二心，以尽到为臣子的职责，这就是对您最好的报答。"

荀罃的这番话可以说深得晋文公当年之精妙，对答得体、不卑不亢，展示出了一名贵族应有的操守。楚共王听后不由得大发感慨："我们终究还是无法与晋国相争啊！"于是就向荀罃赠送厚礼，送他回到了晋国。

值得一提的是，春秋时期的人们看重个人的身份地位，如果一个人在本国有着崇高的地位，那么他即便是成了他国的战俘，也不会被关在监狱里，而是会被软禁在某位大夫的家中，并按照原有的规格提供食宿。因此荀罃在楚国客居时，除了人身自由受到限制之外，与外界的交往并没有完全断绝。

在此期间，他曾结交了一位来自郑国的商人。这名郑商与其志趣相投，不忍其长期寄人篱下，便打算找机会将其藏在装衣服的货袋里偷偷带出楚国。但计划还没有实施，两国之间就已经达成谅解，荀罃也因此得以重返故国。

后来这名商人到了晋国，顺便拜访了刚刚回国的荀罃，荀罃将其奉为上宾，就如同是他已经救了自己一样。这个商人不敢接受此等礼遇，便推辞说："虽然你我曾有过约定，但你能够回国并不是我的功劳，小人如果慨然接受你的恩惠，岂不就是在欺骗君子吗？"说罢便与荀罃告别，只身前往齐国去了。

荀罃回到晋国后不久，其父荀首便去世了，最晚到秦晋麻隧之战爆发的时候，他便因袭父职进入卿列，担任下军佐。车辕之役爆发后，荀罃与士鲂一道受栾书委派，到成周迎接晋悼公回国即位，其地位也从原来的下军佐被越级提拔，与士匄一道统领上军，从而跟士匄建立了一定的私交。

及至晋悼公八年（前566年）韩厥退休后，荀罃又被进一步委以重任，担任晋国的中军将。在此期间，他一方面坚定地执行"联吴制楚"之策，另一方面则在中原战场上施展"疲楚服郑"的"魔法"，使得楚军在宏观和微观两个层面上被频繁调动，最终疲于应对，不得不退出了中原争霸战场。

与时刻保持谨慎的韩厥比起来，荀罃绝对是一个强势的领导人；与当时多数卿大夫相比，他的战略智慧也是无可比拟的。可以说，晋悼公复霸的伟业能够顺利达成，荀罃绝对功不可没。然而正所谓"职场得意、情场失意"，当荀罃在争霸的前线一路高奏凯歌的时候，其家庭生活却总是让人感到惋惜。

由于早年长期滞留在外，荀罃直到回国之后才娶妻生子，到其担任执政的晋悼公八年时，其长子智朔大概也就是二十多岁的样子。二十多岁正是诗一般的年华，可智朔偏偏就在这朝气蓬勃的年纪便英年早逝了，只留下一个刚出生不久的孩子。

一朝白发送黑发，荀罃的内心满是悲痛，尤其是当他看到智盈嗷嗷待哺的样子，更是不由得为家族的未来担忧起来。按照《左传》的记载，到晋悼公十四年（前560年）荀罃去世的时候，他的长孙智盈才刚满六岁。让这样一个未经世事的孩子领导一个偌大的家族，且不说其他家族会趁火打劫，光是来自家族内部的凶险恐怕都难以应对。

为了能够让智氏家族拥有光明的未来，也为了让子孙后代在这个残酷搏杀的战场上存活下去，荀罃必须要找一个值得托付的人，一个能够无私守护这个家族的人，而这个人自然非中行氏的领袖荀偃莫属。

荀偃受荀罃临终嘱托照顾智盈，实际上也意味着他成了中行氏和智氏两个家族的领袖。士匄与荀罃、荀偃本来就有着很好的私交，如今又有了荀罃的托孤，他自然要鼎力支持，因此就与出自荀氏的两个家族结成了紧密的联盟。这也是在绵上治兵之时，士匄将正卿之位让给荀偃的根本原因所在。

第三节　新贵联盟

由于荀氏和范氏都是在晋灵公时期就已经显达的老牌贵族，因此在本书中，我们姑且将这两个家族所组成的联盟称为"世卿联盟"或"旧卿联盟"。

与"世卿联盟"形成竞争关系的，是韩氏和赵氏所结成的同盟。相比于权势煊赫的范氏和荀氏，到鞌之战后才进入卿列的韩氏家族显然要弱势许多，而其进入排名前四的"执政方阵"更是要晚到车辕之役爆发后。赵氏家族虽早在晋文公时期就已经显达，然经过下宫之役的重挫，其势力早已大不如前。而当赵武受晋悼公拔擢重新进入卿列时，也不过二十岁上下，影响政局的能力更是十分有限，无论是财力还是权势都显然无法与"世卿联盟"抗衡。因此在本书中，我们依照进入卿列的时间，暂时将韩、赵两家组成的联盟称为"新贵联盟"。

司马韩厥

后世常把"秦晋之好"视为友好和谐的典范，不过要说起春秋时期最坚不可摧的家国友谊，赵氏与韩氏之间的友好关系绝对是要排第一位的。

韩氏与赵氏之间的友好关系最早可以追溯到文襄时期。当时韩氏第四代宗主韩舆早逝，韩厥幼年失怙又缺乏强力后盾，整个家族都陷入了风雨飘摇之中。正当韩氏危难之际，长袖善舞的赵衰不失时机地伸出援手，这才帮助他们渡过了难关。及至成人以后，又恰逢赵盾主政，韩厥受赵盾举拔出任三军司马，从此开始了长达五十年的政治生涯。

从河曲之战爆发的晋灵公六年（前615年）开始算起，一直到鞌之战后建立六军十二卿的晋景公十二年（前588年）为止，韩厥担任三军司马的时间长达二十七年，为官期间一直以执法严明、不阿权贵而著称。

首先是在河曲之战时，韩厥新官上任第一件事，就是杀掉了赵盾的亲信立威。以当时赵盾杀伐决断的性情，人们大都认为韩厥恐无法善了，可最后的结果却大出所料。赵盾不但没有责怪韩厥，反而因其帮自己洗脱了结党营私的罪名而倍感欣慰。

赵盾的赞许让韩厥倍受鼓舞，也使得他刚正不阿的为政风格广为人知。二十多年后的晋景公十一年（前589年），当郤克带领大军东渡黄河，准备要对其三年前齐国朝堂受辱一事展开报复的时候，同样的一幕再次上演。大军在卫国驻扎期间，郤克的亲信犯了军法，韩厥申明政令，决定要将其明正典刑。郤克闻听之后急忙驾车前去阻止，可最终还是晚了一步，事已至此，郤克便顺势派人将死者尸体示众。身旁的人对此很不理解："你难道不是来救人的吗？"郤克回答说："我这么做也是为韩厥分担一些指责吧！"

作为一名优秀的执法者，韩厥的这些举措的确值得赞赏，但在含沙射影的名利角斗场上，公私分明、忠信耿直的品格有时也会成为前进路上的羁绊。远如文襄时代的阳处父，近如景厉时期的伯宗，都是因性情刚强而为自己招来了杀身之祸。而韩厥的精明之处就在于，他不仅能够维护好自己忠直的"人设"，在实际事务中还十分注重人际关系的处理，特别善于结交不同身份、不同阶层的人，并以此积蓄自己的力量，这大约也是受到了赵衰性情的熏染。

比如在邲之战爆发前，面对先縠孤军深入的突发状况，荀林父六神无主、不知所措，正是在韩厥的劝说下才下令全军渡河接应先縠。尽管此战以晋军的溃败告终，但由于有六卿共担罪责，原本被孤立的荀林父非但没有受戮，反而因祸得福，借机铲除了自己的政敌。

鞌之战爆发前，韩厥曾梦到父亲对自己说，作战时不要站到车的两侧。韩厥起初不理解这个梦的含义，等到车左、车右全被射杀后，他似乎才从中品出味来。

后来有大夫綦毋张丧失车马，韩厥把他拉上车后不断用肘示意，始终都不让他站到危险的位置上。

鞌之战后，齐顷公亲自前来朝见晋景公，这本是一件和和美美的好事，可郤克却要故意闹个不愉快。当时诸侯会面通常都会有个授玉的仪式，客人来了要先献上一块玉，等到要走的时候主人再退回去，说一些互致友好的话。郤克在退还玉璧的时候趁机奚落齐顷公，说："您之所以要来朝见寡君，不过是为了博后宫妇人一笑，寡君又怎么好意思收您的礼物呢？"

这句话一说出口，场面顿时变得十分尴尬。齐顷公无助地向四周扫视了一圈，最后将目光落到了韩厥的身上。韩厥会意，急忙起身行礼："齐侯可是认得韩厥？"

齐顷公回答说："衣服好像不一样了。"

韩厥端起酒杯快步走上台阶，回答说："那日臣在战场上奋力血战，为的就是让两位国君把酒言欢啊！"这才替齐顷公解了围。

对于一个人如何才能立身于天地间，韩厥自有他独到的见解。后来赵武举行成人礼前来拜见时，他就曾语重心长地告诫说："为人处世的要义很简单，其一是要时刻保持戒惧之心，其二便是要结交善人。只要做到了这两点，就算是以后不会有什么大成，至少也能让你避开劫难。"这既是他自小从赵衰那里得来的精神财富，也是他用一生的实践提炼出来的处世哲学，更是他希望后生晚辈能够时时遵循的戒律。从这一点上看，韩厥与时刻心存戒惧之心的士会、士燮父子也算是心有戚戚焉。

正因时时抱持谨言慎行、与人为善的态度，韩厥的品质受到了广泛赞赏，因而被授予了仆大夫的职权，与伯宗一起成为晋景公的左膀右臂。到晋景公十二年（前588年）时，他又凭借着鞌之战中的功劳，在新组建的六军之中担任新中军将一职，实现了从普通大夫进身为卿的身份跨越。下宫之役爆发后，他的地位又向前提升，并于荀息去世后升任下军将，在八卿之中排位第五。

与此同时，韩氏家族还有一位韩穿，其事迹与前文介绍的巩朔有很大的重合度，也曾在六军中出任要职。不过到晋景公去世前后，韩穿便不见于史料，他的这一支也从此退出了晋国的权力中心。

公族穆子

按照之前的分析，晋国的六卿体制在进入晋景公时期后出现了一个独特的现象，也就是"上军佐壁垒"。上一任正卿离任之后，其接班人通常都会直接空降到上军佐的位置上，从而将中军将的职位牢牢地锁定在排名前四的家族之内。

当然了，作为一种不成文的规定，"上军佐壁垒"也总有例外情况发生。比如晋景公在位中后期，为了平衡公族和异氏卿，曾与郤克联手将位于"执政方阵"之外的栾氏与中行氏旁支智氏的位置进行了对调，实现了世卿力量的和平转换，但随后这一秩序就又恢复如常了。

在"上军佐壁垒"的作用之下，居于下军将及以下位置的卿士几乎无缘进入执政行列。甚至在某些状况下，他们就连其现有的地位都无法保证世袭罔替地传承下去。比如晋景公时期进入十二卿行列的巩朔、韩穿、荀骓、赵旃，以及晋悼公时期提拔的魏颉、吕相、士鲂等人，在他们去世之后，其原来的位置要么是被其他家族占据，要么就是被直接裁撤了。也就是说，只要排位没有进入前四，你所得到的卿士地位就只是一个"安慰奖"。

按照这样的规则，以新中军将之职进入卿列的韩厥，其政治生涯大概率会止步于下军将的位置。甚至更悲观一些，他去世后所留下的位置还有可能会落入他人之手。

然而，现实生活总是因各种意外而变得多姿多彩。韩厥以其超长的寿命以及戒惧谨慎的态度，不但顺利地度过了车辕之役前后那段激烈的岁月，还借此意外地突破了挡在他前面的屏障，迅速跻身上军行列，成了"执政方阵"中的一员。而更让他想都不敢想的是，晋悼公回国即位当年，他又突然越过了荀偃和士匄，直接被超拔为中军将——而这一切仅仅用了不到一年，这不能不让人感到意外。

或许也正是因为这卿位来得太过侥幸，韩厥在此后的几年间一直都保持着一种诚惶诚恐的态度。在任期间，既没有做出什么傲人的成绩，也没有犯下可供人指摘的错误，以至于当人们提起晋悼公时期的著名人物时，往往也只能想到"疲楚服郑"的荀罃和提出"和戎之策"的魏绛。韩厥就这样四平八稳地在中军将的位置上坐了七年，然后挥一挥衣袖，将卿位和宗主位置都让给了次子韩起，寂寂无闻地退出了历史的前台。

按照史料中的相关表述，当韩厥打算要退休的时候，原本是想传位给长子无忌的。但由于无忌生有"废疾"，也就是身患残疾，自认为不适合担任家族领袖，于是便吟诵了两句诗来辞让。其中第一句是"岂不夙夜，谓行多露"，表明自己并不是不想担起大任，实在是才能有所欠缺。第二句是"弗躬弗亲，庶民弗信"，自己身有废疾，必不能事事躬亲，这样的领袖又如何能让百姓信服呢？

无忌还表彰自己的弟弟韩起，说他与贤者田苏常有交往，田苏对其仁德一直都赞不绝口。能恭敬地对待自己的职位，并以此来体恤百姓，是为"德"；能端平己心是为"正"；纠人之曲是为"直"；将这三者合而为一就是"仁"。韩起能够做到这些，自然也能得到神灵的降福，将他立为卿难道不好吗？

在《国语》的记载中，无忌还反思了过去的行为，说自己身为公族大夫，论智慧不能匡正国君，论仁义不能救君于危难，论勇武当国君遭弑时不能以身殉国，怎么敢站在朝堂上玷污公室、辱没宗族呢？

韩厥将这些话转述给了晋悼公。晋悼公听后深受感动，赞叹说："虽然不能为君死难，但能勇于让贤，这难道不是仁德吗？"于是就从其所请，让他的弟弟韩起（韩宣子）担任上军佐。同时，为表彰其德义，又尊其为首席公族大夫，无忌也因此获得了"公族穆子"的称号。

公族穆子让贤韩宣子的故事看似简单，可其背后所隐藏的信息却很耐人寻味。可以说，韩氏家族之所以能够平地崛起，从一个弱小的公族发展为后来可以三分晋国的强卿，韩厥此次的布局功不可没。

韩厥退休之前最感忧惧的问题，就是担心自己辛苦得来的执政地位不能顺利地传给下一代。假如按照过去二十多年来形成的惯例，上任中军将的接班人空降为上军佐并不会让人感到意外，可这个规则在晋悼公主政初期却发生了变化。晋悼公利用车辕之役后人们的恐慌心理掌握了人事任免大权，对于卿位排序更是有着绝对的话语权。荀偃的一再降级，栾氏地位的冷处理，韩厥、荀䓨的例外超拔，无不显现出晋悼公对卿大夫予取予夺的权力。在这种情况下，韩厥想让韩起直接空降为上军佐虽有先例可循，可毕竟名不正言不顺，这就给韩起未来的地位带来了巨大的变数。

韩厥似乎已经察觉到了公室走向衰微的征兆，意识到如今晋悼公的集权不过是公室最后的回光返照罢了，因此必须抓紧时间，在公室走向没落之前，在自己还能掌握实权的时候，将韩氏家族的位置锁定在"执政方阵"之内。否则，若是任由韩起如栾黡一般落入了下军的位置，那么将来暴风雨来临的时候，韩氏很可能就会被上军与下军之间那道看不见的墙限制住，从此再也无法摆脱任人宰割的命运。

因此，史料所展现给我们的那个兄友弟恭的场景，也就是韩无忌谦让弟弟的感人叙事，恐怕也是他们经过内部协商之后合力上演的一出戏，以此用仁德之名堵住悠悠众口，也让晋悼公不得不接受他的安排。

韩起之谋

韩厥之所以要冒这个险，也是韩氏家族相对弱势的地位使然。且不说那些从晋文公、晋襄公时期就已经活跃在核心决策层的老牌贵族，即便是跟晋悼公时期才进入卿列的魏氏以及尚未进入卿列的祁氏比起来，韩厥所在的家族都显得过于弱小了。这种逼仄的局面一直持续了几十年，以至于当韩起后来再次担任执政的时候，还依然在为自己的"贫困"而感到忧虑。他们就像是冒冒失失闯入狼群的羔羊，与周遭强卿林立的环境显得多少有些格格不入。这就使得韩厥、韩起父子不得不认真思考这样一个问题：以韩氏家族弱小的实力，如何在弱肉强食的政治舞台上存活下来？

他们想到办法很简单：与赵氏结盟。

赵氏家族原本是一个煊赫的世家，其第一代宗主赵衰是文公最为倚重的臣子，曾多次推辞卿位却依然能让晋文公不改初衷。到晋襄公主政时期，他更是凭借着豪华的气场坐到了中军佐的位置上，地位仅次于先且居。而赵盾更是靠着一身胆气，在腥风血雨的政治舞台上闯出了一条血路，一力主政晋国二十余年，并亲手推动了世卿世禄制在晋国的落地成型。赵盾去世之后，赵氏家族在赵朔的领导下逐渐开始走下坡路，可即便如此，他们还是以赵同、赵括、赵旃"一门三卿"的盛况，成为当时晋国政坛上最为闪亮的家族。

所谓物极必反、盛极必衰。赵氏家族在经历了长达半个世纪的辉煌之后，终于还是无可避免地走向了衰落。及下宫之役爆发前后，赵盾的异母弟赵婴齐被逐，赵同、赵括兄弟受诛，赵氏大宗只剩下了孤儿寡母苦苦支撑家业。到了晋厉公时期，名列十二卿之中的邯郸氏赵旃的卿位也无以为继，终于使得赵氏家族彻底退出了卿的行列。

当赵氏家族陷入中衰之时，韩厥义无反顾地为赵氏出头，劝谏晋景公恢复了赵武的爵禄和土地，并悉心呵护赵武长大成人，以衔食反哺之义报答赵衰、赵盾父子当年的养育之恩，以其忠义之心谱写了两个家族相扶相携、患难与共的壮丽诗篇，更为两个家族此后百年间的长期友谊打造了坚不可摧的底座。

晋悼公即位之后，着意起用大批沉沦的旧族，赵武借着这股东风被选入卿列担任新军佐。赵氏家族在历经劫难后浴火重生，终于以新的面貌迎来了希望的曙光。

两个家族几乎在同一时刻步入了发展快车道，但也有着同样的忧患：韩氏家族有着较高的地位，但由于缺乏财力支持，其地位很难得以稳固，需要依托赵武所继承的庞大家业为自己保驾护航；赵氏家族财力丰厚，但由于久离政坛，既缺乏人望也欠缺经验，正需要一个身处高位的人为其引路。双方各有所短、各有所需，这也就注定了他们在此后的路途中必须抱团取暖，为两个家族的持续发展共谋出路。

在晋悼公十四年（前560年）的绵上治兵活动中，晋悼公原本打算按照通行规则循序提拔，将韩起晋升为上军将、栾黡进位为上军佐。但韩起却突然"发扬风格"，坚持要将上军将的位置让给担任新军将的赵武。赵武的年龄比韩起要小很多，从政期间也没有建立过特别的功勋，韩起如此举动显然有私相授受的嫌疑。

但对于晋悼公而言，他显然更希望韩起与同为公族的栾黡结成同盟。因此当韩起提出要举拔赵武时，晋悼公并没有立即答应，而是转过头来先询问了栾黡的意见。可栾黡显然明白韩起的目的和决心，知道自己无法与赵武争抢，只能赌气地推辞说："臣不如韩起。既然韩起愿意推荐赵武，国君还是按他的意见办吧！"

这样的结果显然早在韩起的预料之中。试想一下，假如韩起贪恋一时的权位，按照晋悼公的意见升任上军将，那么紧随其后的栾黡必然会顺延晋升为上军佐，这样的结果虽为晋悼公所乐见，但却并不符合韩氏自身的利益。倘若这个时候韩起再举荐赵武越过栾黡来担任自己的副手，就显得有些名不正言不顺了。即便是他能引经据典、旁征博引找出一万条理由，晋悼公乃至于紧随其后的栾黡也会有一万个理由来反对，这就使得其成功的概率大为降低。可假如他控住上军佐的职位，把本来会归属于自己的上军将让出去，则反而会显得高风亮节，排在后面的栾黡就算有再多的不满，也只能认命，这恐怕才是韩起谦让赵武的根本意图所在。

第四节　互助联盟

公族栾氏

范、荀、韩、赵四大家族为了维护自身利益，结成了两个新的联盟，自然会排斥联盟之外的家族。而在这其中，利益受损最严重的恐怕就是栾氏了。

回顾栾氏家族的发展历程其实不难发现，在整个世卿家族的成长历程中，他们在多数时候都是受排挤的对象。即便是有过辉煌的时刻，更多的也只是扮演了一个"工具人"的角色。

早在晋文公时期，栾黡的曾祖父栾枝就已经位列六卿，与郤氏、先氏、赵氏、狐氏、胥氏等老牌贵族并驾齐驱，成为辅助晋文公获得霸业的先驱。而几十年后，当其他家族纷纷落入尘埃，唯独栾氏仍顽强地战斗在政治舞台上。如此久远而绵长的家族史，足以让其族人感到由衷的自豪。

但与此同时，一个巨大的阴影总是挥之不去，那就是长久以来他们始终无法得到中军的位置，这既是栾枝、栾盾一生的宿命，也是栾书前半生的噩梦。这种情形到了鞌之战后才出现了转机，从政以来一直默默无闻的栾书在郤克致仕之后被火速提拔，成为栾氏家族参政以来的第一位执政卿。

栾书之所以能够被晋景公和郤克委以重任，这与当时国内纷繁复杂的利益冲突是分不开的，由此也就注定了他之后的道路不会一帆风顺。在他执政的十几年间，国君与卿大夫、公族与异姓卿、世卿与普通大夫之间的斗争此起彼伏；长期处于弱势地位的现实，又使得他总会受到其余家族的压制。

为了摆脱处处受限的不利地位，在任期间栾书先后发动了两场影响深远的政治事变，而他自己也因受到国君"外嬖"的觊觎而险些遭遇毒手，并由此引发了后来震惊朝野的弑君事件。

晋厉公被杀之后，栾书原本想效仿赵盾故事，从国外迎回一任国君以继续保持自己的执政地位。然而让人始料未及的是，当时还只是一名十四岁少年的晋悼公，竟然有着远超常人的智谋和胆略。他对礼法和权术的运用远远超过了比他年长一倍的晋成公，在不到十个月的时间里，就将栾氏的地位打回了原形。

晋悼公元年（前573年）十一月，在鄢陵之战中担任下军将的韩厥开始执政，这意味着栾书的执政生涯就此结束。与荀偃的处境类似，栾氏家族也因其弑君之举而受到了惩戒；但与荀偃所受到的降级处罚不同，作为弑君案的主犯，栾氏所遭受的惩罚显然更重一些，这就使得继承栾书地位初入卿列的栾黡（栾桓子）并没有如愿接任上军佐的职务，而是不得不从新军将的位置开始干起。

在"上军佐壁垒"这个潜规则的作用之下，一个卿士的初始位置是在上军佐以上，还是在下军将以下，其间有着天壤之别，其未来的命运更会大相径庭。在晋悼公尚能主导卿位排序的时候，一切都还有转圜的余地，只要能够抓住机遇，从下军以下的位置擢升为上军乃至中军的统帅，并不是不可能的事。可问题是，谁也不知道这样的状况还能维持多久，一旦卿位自由竞争的环境消失了，那么栾氏的地位将会被永久定格，这样的结果是栾黡无论如何也不能接受的。

要想获得执政的地位，保证栾氏家族的基业长盛不衰，对于栾黡来说，眼下最重要的就是要让自己摆脱"替补方阵"这个令人尴尬的位置。然而，现实总是残酷的，他的理想从一开始就遭到了坚决抵制。而在这其中，对其晋升造成最大阻碍的，正是被晋悼公寄予厚望的韩氏家族。

首先是在晋悼公八年（前566年）时，韩厥为了保住自己在"执政方阵"中的地位，与他的长子无忌在朝堂上上演了一出好戏，使得晋悼公不得不做出妥协，让韩起依照过去的惯例担任了上军佐。随后在晋悼公十四年（前560年）的绵上治兵时，韩起宁愿自己不上进，也要保举赵氏那个稚气未脱的孤儿来填补荀罃留下的空白。有了这么两次不愉快的经历，再加上过去栾书发动下宫之役的旧事，我们可以想见栾黡与韩起、赵武的关系会是什么样子。

四处树敌

让栾黡感到不快的还有同出荀氏的两大卿族——中行氏和智氏。车辕之役爆发前的将近半个世纪里，栾氏与荀氏分属于不同的阵营，二者之间本就存有隔阂。后来晋厉公遭弑、晋悼公即位，栾氏和中行氏都因为参与弑君而遭到不同程度的惩戒，但最后的境遇却判若云泥。

在荀罃和士匄的合力保举之下，亲身参与弑君的荀偃不仅走出了过去的阴影，到绵上治兵时还被推举为中军将；而只是受到父亲牵连的栾黡却一直都不得志，这不能不让他感到沮丧。也正因为如此，在荀罃和荀偃先后主政的十几年间，栾黡一直都采取不合作的态度。

比如晋悼公十一年（前563年）时，郑国因发生了"盗乱"事件而不得不与晋国讲和，楚国令尹子囊不肯放弃郑国遂出兵救援，与诸侯联军在阳陵对峙多日。

主将荀罃坚持"疲楚服郑"的策略，不想与楚军起正面冲突，于是就打算要先行退兵，可栾黡却蛮横地拒绝了将令。他就如同邲之战时的先縠，满是豪气地说道："逃避楚军是晋国的耻辱。当着诸侯的面而增加耻辱还不如一死，我打算独自进军！"说罢也不管其余将领有何见解，便气势汹汹地带兵迎着楚军去了。

眼看属下不听调令，荀罃也做出了与荀林父一样的决策，率领大部队紧跟着栾黡抵达颍水北岸与楚军相持。但不管怎么说，栾黡一个人的骄横终归左右不了多数人的意志，这一点郑国人也是看在眼里的。因此当双方相持不下的时候，郑人就在他们的眼皮子底下跑去跟楚国结了盟。这下栾黡更坐不住了，他强烈要求要教训郑国，要不是荀罃的强力阻止，恐怕还不知要闹出什么乱子来。

这次栾黡还只是跟荀罃闹别扭，问题还不算太严重，可到了晋悼公十五年（前559年）的"迁延之役"时，他的蛮横行径可以说是把所有人都惹毛了。

当时诸侯联军在泾水东岸迁延不进，晋国大夫叔向费了好大劲才劝动诸侯渡河追击。后来由于秦人仗着纵深优势不肯讲和，荀偃决定继续追击秦军，于是就在军中下达命令："明日一早鸡鸣时刻开始套车并填井平灶，全军唯我的马首是瞻！"可栾黡却偏要反其道而行之，说："晋国的命令还从来都没有这样发布的，你的马怎么走我是管不着，我只知道我的马是要朝东走了。"说完就带着自己的部属回国了。

眼看自己的将令无法得到贯彻，荀偃虽心中愤恨，却也只能黯然自嘲："是我的命令有误，想来真是惭愧。我们还是及早撤军吧，免得被秦军俘虏！"

故事到这里并没有讲完。

栾黡有一个弟弟栾针，早年曾担任过晋厉公的车右。鄢陵之战爆发时，晋军的营垒前有一片泥沼，军车出动大都或左或右地避开了。但晋厉公的战车被栾、范两族的军队拱护着出行，没能及时躲避，一个不小心就开进了泥坑里。

见此情景，身为执政的栾书准备让晋厉公乘坐自己的战车，却不料话刚出口，就听到栾针直呼父亲的名字："栾书你给我退下！国家大事巨细靡遗，岂可由你一人包揽？侵犯他人的职责是冒失，丢弃自己的职责是怠慢，擅离主帅职守是扰乱，若敢过来就是犯了三条大罪，你能当得起吗？"栾针不顾父亲的脸面当场一顿斥责，让栾书很下不来台，从中也可以看出作为车右力士的栾针所具有的直率性格。

虽然直率，栾针却并不是一个莽夫。当战争打得热火朝天的时候，栾针看到了子重的旗帜，便对晋厉公说道："当年我出使楚国，子重曾问过我，晋国的勇武表现在哪里？我对他说，好以众整，好以暇。"所谓的"好整以暇"，就是既严整有序，又从容不迫。说完这些之后，栾针就向晋厉公请求道："现在两国兴兵，互不派遣使者，就不能说是严整有序；临到大事不讲信用，就不能说是从容不迫。因此我请求派遣使者向子重敬酒。"有趣的是，同样是礼尚往来，栾针事后安然无恙，而郤至却因此获罪，可见栾书到底是有些偏私不公。

栾针性情果敢且爱憎分明，从来都不会因为顾念亲情，就对家国大义置若罔闻。迁延之役中，他对兄长栾黡肆意妄为的行径深感不齿，他当场发作道："这场战役的本来目的，是为了洗雪栎地之战败于秦军的耻辱。如今我们劳动诸侯却无功而返，这必将会成为晋国新的耻辱。我兄弟二人身在行伍却不能尽力，难道就不该感到羞耻吗？"说罢就带着自己的部属冲入敌阵，最后战死沙场。

栾黡并没有预想到自己的一时冲动会带来这样的后果，可事已至此再也无法挽回，他就只能把怒火烧到士匄的儿子士鞅头上。由于三年前的栎地之战时的晋军守将士鲂是范氏族人，士鞅怀着国家和宗族的双重屈辱，也随同栾针冲入了敌阵。但当栾针战死后，士鞅却全身而退，安然无恙撤退回国，这就给栾黡找到了借题发挥的机会。

他怒气冲冲地对范氏宗主士匄说道："我弟弟本来不想前去，是你儿子怂恿他去的。如今我兄弟战死，你儿子却活着回来了，这分明是你儿子杀死了我弟弟！这个仇我一定会报，如果你不想他死，就趁早把他赶出去！"

士匄不愿与栾氏撕破脸皮，只好让士鞅躲到秦国去避难。好在范氏在秦国还有亲戚，也就是当初士会留在秦国的儿子士雃，或许正是在士雃的推动下，秦景公又将士鞅送回了晋国，并帮助他恢复了职位。

在士会、士燮主掌范氏家族期间，栾、范之间的关系虽说不甚密切，可至少没有太多的隔阂。尤其是根据后来的史实来看，两个家族还有姻亲关系，栾黡自己的夫人栾祁便是士匄的女儿。在这短短几年间，栾黡是如何与范氏交恶的，其中的原因已不得而知，不过可以确信的是，在晋悼公十五年的迁延之役后，栾针的死将两个家族的矛盾彻底引爆了。

知过不隐

士鞅在秦国时，曾经与秦景公有过一段对话。当时秦景公很关心晋国的政局，就问他："晋国的大夫谁会先灭亡？"

士鞅回答说："我估计会是栾氏吧！"

秦景公大概是对晋国内政有几分了解，故而又追问道："是不是因为他太过骄横了？"

"您说得没错。不过依我看，栾氏的灭亡倒也不会发生在他的身上，或许会在栾盈的身上应验。"

秦景公十分好奇："这是何故？"

士鞅回答说："栾书对百姓有恩德，人们将他的恩德铭记在心，自然不会对他的儿子怎么样。这就好比是人们思念召公，就会爱屋及乌地去保护他留驻过的甘棠树，更何况是他的儿子呢？但是到了栾盈掌权的时候，栾书的好处已经被人们忘却了，而栾黡制造的怨恨却占据了人们的心头，即便是栾盈广施好处恐怕也不能挽回什么，因此栾氏会在栾盈的身上败亡。"

依照史料中提供的这些线索，栾黡既与新近崛起的韩、赵不和，又在迁延之役中忤逆上意让荀偃难堪、驱逐士鞅让士匄心生怨恨，还在诸侯面前将自己的骄横气息暴露无遗，使得他已经足够与先縠、赵同、赵括、郤犫等人同列，实在是集齐了导致宗族灭亡的"七颗龙珠"，也难怪士鞅会得出这样的结论。

不过，这个结论虽看起来合情合理，同时也很好地契合了后来的事态发展，然而若是站在当时的角度看，这样的结论却并非那么显而易见，也未必就能反映公室以及国内大夫的心声。因此，士鞅的这番分析，很有从后来的事实进行反推的嫌疑。即便是他当时真的说过这番话，恐怕也只是其对话中的一小部分，难以确切地为栾黡的真实性情做注脚。

事实上，与谤满天下、誉满天下的郤氏家族比起来，以众口一致的"差评"出现在世人面前的栾黡，在他所生活的时代可以说是足够低调了。《左传》在阐述其败亡原因时，并没有连篇累牍地罗列其专横跋扈的事实，可见其形象很大程度上也是因其最终的败亡而被刻意丑化了。

《左传》刻画了栾黡的负面形象，但对于其正面形象的描述也并未全然无迹可寻。比如晋悼公初回国时，曾任命荀家、荀会、栾黡、韩无忌等人为公族大夫，"使训卿之子弟共俭孝弟"。在谈到这四个人的优长时，悼公的评价是："荀家为人朴实宽厚，荀会好学聪明，栾黡果敢决断，无忌沉着镇定。当富家子弟生性骄横难以矫正时，就需要让朴实宽厚的人加以教育，让他们变得虑事周全而不再懈怠；让好学聪明的人加以辅导，让他们变得性情柔顺而明事理；让果敢决断的人加以告诫，使他们知道自己的过失而不再隐瞒；由沉着镇定的人加以修正，让他们更加稳重专一。"

这就好比是唐太宗所说的"以人为镜，可以知得失"。栾黡在这里扮演的就是一个让人"知得失"的镜子，只有时时督促检点，才能做到"知过不隐"。从这个角度上讲，栾黡与他的弟弟栾针并无相异之处，如果非要说有什么缺点的话，那恐怕就是太过于耿直了。

当然了，正如之前所提到的，对待先秦史料中主观评价的部分，我们要持以审慎怀疑的态度，既不宜过度迷信，也不能全然否定。倘若以上两种互相矛盾的评价，无法帮助我们找到栾黡与众卿家族产生隔阂的真实原因，那就不妨从另外的视角切入，以探寻其中隐藏的密码。

姬姓魏氏

迁延之役中,当栾黡因意气之争而公然拒绝荀偃的指示时,并不是所有人都因此感到愤慨,时任下军将魏绛就毫不迟疑地站在了栾黡的一边。当他带着下军佐部缓缓退出战场时,随行的左史疑惑地问道:"您不等中行伯了吗?"魏绛轻描淡写地说道:"他老人家给我们的命令是要服从主将,我的主将就是栾黡,因此跟从栾黡才是对待他老人家的最好方式。"

作为辅助晋悼公实现复霸大业的功臣,史料中对魏绛有很多溢美之词,他并无任何强横的表现。倘若栾黡果真是不可理喻的蛮横之人,以魏绛的睿智卓识大概不会盲目跟从,这其中真相就很耐人寻味了。

与荀罃、荀偃所在的荀氏家族类似,魏绛所在的魏氏家族于晋国公室而言,也是同姓异氏的王室远亲。其先祖最早可以追溯到周文王的庶子毕公高,周初被封到毕国(今陕西咸阳西北)为伯爵,并在周成王时担任过重要职务,是与周公、召公齐名的王室重臣。但后来也不知是遇到了什么难事,毕国一夜之间便覆灭了,其子孙也都散落各地,在西周长达二百年的时间里都没有恢复地位。到了春秋时期,毕国的后代实际上都已经沦为庶民了。

晋献公时期,有毕氏子孙毕万在成周定居。当时晋国刚刚除掉了桓庄之族,大量任用异姓大夫,毕万似乎是从中看到了机会,便想到晋国碰碰运气。为此他特别延请了周室大夫辛廖为其占卜,得到了一个公侯的卦象。辛廖据此认为其在晋国必能繁荣昌盛,作为公侯的后代,也定能恢复他们最初的地位。

得到这样的指示,毕万旋即动身前往晋国,并以其勇武受到赏识,担任了晋献公的车右。直到一百多年后六卿旷日持久的内战中,处于艰危时刻的赵氏宗主赵鞅,还曾以毕万的勇武来勉励士卒。晋献公十六年(前661年),晋国连续对外用兵,接连灭掉了霍、魏、耿三国,毕万在这次战役中立功受赏,获得了魏县大夫的职务,由此成为晋国魏氏家族的首任封君。

毕万在受封之后就销声匿迹了。到后来晋献公废长立幼闹出了大乱子,重耳、夷吾纷纷出奔流亡,毕万后人魏犨[①](谥号武子,又称武仲州)有幸成为重耳流亡

---
① 《史记·魏世家》认为魏犨是毕万之子,但《世本》记载毕万生芒季、芒季生仲州,认为魏犨乃毕万之孙,故而存疑。

团队的一员,名列追随晋文公流亡的五贤士之一。

这本是魏氏家族发展的机遇,但由于受到国内居守贵族的压力,晋文公回国后不得不按照亲疏远近安排职务,作为外来势力的魏犨并未因从亡之功进位为卿,只是在晋文公四年(前633年)时被任命了一个车右的职务。魏犨大约是因此心怀不满,到城濮之战爆发前,他伙同颠颉洗劫并火烧僖负羁的宅邸,结果差点被晋文公处死。好在魏犨也算是粗中有细,在关键时刻强忍着伤痛向晋文公证明自己尚可以用,这才勉强保住了性命,但其政治生命却也由此终结了。

魏犨去世后,魏氏家族出现了三个分支,继任魏氏宗主的据说是魏悼子。《左传》中并无魏悼子的事迹留存,只是《史记》中记述说他将魏氏的大本营搬到了北方的霍地。在此期间,曾有魏寿余受赵盾指派,以诈降之计将流亡秦国的士会赚回国。

魏氏的第一支小宗是由魏颗所开创的令狐氏,其封邑令狐位于山西临猗县境内,与大宗早先的封地距离较近,因此也算是镇守西南边疆、抵御秦军入侵的重要堡垒。

晋景公六年(前594年),新败于邲的晋国开始征伐"赤狄",晋军主力全部被调往潞氏战场,国内出现了空虚。秦桓公趁此机会入侵晋国,大军横扫河、箕、郜等地。眼看主力部队无法及时回击,驻守河东的魏颗当机立断,率领魏氏亲兵西渡黄河打击秦军,在辅氏(今陕西大荔东)打败了秦军。

关于这一战还有一个传说,据说魏犨晚年时很喜欢一个小妾,总想着死后要给她留条好的出路,于是便托付魏颗说:"我死后,一定要找个好人家把她给嫁了。"但后来魏犨病危,弥留之际又舍不得让小妾嫁人,就又把魏颗召来,说:"等我死了,就让她为我陪葬吧。"但魏颗认为父亲病重时神志不清,所说的话属于乱命,因此并没有遵从父亲最后的遗嘱,而是将小妾嫁了出去。

等到辅氏拒敌之时,秦将杜回勇猛无敌,让魏颗感到一筹莫展。正当此时,战场上突然出现一位老者,他用打成结的草绳遮拦杜回,并将其绊倒,魏军将其擒获,这才取得了大捷。

战争结束后,魏颗在梦里又见到了那位老者,老人对他说:"我是你嫁出去的女子的父亲,你能够执行父亲清醒时的话,因此我结草以为报答。"这就是成语"结草衔环"中"结草"故事的来历。

令狐氏抵御秦人有功，但在当时的政治环境中，却一直不能进取。直到晋悼公元年（前573年），魏颗的儿子魏颉（令狐文子）才被晋悼公任命为新军将。但魏颉为卿时年事已高，在新军任上只待了四年就去世了，其卿位也没有延续下来。

魏氏的第二个分支是吕氏，其开创者魏锜因受封于吕、厨等地，故而又被称为吕锜、厨武子。晋景公初年，魏锜由于求公族大夫不得而心生怨念，在邲之战中扮演了一个很不光彩的角色。不过，当后来下军大夫荀首回军救子时，魏锜亲自驾车助其射杀连尹襄老、俘获公子谷臣，作战中的表现也称得上是勇敢。鄢陵之战时，魏锜急于立功冲锋在前，亲手射中了楚共王的眼睛，但自己也被楚王身边的神射手养由基射中颈部而死。

魏锜死后，继承家业的是魏相，也叫吕相、吕宣子，秦晋麻隧之战前振聋发聩的《绝秦书》就是出自他的手笔。吕相在晋悼公元年被任命为卿，担任下军将，不过同样是年事已高，在卿位上只坐了几个月的时间，自然也就没有机会施展抱负了。

在吕相和魏颉去世之后，默默无闻的魏氏大宗开始崛起，挑起大梁的正是大名鼎鼎的魏绛（魏庄子）。

魏绛在晋悼公元年（前573年）被任命为中军司马，据《国语》介绍，晋悼公对他的评价是"勇而不乱"。与早年担任司马的韩厥类似，魏绛也是一名刚正不阿的执法者，刚一上任就办了一件极为棘手的案件。

这件事发生在晋悼公四年（前570年）的鸡泽会盟时，晋悼公的弟弟杨干扰乱军行，魏绛当机立断，斩杀了杨干的御戎以正军法。当时晋悼公正因吴国未来参加会盟而懊恼，偏偏魏绛又来给自己添堵，当时便怒不可遏，扬言要将其处死。后来在士鲂、羊舌赤、张老等人的力劝之下，晋悼公读了魏绛的上书，不仅平息了愤怒，还光着脚跑出来向魏绛认错。这次事件之后，晋悼公认为魏绛能够严格执法，利在百姓，就在太庙设宴招待魏绛，并将其提拔为新军佐。

魏绛为卿后，先是提出了"和戎"的政策，稳定了晋国的后方环境；后又在经济困难时期提出了"战时经济政策"，使得晋国挺过了复霸之前最为艰难的时刻。这些功绩使得魏绛与荀罃齐名，成为辅助晋悼公复霸的两大功臣，当复霸大业完成之后，晋悼公亲自从郑国献上的乐器中分出一半赏赐给他，以示荣宠。

不过饶是如此，魏绛终究还是由于缺乏盟友，在卿列中的地位始终无法得到提升。尤其是在旧卿、新贵已然组成联盟的情况下，其所在的魏氏家族也成了受人排挤的对象，栾黡所遭受到的不公正待遇，魏绛一样也没落下。讽刺的是，魏绛这种因不得志而生出的无奈，在《左传》的叙事体系之下，竟然被描摹成了谦和礼让的表现，使得他有再多的无奈也无处宣泄了。

所谓"同病相怜"，魏绛为了给家族的长远发展求得保障，便只能与同样遭受排挤的栾黡搭伙，组成了一个属于他们自己的联盟。在本书中，我们将这个联盟称为"互助联盟"。

在此基础上，我们回过头来再去审视士鞅在秦国时做出的预判，实际上就不难发现，栾氏之所以不会在栾黡身上败亡，其根本原因并不在于人们对于栾书德行的怀念，而是栾、魏两家坚不可摧的互助关系让对栾氏怀有敌意的人不得不存有忌惮。因此，尽管范氏早就有心对栾氏采取敌对措施，却也只能等着魏绛去世，或者栾、魏两家的防范心理有所降低之后才敢有所行动，这也是栾黡敢于直面对抗旧卿联盟的底气所在。

第五节　危机将至

周礼悖论

晋悼公在晋国的地位，有点类似于周宣王在周王室的地位。在他们即位之前，由于国家对外扩张乏力，多数的土地又都被集中到了世袭贵族手中，由此造成了卿大夫的专政和君主权力的萎缩。面对带有系统性特征的制度危机，西周王室和晋国都出现过雄心勃勃的君主，他们致力于打击世袭贵族，试图通过政治上的变革重塑君主权威，但都因遭到贵族势力的反扑而功败垂成，最后也都无一例外地得到了"厉"的恶谥。

晋悼公即位后所采取的措施，与周宣王也有很多相似之处。他们一方面与贵族达成了某种妥协，将施政的重点由向内转为向外，使得紧张的内部局面暂时得以缓解；另一方面也在一定程度上进行了有限度的改革，从而营造出了一种带有虚无色彩的强盛局面，也即所谓的"宣王中兴"和"悼公复霸"。

这种看似强盛的表象极具迷惑性，很容易让人产生君主权力又获得复兴的错觉。但伴随时间的推移，动乱带来的阴影迟早会消退，原本被刻意掩盖的腐肉脓疮也会冲破浮在表面的雕饰而完全显露出来。通常到了这种时候，那些过去悬而未决的弊病早已将其根脉扎进了地表下更深的土层，那些过去刻意回避的矛盾更是到了积重难返的程度——而这也正是晋悼公尴尬处境的真实写照。

晋悼公即位之初，之所以能够以十四岁的稚龄压制住飞扬跋扈的佾卿，将其为政举措顺利地推行开来，很大程度上是受益于他回国的时机。彼时距离晋厉公被弑刚过去十天，距离三郤的覆灭也只过去不到两个月，在经历了一系列的惨案之后，所有的大夫都犹如惊弓之鸟一般，惶惶不可终日。他们都担心这种乱局会持续蔓延下去，进而引发一场旷日持久的内斗，这个时候就需要一个强有力的领导者来拨乱反正，整肃政治风气，尽早结束动乱。孙周的出现恰好契合了人们的心理，这也就使得他可以在合法的框架内与世卿周旋，巧妙地褫夺其手中的权力。

但凡事都有其两面性。车辕之役造成的巨大影响，在为晋悼公自由裁量提供便利的同时，也阻碍了其真正施展抱负的途径。

首先是在选择施政方向时，晋悼公不得不向那些杯弓蛇影的卿大夫做出妥协。按照士燮"不有外患，必有内忧"的预判，晋悼公首先要做的应该是着手解决佾卿威胁君权的问题，而不是去追求什么复霸大业。当士燮声嘶力竭地表达出对内部祸患的忧虑时，作为一个近乎"完人"的君子，晋悼公不可能意识不到问题的严峻性。然而，正因为他是从外部被迎立回国的，这就注定了他不得不和当年的晋文公、晋成公站在同样的起点上，从而与国内盘根错节的利益集团达成某种妥协。在这种情况下，争霸战争就成了其案前的首要选项，那些迫在眉睫的国内利益分配问题反而被搁置了起来。

其次，是在决定未来路径的时候，晋悼公可选择的空间实在有限。正如我们一再提到的，对于晋悼公以及晋国历代想要实现集权的君主来说，想要解决他们所遇到的现实难题，除了周礼之外他们几乎找不到任何具有完备性的理论体系。可当历史发展到春秋中后期，原本用来维护君主权益的周礼反而变成了诸侯君主们心头上最大的烦恼。吊诡的是，这种变化实际上正是春秋初年各国君主为限制天子权力而制造出来的。

当初周公制礼作乐之时，创制了以土地分封、宗法制度、礼法秩序和天命观念为核心的制度体系，来维护天子至高无上的地位。然而到了春秋时期，诸侯君主们为了维护扩张所带来的利益，逐渐掌握了对意识形态的解释权，使得这些用来塑造天子完美形象的理论体系，反过来变成了绑缚天子手脚的绳索。在这种新的框架之下，天子无论做什么都会招来诸侯的口诛笔伐，而诸侯们却可以对自己的行为任意解释，从而不断侵蚀天子手中的权力。

对于天子所面临的窘境，当代文史作家刘勃在《失败者的春秋》一书中曾有过一段形象的描写：

> 天子想要扩大军备，贵族说不好，耀武扬威那是粗鄙的行为，您需要的是提高自己的道德水平；天子向诸侯国寻求经济支持，诸侯也说不行，这不符合礼制的规则。鲁国还会在《春秋》上一本正经地记载：天子违背礼法。天子不能随意向诸侯征求财物，诸侯也不能向天子供应车马。

正所谓"始作俑者，其无后乎"，当诸侯为自己的"佳作"自鸣得意的时候，根本意识不到，今日天子所遭逢的悲惨处境，有一天也会落到自己的子孙后代头上。

到了春秋中后期，随着礼乐征伐权力的进一步下移，意识形态的解释权又被转移到了卿大夫手中，过去那些逍遥快活、为所欲为的诸侯君主们终于作茧自缚，也开始尝到了动辄得咎、无所适从的苦头。

这种情形在春秋中期实际上就已经有所显现。就比如我们之前提到的赵盾弑君案，晋灵公想要除掉权臣，人们会说他这是"不君"的表现；赵盾逼压公室，包庇了参与弑君的赵穿，到头来却荣获了"良大夫"的美名。而在卿大夫阶层掌握意识形态话语权的情况下，人们为了给赵盾的弑君之罪赋予正当性，竟连晋灵公少时贪玩的事迹也都被拿来当成了呈堂证供，这在后来的帝制时代里几乎是不可想象的。

在这样一种话语体系的约束之下，无论是如晋景公一般心思缜密的君主，还是如晋悼公这般具有诸多美德的"完人"，恐怕都不敢贸然越雷池一步，这就无形中为君主集权编织了一道天然的罗网。面对如此困境，除非是出现如晋献公那种浑不吝的君主，否则谁也无法对当前的政治格局造成实质性的改变，这也是春秋中后期中原各国君主共同的无奈。

卫人出君

与赵盾弑君具有同样性质的案例，在春秋中后期的中原大地上层出不穷，其中最鲜明的例证莫过于发生在晋悼公末期的孙林父驱逐卫献公的政治事件。

在《左传》的记载中，孙林父的品行与郤犨可谓旗鼓相当，也是一个在国内外都不怎么受欢迎的人。比如晋悼公八年（前 566 年），孙林父受命到鲁国聘问时，就对鲁人表现出了极大的不恭敬。

按照当时的等级制度，卿大夫与本国国君同行登阶之时，应该落后国君一个台阶。鲁国与卫国地位相当，那么卫国大夫与鲁国国君同行时，自然也应该落后一个台阶。但孙林父或许是欺鲁襄公年幼，在登阶之时偏要跟鲁襄公并列而行，这就让鲁国大夫叔孙豹感到十分惶恐，于是急忙趋行上前阻止说："诸侯会见的时候，寡君从来都没有走在过卫国国君的后面，如今您却没有走在寡君的身后。寡君不知道自己错在哪里，还请大夫稍停一下吧！"

倘若只是无心之失，听到有人劝阻自然会及时更正，可孙林父却偏像没听到一般，依然我行我素，这就让鲁国君臣十分恼火。

事实上，孙林父的这种跋扈姿态并非偶然为之。早在晋景公在位时期，当时的卫国国君卫定公就十分嫌恶孙林父，遂将其驱逐到了晋国。但这次流亡不但没有达到打击孙林父的目的，反而让他攀上了晋国佟卿的关系，到晋厉公四年时，他就在晋人的支持下强行返回了卫国。

孙林父与卫国公室关系不睦，但唯独与卫定公的夫人定姜关系密切。当时面对晋国的强硬姿态，卫定公本来是铁了心的不想与孙林父会面的，但在夫人定姜一力劝说之下才勉强松了口。

卫献公继位后继续奉行卫定公政策，刚刚回国的孙林父也知道这个新君不好对付。为了提防可能会出现的不测，就预先把自己在卫都家中的珍宝器物都放在了采邑戚地，同时更加卖力地维系与晋国诸卿大夫以及定姜的关系。

卫献公对其跋扈姿态忍无可忍，但由于其背后有晋国的支持，故而一直都不敢发作。及至晋悼公复霸成功，诸侯对待晋国的态度都出现了懈怠，卫献公这才狠下心来，要着力解决孙氏对公室的威胁。

按照原定的计划，卫献公打算通过释放敌意迫使孙林父流亡，因此就设下了两次极不友好的宴会。然而让他始料未及的是，孙林父恐怕是早有预谋，在收到国君传达的信号之后，非但没有逃亡，反而聚集了孙氏的私家武装直接进入了国都。卫献公派出了几批使者试图与其达成和解，但派去的使者无一例外都遭到了孙林父的毒手。无奈之下，卫献公只得自行流亡到了齐国。

卫国发生了这么严重的政治事件，各方势力谁也无法置若罔闻。但让人费解的是，之前对孙林父一直都颇有微词的《左传》，此时竟将声讨的枪口瞄准了卫献公，对孙林父的过错反而只字不提。

书中特意提到，卫献公在流亡途中曾派祝宗向先祖报告，说自己并无罪过，但其嫡母定姜却在一旁冷嘲热讽，还一口气罗列了他的三条罪状，其中除了最后一条是为自己鸣不平，其他的两条都是在给孙林父喊冤。不久后，鲁国派出使者臧孙纥到齐国去表示慰问，也提到说卫献公的言语就好像是粪土，都已经流亡在外了还不知悔改，可见其人品之差。

卫献公被迫流亡的消息传到晋国，不免让晋悼公产生了兔死狐悲之感，因而便有心干预卫国的内乱。然而当他向臣僚表明态度的时候，众人也都无一例外地站到了孙林父的一边。

当时担任中军将的荀偃因有弑君的前科，不敢明目张胆地包庇乱臣，只是说了一句"卫国人已经立了新君，讨伐也未必能够如愿"就草草应付过去了。宫廷乐师师旷没有这个心理包袱，于是洋洋洒洒数百言，从不同的角度来论述卫献公是如何失德的，直让晋悼公无言以对。

后来在士匄的主导下，晋国曾专门主持了一次会盟来商讨卫国的问题，但会议的地点却选在了孙林父的根据地戚邑，其倾向性也就再明确不过了。因此尽管有晋悼公的过问，这件事终究还是不了了之，若不是后来被孙林父扶植上台的卫殇公过于亲齐引发了晋国的不满，卫献公恐怕就永无回国之日了。

世家纷起

当卫国爆发了烈性的逐君事件之时，中原各国也都以不同的形式酝酿着一场"礼崩乐坏"的历史大剧。这场蔓延到整个中原的封建制危机，实际上是春秋早期各国内部危机的变种。当时，面对公子公孙肆意侵夺公室权力、擅行废立国君甚至是篡夺君权的乱象，各国公室普遍都采取了一些反制和矫正的手段。其中最典型也最极端的案例，就是发生在晋献公时期的"聚邑之围"和"骊姬之乱"，晋献公以"诅无蓄群公子"的方式彻底斩断了公子公孙对君权的觊觎。

在晋国之外，这样的手段也屡见不鲜。比如郑文公即位之前，郑国诸公子争立，使得旧有的公族势力逐渐衰退；而到他即位之后，又将自己的儿子或驱杀或放逐，使得郑国也在一定程度上出现了"国无公族"的趋势。后来郑穆公的儿子郑襄公即位，也曾动过驱逐群公子的念头，在公子去疾的劝阻下才终于作罢，而也正是由于这一念之差，给自己的后代留下了一个巨大的遗产。宋昭公在位时期，也曾有过清除公族的努力，但由于公族势力根深蒂固，又有宋襄夫人的从中作梗，剪除公族的政策还未施行，就遭到了公族势力的反扑。

列国剪除群公子势力的努力尽管不够彻底，但在霸主权威的引导下，各国内部自我修复机制逐渐开始发挥作用。到春秋中叶，无论是君主地位的更替，还是卿大夫家族内部权力的传承，大都回归到了"嫡长子继承制"的范畴，因继承制度混乱带来的亲亲相杀不再是中原各国内政的主流。

人类社会总是动态发展的，前一个时代里治病救国的良药，到了下一个时代或许就成了摧毁整个系统的毒药。尤其是在春秋战国这个剧烈动荡的时代里，社会变革激烈而迅猛，君卿关系的高下易位往往只在须臾之间。

由于制度体系的不完善，原本用于稳固君主地位的早期官僚体系，到了春秋后期就变成了超然于君主权力之外的独立系统。只是相比于春秋初年公子公孙相爱相杀、父子叔侄争斗不休的闹剧，春秋末年所爆发的封建制危机是建立在世卿世禄制的根基之上，因而也更具有系统性的特征。

晋悼公在位前后的这十几年间，鲁国的"三桓"早已露出了狰狞的面孔，他们趁着鲁成公、鲁襄公两代君主幼年即位的机会，蛮不讲理地驱逐了东门氏，又将公室的土地和军队一分为三，全都划归了私家所有。郑国六卿也开始处心积虑地侵夺公室的权益，为此不惜弑君并制造流血冲突，垄断国家军政大权的"七穆"家族即将粉墨登场。宋国的桓族为削弱公室，肆意谋杀了国君的同母弟，由此酿成了一场持续多年的内乱，戴族的华氏、乐氏、皇氏和桓族的向氏踩着战乱的余烬登上了权力巅峰。齐国公室为削弱国、高两个世卿家族的权力，联合庆氏、崔氏发动了一系列的政变，但最终却造成了崔、庆两大家族尾大不掉的局面。

历史发展到这个阶段，晋悼公目之所及能看到的，只有苦难的诸侯在强卿夹缝中苟延残喘的景象，难免会让他产生与晋景公当年发起弭兵会盟时同样的感伤。面对浩浩荡荡的历史大势，个人的主观意愿作用就显得微不足道了，即便以晋悼公的雄才大略，也难免会陷入无意识的恐慌之中。

但不管怎么说，晋悼公还凭借着复霸功业塑造的崇高威望，在诸多因素掣肘下暂时将局面压制在可控范围内。尽管在其执政后期，卿大夫之间拉帮结派的苗头再次显现，不同派系之间的攻讦也日趋激烈，可总归没有发生太过激烈的政治事件。

然而让人颇感无奈的是，晋悼公所继承的似乎不仅仅是晋国的君主之位，同时还继承了晋国公室短寿的基因。

遍览晋国近百年来的发展历程，不难发现一个奇怪的现象，春秋中期晋国的历代国君，无论是从在位时间看，还是从最终寿命上来看，似乎都要比其他诸侯短得多。

从公元前651年晋献公去世，到公元前558年晋悼公去世这将近一百年时间里，先后有十一人登上过晋君的宝座。除去奚齐、卓子以及晋怀公这些不逾年而亡的君主，先后登临君主之位的也有八人，平均每十二年就要进行一次君位更替。与之相比，同时期的楚国只出现了四位君主，分别是楚成王、楚穆王、楚庄王、楚共王，鲁国则有鲁僖公、鲁文公、鲁宣公、鲁成公、鲁襄公五位君主，历任君主平均在位时间都接近二十五年。

而从君主的寿命上看，一个莫名的诅咒似乎也正隐隐地发挥着作用。早年晋献公迎娶骊姬时，曾有人以"男女同姓，其生不蕃"来劝阻，这个说法虽然饱含迷信色彩，但又实实在在地影响着晋国的国运。先不说奚齐、卓子死于兵乱，后来的晋灵公、晋厉公年纪轻轻就被大臣弑杀，就算是史书上认为正常死亡的国君，其寿命也并不绵长。

比如晋文公十七岁开始流亡，在外流亡十九年后回国即位，可在位时间却只有九年，去世的时候还不满四十五岁。其弟晋惠公在其回国前就已经去世，时年恐还不足三十五岁。晋文公的两个儿子晋襄公和晋成公在位时间都只有七年，按照之前的推算，其去世时的年龄分别在二十和三十岁上下。晋成公之子晋景公在这几代君主中算是在位时间最长的，但要仔细推算下来，其去世的时候恐怕也不会超过四十岁。也就是说，这几任君主的平均寿命满打满算也不过三十岁。

这也就意味着，春秋中期的晋国君主大都是少年时即位，在位期间饱受世卿压制，经过一番折腾好不容易对政局有了一定的把握，结果还没来得及施展抱负就已经驾鹤西去了。这种君主频繁更替的现象，使得晋国如同后来的东汉王朝一样，政局一再陷入主少国疑的怪圈之中，从而加速了君权下移的步伐。

对于晋悼公来说更是如此。他即位的时候才十四岁，且早早地就表现出了过人的智谋，然而最终也没有逃脱早已设定好的宿命。在他即位的第十六年时，因邾国侵伐鲁国，晋悼公本打算约会诸侯讨伐邾、莒，却不料得了一场重病，只好将会期推迟。及至是年冬天，在位不足十六年、时年仅二十九岁的晋悼公竟然因此病故了。而在这个时候，他的儿子公子彪，也即后来的晋平公还不满十五岁。

在这君卿力量对比发生逆变的关键时期，随着一代少年君主的英年早逝，依靠复霸成功而为公室塑造的威望也轰然倒塌，晋国的政局再次被拖入到了阴晴莫测的旋涡之中。从这一刻起，似乎再也没有什么力量能够阻止各方暗流的蠢蠢欲动，一场新的危机也就喷薄欲出了。

第六章
封建制危机全面爆发

第一节　公族之觞

众附亲离

晋平公即位后的几年间，晋国国内的政治排位又发生了几次微小的变动。

大约是在晋平公二年（前556年）时，骄横不可一世的栾黡退出政治舞台，其子栾盈（栾怀子）接棒进入六卿担任下军佐；魏绛的排位则向上一步，担任下军将。晋平公四年初，荀偃在伐齐回师途中去世，其子荀吴入卿担任上军佐；原来的中军佐士匄则晋升为中军将，成为晋国新一任执政；统领上军的赵武、韩起，其地位也都得到顺位提拔，分别担任中军佐、上军将。最后形成的六卿排位分别是：

士匄、赵武、韩起、荀吴、魏绛、栾盈。

这个排位与过去相比没有任何意外情况发生，排位前四的执政方阵依然由范、荀、赵、韩四大家族把持，魏氏和栾氏依然在下军位置上打转。但也正是在这看似平静有序的权力传承背后，一场伴随着疾风骤雨的政治斗争也开始酝酿了。

所有的一切还要从栾黡去世的那一刻说起。

关于栾黡去世的具体时间，史料中并没有给出确切的结论。我们只知道在晋平公元年六月，栾黡还曾随荀偃进攻楚国，以报复发生在晋悼公时期的杨梁之役；到晋平公三年的平阴之战时，他的儿子栾盈便已经和魏绛一起协同作战了，显然栾黡已经退出了六卿行列。

晋平公六年（前552年）时，栾氏家族爆出了一桩丑闻。栾氏的主母栾祁与管家州宾通奸，还把不少家产都记到了州宾的名下。眼看着家族几代人积攒的基业就要被母亲败光了，栾盈感到十分着急，就总想着要做些什么。可让他万万没想到的是，事件被披露之后，自己的生身母亲非但没有做出任何解释，反而为了保护州宾"大义灭亲"，第一时间就跑到了执政士匄的面前，控告自己的儿子意图谋反！

在史料中，栾盈的母亲一般被记作"栾祁"。栾为栾黡的氏名，祁为其娘家的姓，如今执掌晋政的士匄正是她的父亲。而考究州宾的身份，倒也不算是外人。根据后来的记载来看，州县是栾豹的封地，因此州宾以及勇士州绰实际上都是栾氏的亲族。

倚老卖老的栾黡在外强横，在管理家族内务时恐怕也是个独裁者。强权的领导者往往喜欢任用执行力强的副手，而栾黡所任用的"家老"就是这位州宾。州宾借着家老的地位垄断了不少权力，在栾氏宗族错综复杂的关系网络中可谓游刃有余。到栾黡去世之后，他便凭借着手中的职权，开始明目张胆地侵夺栾氏的产业。

这种家臣侵夺宗主利益的现象在春秋末期并非特例，后来在鲁国扰乱政局的南蒯、阳虎都是其中的典型。州宾的事迹虽然不多见，可要从当时的情形来看，他在栾氏家族内部扮演的角色，显然与南蒯、阳虎在季孙氏家族内部扮演的角色类似。而更让栾盈感到棘手的是，州宾在假公济私扩充自身权力的同时，还搭上了主母，使得栾盈即便想要有所举动也会投鼠忌器，时刻都得顾及母亲的感受。

然而，人们所处位置不同，考虑问题的角度也会千差万别。对于栾盈来说，让他最感紧张的是州宾肆意侵夺家产的行为，因此必须想方设法收回属于宗主的权力。可对于栾祁来说，她并不会从政治的角度看待问题，她只知道，栾盈一旦要处置州宾，那么自己通奸的事情就会被暴露出来。尤其是在州宾的怂恿下，她的担心往往会被无限放大，而揭发栾盈的严重性又会被无限降低，使得她在权衡利弊之后，甘愿为了保全自己的声名而选择揭发自己的儿子。

另外值得注意的是，春秋时期女子的地位虽低，却对那些所谓的"三从四德"并不在意。只要是对自己有利的事情，她们并不忌惮突破道德的局限做出一些惊世骇俗的举动来。

比如《左传》中曾讲过一个"人尽可夫"的故事，说的是春秋初年时，郑国大夫祭仲专权，让郑厉公十分忌惮，于是便想要将其除掉。在施行暗杀计划的时候，郑厉公任用了出身于母族雍氏的雍纠。这个人虽是祭仲的女婿，但在为国君效命方面是从不含糊的。然而不巧的是，或许是雍纠太缺乏保密意识，这件事被他的妻子雍姬提前知道了。

雍姬刚刚得知这件事的时候内心也很矛盾，一边是生她养她的父亲，一边是海誓山盟的夫君，实在不知该做何选择，于是就跑去问自己的母亲："父亲和丈夫究竟谁才是最亲的人？"

母亲的回答出人意料，她说："人尽夫也，父一而已，胡可比也？"意思是说，身为女人，任何一个男人都可以做自己的丈夫，而父亲却只能有一个，这两者根本就没有可比性啊！听了母亲的回答，雍姬当即就把丈夫出卖了。祭仲一听这还了得，赶忙安排人把雍纠给杀了，郑厉公也因此不得不流亡国外。

对于栾祁来说，在关乎家族生死存亡的大是大非面前，她更倾向于支持自己的父亲。因此当栾盈计划除掉州宾的苗头开始显现，栾祁便先下手为强，跑回娘家去向父亲检举自己的儿子。她在向父亲控诉时这么说道：

"栾盈认为他父亲的死与您脱不开干系，是您想要在晋国专权，所以阴谋算计害死了栾黡。我曾亲耳听到盈说过：'当年我的父亲赶走了士鞅，可士鞅没多久就又回来了，士匄他不但不对他加以责罚，反而更加宠溺，让他担任和我一样的官职，恐怕是想让士鞅快速进步好继续专权晋政吧？士匄此人心狠手辣，害死我的父亲而在国内专政，若是再跟着他，恐怕只有死路一条了。'栾盈对您如此忌恨，我实在担心他会伤害到您啊！"

栾祁还请来了士鞅为自己作证。士鞅曾被栾盈的父亲赶出国去，自然就添油加醋地说栾盈的坏话。士匄得到了栾盈的罪证，便故意设下圈套，将栾盈支到位于东南边境的著地筑城，随后突然发难将其驱逐出境。

当年赵庄姬陷害赵同、赵括的时候，尚且知道拉着别家的人来作证，士匄如今要陷害自己的亲外孙，却只需要自己的女儿出面检举，自己的儿子出面作证，如此安排也太不体面了。栾盈这么一个富有才华的少年，就这样被自己的亲妈伙同亲舅舅给出卖了，随后还被自己的亲外公驱逐，不得不踏上了流亡之路。

士匄其人

栾氏和范氏之间的恩怨由来已久，这一点我们无须赘述。这里值得一提的是，在如今晋国诸卿之中，要说起目空一切来，恐怕无人能出士匄之右。荀罃去世之后，虽说荀偃担任了执政，可在他执政的这几年里，所有的外交事务几乎都由士匄独揽，荀偃很少抛头露面。

比如晋悼公十五年（前559年）的向之盟，有包括齐、鲁、宋、郑、卫在内的十四国大夫参会，主持盟会的便是担任中军佐的士匄。这次盟会上，士匄以暗中与楚国通使为由，拘捕了莒国公子务娄；随后又在毫无证据的情况下，将诸侯不朝晋的原因归结于"戎子驹支"泄露机密，扬言要把他抓起来。

这个被称作"戎子驹支"的人是陆浑地区一支"姜姓戎"的首领。他当场驳斥了士匄的无端指责，并坦承正是因为有晋国的恩情，"姜戎氏"始终坚定不移地站在晋国的一边，为晋国的霸业鞠躬尽瘁，从无怨言。几十年来，但凡有晋国主持的行动，姜戎氏从未缺席，这就好比是捕鹿，晋国人抓住了它的角，各部"戎人"拖住它的后腿，跟晋人齐心协力将其扑倒，不能说是不尽力。

驹支还指责道："如今你们晋国各地的官员做事有了过失，这才导致诸侯生了二心，怎么反倒要把责任栽到我们的头上？我们各部'戎人'饮食、服饰和中原不同，言语、财货也都不相通，又能做什么坏事招你如此怀疑呢？你既如此行事，明天的会议我看还真没有参加的必要了！"末了，驹支赋诗一首拂袖而去，反把士匄惊得目瞪口呆。

驹支所赋之诗为《青蝇》，光从名字来看就知道必然没有什么好的寓意。这首诗正是以青蝇比喻进谗言的人，并进一步指出谗言带来的危害，着实把士匄讽刺了一把。众目睽睽之下，士匄也觉得理屈词穷，只好向驹支表达歉意，并盛情邀请他参加这次的会盟。

也就在同一年，卫国发生了孙林父逐君事件，作为诸侯盟主的晋国，在处理这件事情的过程中扮演了极不光彩的角色，而士匄就是负责处理卫国问题的全权代表。与此同时，士匄还因为与齐国起冲突，故意"假羽毛于齐而弗归"，导致晋齐之间的矛盾被彻底引爆，间接地引发了后来的平阴之战。

士匄与荀偃关系密切，荀偃将一切事务都交由他来处理也算是在情理之中。

但从种种迹象来看，荀偃尚有一丝公忠体国之心，与之相反，士匄却是一个私心极重的人。《国语》中记载了一个士匄与大夫争夺土地的故事。大夫之间互相争夺利益这种事并不稀奇，稀奇的是士匄争执不过，竟然想要发兵攻打对方，要不是有叔向和訾祏的劝说，还真说不定会因此酿成一场大乱，由此可见士匄为人的强横。

另外一个例子是在平阴之战后，《左传》以一种"死不瞑目"的叙事手法，间接地反映出荀偃对伐齐之事无果而深感不安，希望士匄能继续未竟事业的心理。然而士匄却并不知晓其内心所思，还以为他是在为身后事担忧，于是便一再保证以后一定会善待荀吴；倒是栾盈心细如尘看出了端倪，表示一定会完成他未竟的事业这才让荀偃放下心来。

回想起这件事情来，士匄并不会为自己的私心过盛而反省，反而为栾氏出了栾盈这样一个聪慧的家主而深感不安。除此之外，更让士匄感到忧心的还有栾盈乐善好施的品性。栾盈自小就喜欢结交士人，在底层贵族中有很高的声望，拥有深厚的群众基础，这一切无不让士匄感到忧心难安。

栾氏与范氏之间的关系本来就不好，如今栾盈所展现出的才华更让他感到危机重重，这也就在一定程度上促使他下定了决心，与其等着栾盈发展起来对范氏宗族构成威胁，倒不如趁他刚刚执掌家政羽翼未丰的时候就除掉他。

可即便如此，士匄也没敢立刻就对栾氏下手，因为这个时候魏氏宗主魏绛，也正用自己的羽翼护佑着栾氏宗族的安全。然而岁月无情，魏绛的铁翼再坚强，也终究敌不过似水流年。不久，魏绛死于下军将任上，年轻的魏舒担起了魏氏的重担，这就为士匄向栾氏发难提供了机会。

去枝绝本

这时正是晋平公六年（前552年）秋季，栾盈在著地筑城的时候遭到突然袭击，无奈之下只好一路向南逃奔。

国内发生了这么严重的变故，作为这个国家名义上的主人，晋平公不可能不知晓、不过问，只是他是如何做出反应的，《左传》中并未提及，倒是在《国语》中留下了一段《阳毕教平公灭栾氏》的故事。

《国语》的作者推崇士匄、贬低栾盈的色彩十分鲜明，因此叙述这段故事的本意也是要宣传阳毕之贤，从而为士匄驱逐栾氏的正义性寻求支持。但若仔细分析其中的话语，我们似乎也能从那些冠冕堂皇的话语中嗅出威逼利诱的味道，同时也能品味出晋平公在处理争端上的无力感。

与《左传》的叙事略有不同的是，《国语》对这起事件中的一些细节做了调整，说是栾盈被诱往著地筑城后，其同党箕遗、黄渊、嘉父大约是察觉出其中的异常，于是便先行作乱，想替栾氏驱逐范氏。但由于范氏防守严密，三人政变失败，因此才尽被诛戮，这就使得士匄从一个主动发起政变的始作俑者，变成了出于正当防卫目的被动搅入乱局的受害者。

箕遗等三人畅行祸乱之罪既定，晋平公只好将其党羽尽行驱逐，但在驱逐栾盈一事上，晋平公却始终不愿松口。这时就有一个名叫阳毕的人前来游说，他先是循循善诱地启发道："这次祸乱虽然平息了，可祸乱的本根还在那里。枝叶不断生长，本根也就更加茂盛，祸乱自然也就难以止息了。如果想要彻底消除动乱，就必须要用大斧砍去它的枝叶，断绝它的本根。"

阳毕所指的"本根"实际上就是栾盈，其意是在说箕遗、黄渊、嘉父这些人之所以能够兴乱，是因为有栾氏的支持。如果任由栾氏壮大不予修整，那么将来必定会产生更多的祸乱，甚至会威胁到公室的生存。因此，消除祸乱最有效的办法就是斩草除根，将栾氏这棵大树连根拔起，那些兴风作浪的人就会因为失去了生存的土壤而难以有所作为。

但对于阳毕先入为主的论断，晋平公显然是不认同的。他很不客气地指出：自晋穆侯以来，晋国内部祸乱不止，并非今日才有。而祸难的根本在民心不足，当政者背弃百姓招致祸患，可不是什么乱由栾氏所起。从这些表述来看，晋平公的立场是同情栾氏的，他并不愿意亲自下达清除栾氏的命令。

眼看无法说服晋平公，阳毕只好转变方式，说："国君手中掌握着权威，就要明确教令、惩恶扬善，就要扶植那些世代有功于国的贤人，驱逐肆意妄为、损君乱国的佞人。只有这样才能申明国君的权威，使百姓畏其威而怀其德，对国君的命令无有不从，不敢苟且偷安，更不敢图谋作乱。"

在阳毕看来，栾氏就是损君乱国的典范："当年栾书颠覆晋国大宗，杀害厉公而增加自家的权势，若是这样的罪行都不得到惩罚，那还如何树立国君的权威，如何劝民向善呢？"

与此同时，他还对晋平公施以利诱，说："尽管我们灭掉了栾氏，但如果能够重新起用瑕嘉（詹嘉）、原轸（先轸）、韩万、毕万（魏氏）的后代，赏赐扶持他们，那么百姓就会怀念国君的恩德。如此一来，国君的权威和恩德全都树立起来了，百姓也就知道了国家的政策导向，以后即便是有人想要作乱，又有谁会跟从他们呢？"

可任由阳毕怎么说，晋平公就是不为所动。因为在他看来，栾氏是"根红苗正"的公族势力，与公室是唇齿相依的利益共同体。范氏在对栾氏"去其枝叶，绝其本根"的同时，也等于是在剪除公室的枝叶。一旦栾氏被剪除了，公室也就失去了最有力的屏障，未来的生存环境势必会更加艰难。如今范氏的说客以为公室分忧为名，明目张胆地要晋平公亲手剪灭公室枝叶，话还说得如此冠冕堂皇，真真是其心当诛。然而，晋平公又不敢公然与范氏撕破脸面，只好又反驳说："栾书曾拥立先君，栾盈本身也没有过错，我们为何就非要灭绝栾氏呢？"

阳毕回答说："治理国家不能只图眼前的权宜之计，否则百姓就会认为国家法度都是可以变通的，便得不到有益的训导。谋划国家大事也不可以因为有私恩便隐蔽罪过，否则人人都论起祖上的功业来，政令也就无法推行了。长此以往，和没有国君还有什么区别？这对国家难道不是大害吗？您身为国君，难道就分辨不出其中的利弊吗？"

看到晋平公完全不为所动，阳毕心里也着急起来，于是便退而求其次："如果您实在是怜惜栾盈，不忍对他太过苛责，那您至少也要公开驱逐他的同党吧？您舍不得跟他撕破脸面，您至少可以用治国的大道理规劝让他认识到错误自己离开吧？等他离开了，我们只需要做好防备以观后效即可。如果他死活都认识不到自己的错误，反而肆意妄为试图报复的话，那么他的罪行就严重了，就算是灭掉他们的宗族也不为过。若是他还有一丝敬畏之心逃到了远方，那么我们就给他居住的国家多送些礼物，让他们多多关照，以此来报答栾氏家族过去的恩德，岂不是更好吗？"

阳毕的这番话颇有些试探人性的味道：尽管你是无罪的，但我们还是想测试一下你的忠诚度。如果你能经受得住考验，那么将来还是好朋友；若是你不幸未能守得住底线，我们可就不客气喽！但我们要说了，作为有血有肉的个体，每个人身上都有数不清的弱点，只要你给出的条件够苛刻，就没有人能够经守得住底线。因此，凡是试图考验人性的人非蠢既坏，而阳毕显然属于"坏"的范畴。

话说到这个份上，晋平公也算是为栾氏争取了最大的权益。因为他知道，自己无论如何争辩，也终究改变不了栾氏被驱逐的现实。而为了博得晋平公的首肯，阳毕在劝导时表也代士匄提出了两条交换意见：其一是晋平公可以大量起用旧族来填补栾氏留下的空白，这是以前历任君主都曾做过的事情。其二是士匄答应会善待栾氏，只要他肯出逃国外不再作乱，那么晋国可以向所在国赠送礼品，要求对方多加关照。

按照《国语》给出的美好结局，晋平公同意让阳毕和祁午去驱逐栾盈；而在栾盈出奔后，晋平公也如愿向全国颁布命令说：自晋文公以来，凡是对先君有功而其子孙却没有做官的，一律授予爵位官职，能够访求到有功者子孙的，一律给予奖赏。但事实果真如此吗？

安全声明

倘若《国语》中的叙述确有其事的话，我们也只能说晋平公毕竟还是太年轻、太幼稚了。让阳毕和祁午代表公室驱逐栾盈，就等同于是以国君的名义为栾盈的叛逆定了性，以后士匄无论对栾盈做出了什么不人道的事情，都是合情合理、合法合规的。而阳毕代表士匄所提出的那些条件，不过是毫无意义的空头支票，根本就没有可操作性。

我们首先看起用旧族这一条。如果是在景、厉时期，国君还享有一定的权威，卿族与普通大夫之间的权势和财富相差不大，那么政策一旦颁布，必定会一呼百应。比如受宠于公室的荀首、韩厥、伯宗以及后来被驱逐的所谓不臣者七人，他们即便不能担任卿职，也很乐于为国君卖命。

然而到了晋平公时期，局势已经与之前完全不同了，这就使得那些即便是有野心的人也往往对公室的宠幸避之唯恐不及，更不要说还要挤破脑袋去为国君谋福利了。六卿之中实力最弱的韩氏之所以敢于蹚这趟浑水，也是有赖于与赵氏之间亲密无间的关系，如果没有像他们这样经历过生死考验的交情，在晋国这种残酷的斗争环境下是活不下去的。

这种迹象在晋悼公十四年（前560年）的绵上治兵时便已经显现，当时晋军还保留着四军八卿的体制，但因智罃、士鲂去世，其继承人还都年幼无法担任军职，新军将佐的位置便空置了一年。在这一年当中，晋悼公始终都找不到合适的人选来填补这个空白，而那些惯于钩心斗角的大夫们也没有谁敢于毛遂自荐，最后不得不于次年将新军裁撤。

栾盈被驱逐之后，晋平公也找过一个人来填补六卿中的空缺，这个人便是出自荀氏旁支荀骓的后人程郑。若是放在以前，能够在六卿中占据一席之地，那该是多少人求之不得的美事，可程郑听到这个消息后不喜反忧，每日里所思所想都是如何把这个位置推让出去。有一次郑国使者公孙挥（子羽）到晋国访问，程郑与其有私交，于是便私底下向他请教："你有没有什么办法能够让我平安地降级呢？"

公孙挥从来没有遇到过这种问题，一时也答不上来。后来公孙挥回国，跟郑国的贤人然明说起了这件事，然明的回答让他大吃一惊："这个程郑恐怕是命不久矣，即便不死估计也会流亡国外。"后来的事态发展果然不出其预料，到第二年程郑真的就死去了。

从晋平公九年（前549年）冬天被任命为下军佐，到晋平公十年去世，程郑为卿的时间满打满算不过一年。从他向公孙挥询问的那段话来看，我们似乎可以推测程郑是被从天而降的职位给吓死的。不过从另一个角度来看，程郑的死或许与士燮求死的做法相似，都是用自己的死来换取宗族的持续发展。

事实上，不仅仅是在晋国，类似于程郑这样退避的做法在整个中原并不鲜见。比如齐国大夫晏婴，他在父亲去世的时候特意降低了守丧的规格，有人提醒他说："这不是大夫该用的礼节。"晏婴却回答说："只有卿才算是大夫，才能使用大夫的礼节，我还是免了吧。"

后来齐国发生了庆氏之乱，有鉴于晏子对公室的忠诚，齐景公打算封给他六十邑作为奖赏，但被他断然拒绝了。与此同时，与晏婴一同受赏的子雅也只接受了其中的一小部分，而子尾则在接受之后不久又归还了封邑。

卫国的公孙免余有功于公室，卫献公准备赐给他六十邑，且任命其担任卿职。但公孙免余认为自己地位低微，如果有了与自己地位不匹配的俸禄是取乱之道，因而坚辞不受。在卫献公的一再坚持下，他才勉强接受了其中的三十邑，但却拒不接受卿的任命。

在郑国，出于七穆家族印氏的公孙黑肱也采取了同样的办法，他在临死前将自己的大多数封邑都归还给了公室，只留很少一部分供给后人的吃穿用度和常规祭祀之用。除此之外，他还遣散了大量的用人和仆役，家里的一切活动包括祭祀都要从简。国氏的子产因伐陈立功，郑简公赐给他六个邑，他也坚辞不受，在郑简公的一再坚持下，最后也只接受了其中的三邑。

在宋国，曾经主持弭兵会盟的大夫向戌，一开始为自己能够推动晋楚和议而沾沾自喜，于是便向宋平公请求六十个邑作为赏赐。但后来听了乐喜的分析，他又突然深感不安，急忙又向宋平公推辞了封邑。

对于为何会选择以减少封邑的办法来谋求自保，晏婴曾一语道破真谛。在他看来，追求生活富足、器用不竭是人之本性，自己也不能例外。但人的私欲一旦得到满足，往往就会变得奢侈放纵、道德败坏，这样距离流亡也就不远了。因此，他之所以推辞赏赐，并不是因为不希望变得富有，而是害怕因此惹来杀身之祸，以至于连自己原有的财富都会失去。

在长达百年的血与火的洗礼中，各国大夫都普遍认识到了"族大多怨""族大逼君"的危害，因此降低礼仪的规格、减少自己的财产封邑，这也成为居于中产阶层的大夫寻求宗族安定的一种普遍形式。

对于程郑来说亦是如此，他并不是不愿意成为六卿中的一员，只是在当下的时节里，卿族与普通大夫之间已经出现不可逾越的鸿沟，使得六卿成了一个密不透风的利益集团。仅凭着一个毫无实权的国君的宠幸，很难让他在短时间内实现财富与威望的快速增长，更遑论要越过那道看不见的鸿沟了。

而在栾盈被逐的节骨眼上，眼前发生的一切就是一个鲜活的例子，让程郑深刻地体会到：以栾氏百年世卿的丰厚积累都无法在残酷的政治斗争中幸免于难，自己又哪里敢说就一定有保全自身的智慧呢？在此情形之下，以自己肉身的消亡来换取宗族的安定，也就成了他唯一的选择。这就好比是刘慈欣在《三体》中所阐述的"宇宙安全声明"，落后的文明一旦被暴露了，想要在宇宙中求得一席之地，就需要向高级文明表明自己是无害的，而唯一无害的可能就只有死亡。

禁锢栾氏

程郑的死对于晋平公来说显然不是什么好消息，因为这意味着他从士匄那里换取的"起用旧族"的条件，实际上成了一纸空文。不仅如此，以其当前所拥有的权势，别说是起用旧族了，甚至连现有的公族都无法保全。

士匄以意图作乱为由驱逐了栾盈，罪魁祸首已然受到制裁，按理来说也就该收手了，然而对于士匄来说，这一切还都只是刚刚开始。由于栾盈在国内有着丰厚的人望，士匄担心他会利用国内的关系再杀一个回马枪，干脆一不做二不休，在国内展开了一次大清洗。

在这次政治事件中，除了前文提到的箕遗、黄渊、嘉父三人之外，受到株连的还有司空靖、邴豫、董叔、邴师、申书、羊舌虎、叔罴等一干公族，与这些人有牵连的如伯华、叔向、籍偃等人也都被抓捕入狱，预先得到消息的知起、中行喜、州绰、邢蒯、辛俞、羊舌鲋等人纷纷出逃国外。

遍数进入春秋以来晋国内部所发生的历次政变，斗争的激烈程度和牵涉的广度都呈现逐渐增强的趋势。晋成公之前的历次政治斗争，大都只针对游戏参与者本人，并不牵累到家人，即便有人想要突破这个底线，也大都遮遮掩掩，不敢公然挑战公序良俗。而自晋景公时期开始，政治斗争出现了扩大化的趋向，此后的先氏、赵氏、郤氏几乎都遭灭族。而发生在晋平公六年的这次政治事件，则不仅牵连到了当事者的家人，还进一步波及了国内十几个家族，基本上已经演变为一场全国性的事件了。

而从个人身份上来看，受到牵连的大都属于正牌的公族，也即所谓的"公室枝叶"。这其中尤其需要注意的有四个人，分别是被杀的羊舌虎（叔虎，羊舌职幼子），被拘禁的伯华（羊舌赤，羊舌职长子）、叔向（羊舌肸，羊舌职次子），以及流亡在外的羊舌鲋（叔鱼，羊舌职三子）。这四个人都属于羊舌家族，而羊舌氏又是晋武公之子伯侨的后裔，其与公室间的血缘关系比六卿中韩氏还要更近一些，是屏护公室最为有力的家族之一。

羊舌氏在当时是很有名望的氏族，族中贤人辈出，尤其是这次受到牵连的伯华、叔向，在列国都是极有声望的人。孔子对这两个人都尊崇备至，曾有过"铜鞮伯华而无死，天下其有定矣""叔向，古之遗直也"的评价。更重要的是，叔向在当时还担任太傅之职，是晋平公的老师，连他都无法避开这次的事件，从中也可窥见晋平公在处理国内事务上的无力，而士匄的险恶用心更是昭然若揭了。

除此之外，在对待栾盈的态度上，士匄也并没有信守承诺。按照阳毕的说辞，栾盈出奔之后，只要放弃报复的打算，是可以对他网开一面的。然而事实上，栾盈于晋平公六年（前 552 年）秋季出奔，到这年冬天，士匄就在商任（今河北邢台任泽区东）召开了一次列国会议，而这次会议唯一的议题便是"锢栾氏也"，也即不允许任何人收容栾盈。

士匄之所以要这么做，是因为他的目标不仅仅是栾盈本人，而是包含了整个栾氏家族及其所属的封邑。鄢陵之战爆发前，士燮在劝阻栾书的时候，曾指责晋厉公"伐智而多力，怠教而重敛"，为了给宫中妇人赏赐土地，必然会"夺诸大夫田"。然平心而论，遍观诸卿大夫的争斗史，这些卿族之所以能够拥有与公室对抗的资本，又何尝不是"夺诸大夫田"的结果？而当公室和普通大夫的财富不能满足他们的贪欲时，互相之间的倾轧兼并也就成了必然。

如今栾盈虽被赶出了国门，但整个栾氏家族却依然控制着大量土地，没有正当理由显然是不能随意褫夺的。更何况，晋平公本人对栾盈的遭遇持同情态度，假如有一天他突然宣布要给栾氏确立一个新的宗主，那么士匄原本的计划就全部泡汤了。要想达到消灭栾氏、侵占其土地的目的，就必须要激怒栾盈，让他带领整个宗族造反，这也是士匄故意要留下栾盈性命，同时在盟会上一再宣称要禁锢栾氏的用心所在。

第二节　固宫之役

栾盈奔齐

说到这里，我们再来看一看栾盈的行踪。晋平公六年秋季，栾盈奉命到著地筑城时，被士匄设计赶出了晋国。所谓屋漏偏逢连夜雨，正当他拖着疲惫的身躯不知该去往何方的时候，却又在天子脚下遇到了剪径的强人，随身所带的财物也被洗劫一空。

栾盈实在走投无路，只好通过王室使者申诉说："天子的陪臣栾盈，因得罪了为天子守土的臣，本打算逃亡以躲避惩罚，可是在天子郊外却又获重罪，实在无处可逃了。栾盈只能冒死进言，希望天子能够体谅：当初栾盈的祖父栾书曾为王室效力，天子曾大为赞许，无奈父亲栾黡没能守住这份功劳，以至于让栾盈流落到此。如果天王还念着当年栾书的功劳，给栾盈留一条活路，陪臣自当感激不尽。但如果天子不顾栾书的功劳，只记得栾黡的罪过，不肯给栾盈改过的机会，那么陪臣也只能回国死在军尉的刀下，不敢劳烦天子了。臣直言不讳，如何处分，还请天子定夺。"

周天子既得罪不起晋国，也得罪不起晋国的卿大夫家族，毕竟栾盈虽被驱逐，可栾氏的宗族和封地还在。即便栾盈回不了国，万一栾氏又有了新的继承人来找麻烦，自己还是招架不住不是？于是周灵王赶紧劝说那些劫掠栾氏的人把东西都送回来，还派人大张旗鼓地把栾盈这个烫手的山芋送出了自己的势力范围，这才算心里踏实了。

离开成周后，栾盈先是去了楚国。但彼时楚国正将全部精力集中在对付吴国上，因此不愿因区区一个栾盈而向晋国轻启战端，无法为他提供必要的协助，这就让栾盈很是失落。

无奈之下，栾盈只好在楚国暂住下来，百无聊赖地打发着时光。假如未来的日子一直都这样度过，就等于是向国内的敌人释放了安全声明，这对栾盈来说或许也不是什么坏事。然而栾盈却始终放不下心中的屈辱，更不愿意接受命运的不公，他一直敏锐地关注着北方的消息。直到第二年的秋天，一个满面风尘的使者突然打破了这平静的生活，又给他带来了新的希望。

原来，就在他被赶出国的那段时间里，士匄借晋平公的名义发布命令，所有栾氏的臣属皆不允许随亡国外，否则一经发现必定处死并曝尸示众。可尽管如此，仍挡不住人们纷纷出逃的步伐，这其中就包括名士辛俞。

辛俞在出奔途中被抓了回来，《国语》以晋平公的语气指责他，说："国家已经发布禁令，你为何要明知故犯？"但从辛俞的说辞来看，责问他的显然不是晋平公，而是执掌政权的士匄。

面对责问，辛俞振振有词地反驳道："正是因为遵守法令，我才出逃的。执政下达的指令一直都是'不要跟从栾氏，而要跟从主君'，可国君也曾教导我们'做大夫的家臣三代以上的就要像对待主君一样侍奉大夫，两代以下的就要像侍奉主人一样'，侍奉主人只需要尽职尽责即可，但侍奉主君就应不惜以死殉职。我辛氏在晋国无依无靠，自我祖父开始就已成为栾氏家臣了，自然要像侍奉主君一般以死相报。如今执政命令'不听从主君的要遭杀戮'，我又怎敢因贪生怕死而背叛主君，从而给自己惹来官司呢？"

除了辛俞之外，在同一时期逃亡出境的还有两位勇士州绰、邢蒯。在他们刚刚流亡之时，乐王鲋曾建议士匄将二人召回来，但士匄却很轻蔑地说："他们是栾氏的勇士，对我来说有什么用？"

乐王鲋说："如果您做他们的栾氏，那他们就是你的勇士了。"乐王鲋的本意或许是想让士匄减少杀戮，多学习栾盈乐善好施的精神，好让栾氏的死士景行影从地前来归附，但士匄却不愿意做一个广施恩德的长者，因此并没有听从他的建议。

州绰、邢蒯出逃后与知起、中行喜一道去了齐国。齐庄公在会见晋国亡臣时对他们还很轻视，于是就指着自己的两名勇士殖绰、郭最向他们介绍说："这是我的雄鸡。"不料流亡在外的州绰却丝毫不顾忌主人的感受，很是不屑地讥讽道："您认为他们是雄鸡，下臣也不敢反驳。但是在平阴的战斗中，我可是比他们二位先打的鸣。"

州绰所说的是平阴之战时的一桩旧事。当时齐灵公因首战败北而仓皇撤退，有齐国勇士殖绰、郭最为之殿后。州绰追击齐军奋勇当先，连射两箭都射在殖绰的肩膀上，而且巧的是，这两支箭一左一右地卡着殖绰的脖子，让他无法动弹，最后只能乖乖受俘。也正是因为如此，州绰认为自己比齐庄公的勇士更加勇猛，所以才说自己比他们先打的鸣。

后来齐庄公设置勇士的爵位，殖绰、郭最都想参加，州绰又提起平阴战后在秦周的一次战斗。当时州绰奉命攻打东闾，由于战马被绊住，盘旋良久不能前进，他便一边战斗，一边忙里偷闲地数了数门扇上的铜钉。他煞有介事地提起这件事，看着满脸尴尬的齐庄公，很有些轻蔑地问道：这勇士的爵位是不是也该有我一份呢？

齐庄公实在是被他气疯了，便回绝说："你当时的作为可都是为了晋君啊！"州绰似乎并不介意这些，他只是想羞辱一下齐国勇士，也很不客气地回答说："臣在齐国的确是初来乍到，但您的这两位勇士，如果把他们比作是禽兽的话，臣早已经食其肉、寝其皮了。"

州绰的这一系列的举动很是无礼，但似乎又是在故意试探齐庄公。齐庄公被州绰一顿羞臊，非但没有发怒，反而对其更加优待，这就等于是向栾氏释放了一个愿意合作的信号。在得到这个信号之后，身在楚国的栾盈很快就收拾行囊，于晋平公七年启程去了齐国。

齐国大夫晏婴听闻栾盈到来，便急忙劝谏齐庄公切勿收留。毕竟晋国在商任会盟时有话在先，如果失信于晋国，难免为齐国引来祸患。但他的一番肺腑之言终究入不了齐庄公之耳，最终栾盈还是成了座上宾。后来晋国又在沙随（今河南宁陵东北，宋邑）举行诸侯会议，再次重申了禁锢栾盈的要求，但齐庄公早就打定了借栾盈扰乱晋国的主意，并不太理会晋国的主张。

到了晋平公八年（前550年）春，齐庄公得到一个消息，说是晋国准备嫁女到吴国，于是便利用这个机会，派大夫析归父以为晋国作媵为由，用篷车装着栾盈和他的同伙偷渡进入晋国，并将他们安置在栾氏根据地曲沃。也正是从这一刻开始，栾盈在内外势力的裹挟下，终于走上了一条不归路，一场惨烈的内战也即将打响。

栾盈归晋

晋平公八年四月，栾盈在齐国送媵车队的掩护下，带着他的死党秘密潜入曲沃，并趁着夜色会见了一个名叫胥午的人，将自己预先制订的计划和盘托出。

说起这个胥午，也是名门显贵之后，往前追溯几十年，其所在的胥氏家族也是在晋国颇有影响力的一支公族。最早在晋文公流亡之时，就有胥臣（司空季子）常随左右，后被列为晋文公五贤士之一。城濮之战前，因中军将帅郤縠阵前去世，原本担任下军佐的先轸被超拔为中军将，而胥臣也因此被选拔为卿，担任下军佐。三年后，晋文公裁撤三行建立五军，又有胥婴被举拔为卿，与胥臣同时位居十卿之列。

胥臣、胥婴去世后，又有胥甲出现在赵盾所组建的六卿之列，担任下军佐。不过与前代的两位相比，胥甲多少有些轻狂浮躁，在著名的河曲之战中伙同赵穿扰乱军行，让赵盾很不满，于是便找了个借口将其发配到卫国了事，其职位则由其子胥克接替。不过，胥克在下军佐的位置上也没待多久，到赵盾去世后，继任的中军将郤缺为了将赵朔安插到六卿之列，以患有蛊疾为由废去了其卿位，胥氏家族也就从此没落了。

一个原本兴盛的家族突然跌落泥潭，这种事情无论放在谁身上都不会乐意，胥氏家族自此也就将赵、郤两家视为不共戴天的仇敌。后来赵氏在下宫之役中落难，而郤氏家族则如日中天，权势愈盛，让当时的公室以及执政栾书都颇为忌惮，胥克之子胥童便借机为晋厉公出谋划策，发动了著名的车辕之役。

车辕之役使郤氏合族覆灭，报了当年胥克被废的仇怨，而胥童更是因立下功勋被安插进了卿列，胥氏家族的复兴似乎也是指日可待了。然而让他怎么都想不到的是，由于此前曾在朝堂上拘捕栾书、荀偃，让这二人受到了惊吓，他们竟然冒天下之大不韪将国君也劫持了，胥童自然也就成了他们刀下的冤魂。

经历了如此惨烈的事件，胥氏家族从此一蹶不振。因此从某种意义上讲，栾氏和胥氏之间也算是有血海深仇的，作为胥甲的儿子，胥童的叔父，胥午之所以会跌落为庶民，也是全拜栾氏所赐。按理来说，车辕之役到如今才刚刚过去二十年，胥午和栾盈无论如何也不应该走在一起的。

但现实就是这么奇妙，栾盈虽然年纪不大，却十分善于结交士人，就连有着血海深仇的胥午都能被收入麾下成为忠实盟友，也难怪会让士匄寝食难安。而从胥午的角度来讲，他这个人比较崇信天命，认为上天决定废弃的家族，凭人力是无法将其复兴的，因此对于家族的衰落并没有怨天尤人，更没有怨恨栾氏。

也正是因为有着如此深刻的天命观念，当栾盈突然现身的时候，胥午的第一反应就是连连摇头，他说："上天所要废弃的，谁能将其兴起？我并不是爱惜自己的生命，实在是你的想法不可能取得成功，就算是做困兽之斗又有何益处呢？"

但栾盈决心已定，他言辞恳切地回应道："即便如此，我也愿意一试。哪怕上天真的抛弃了我，可只要想到还有你坚定地站在我身边，就没什么可后悔的！"

听到栾盈的话，胥午不觉有些悲伤，眼泪也止不住地流了下来。"士为知己者死"，栾盈在最困难的时候最先想到的是自己，同时还以如此重要的使命相托付，就等于是将生死完全交到了自己的手中，天底下还有什么样的信任能高过于此呢？

主意已定，胥午立即就开始为栾盈筹划了。他先把栾盈藏起来，然后请曲沃的士人们到自己府上喝酒。酒过三巡之时，堂上音乐突然奏响，悲怆的乐声在人们身边环绕，胥午似乎突然触景生情，不禁哀叹道："如果栾孺子还在，该有多好！"

听到此言，众人不禁都有些悲戚。眼看着胥午说话间便泪眼婆娑，便有人上前解劝，这时胥午又问道："如果现在找到了栾孺子，你们还会跟随他吗？"

这些士人在栾盈的麾下都感受到了贵族的尊严，然而栾盈一去，生活变得似乎不再像以前那般滋润了。此时他们心中大概都在想，以后恐怕再难遇到像栾盈这样乐善好施的领主了，可就是这样的善人，为什么偏偏就不能在晋国立足呢？想到这里人们不禁悲从中来，有人嗟叹，也有人哭泣，更有人仗义执言，说道："如果能找到主人，就算是为他拼了命也值得！"

胥午又三番五次地问道："如果栾孺子回来了，大家准备怎么做？"所有人都纷纷表态，说："只要能找到主人，随他一起拼命就是了，还有什么可考虑的！"

听到这些发自肺腑的话，栾盈再也控制不住自己的情绪，放声痛哭起来。他从后堂走出，对着众人一拜再拜，而那些前来饮酒的士人们看到栾盈活生生地出现在自己面前，也都抑制不住情绪，胥府上下顿时哭成一团。

在胥午的推动下，晋国上下的士子们广为串联，保密工作也做得十分周密。很快栾盈就整合了不少力量，旋即开始向自己的外公发起了回击。

拼死一搏

兵贵神速。待一切布置停当，包括曲沃在内的所有栾氏封地都迅速武装了起来，大部队气势汹汹直逼新田而来。早已事先串通好的下军将魏舒和七舆大夫，则利用他们在军中的地位暗中操作，光天化日之下将叛军直接放入都城。到了这个时候，士匄才得到消息，一时间六神无主，全然不知该如何应对。

当时乐王鲋（乐桓子）正陪侍在侧，看到士匄手忙脚乱，急忙上前帮助他稳定情绪，随后条分缕析地对比了双方的优劣。

首先，由于早年栾黡骄横跋扈、四处树敌，如今支持栾氏的有效力量实际上只有魏氏和七舆大夫。而栾氏与魏氏的同盟关系也并不是铁板一块，完全可以用强力手段将其争取过来。与之相反，士匄本身就是执政，手中掌握着对百姓行赏罚的职权，完全可以借此动员全国力量为己所用，在法理和兵力上都有很大的优势。

其次，栾盈从外偷渡回国，仓促之下准备得并不周密，他的优势只是打一个时间差，也就是趁范氏有生力量尚未集结起来的时候搞突然袭击。而想要瓦解对方的优势，只需要充分利用都城内现有力量拖延时间，一旦增援的兵力进入都城，栾盈就毫无胜算了。

有鉴于此，乐王鲋建议士匄立刻"奉"国君躲进固宫，这样一方面可以依靠宫城的防卫设施拖住叛军，另一方面也能以国君为挡箭牌，让栾氏亲兵投鼠忌器，这个时间差也就被消解掉了。

士匄闻言当机立断，分做两手准备。

一方面，栾盈起兵的时候，晋平公的舅舅杞孝公刚去世不久，晋平公的母亲悼公夫人正在服丧期间。士匄趁着公室姻丧的机会，换上了黑色的丧服，与两名妇人一起坐上车去往公宫，将晋平公挟持到固宫。

与此同时，士匄还派儿子士鞅出马，设法消解魏氏对栾氏的支持。当时魏氏的军队已经整装待发，魏舒登上战车正要命令全军接应栾盈。这时，只见有一单车直入阵中，士鞅从疾驰的车上纵身跳下，随后不由分说就跳上了魏舒的战车，一手抓着车轼，另一手则用剑挟持魏舒，命令御戎驾车离开了军阵。

魏氏的军队全都傻眼了。眼睁睁地看着魏舒被士鞅挟持着扬长而去，却不知该如何应对。遭遇这突然的变故，魏舒也一时有些反应不过来，正当他无比错愕的时候，只听得耳旁士鞅的声音响起："栾氏率领叛军进入国都，士鞅的父亲和大夫们都在保护国君无法抽身，因此派士鞅来迎接您，士鞅自愿担任您的车右。"

到了宫中，魏舒虽然知道自己处境不利，但还是怒气难消。士匄于是便亲自出来迎接魏舒，并许诺会将曲沃送给魏氏。面对这么大一块馅饼，魏舒的内心也的确有过艰难的挣扎，但最终还是利益战胜了仁义、恐惧战胜了道义，让他果断地放弃了与自己共患难的栾盈。

双方的军队在都城里杀得昏天黑地，范氏的武装渐渐无法支撑。特别是栾氏有一个勇士叫作督戎，简直是一个见神杀神、见佛杀佛的魔鬼。士匄在宫墙上眼睁睁地看着他左冲右突，范氏的军队被打得七零八落，心中焦急万分。这时有一个名叫斐豹的奴隶凑上前来，说："如果您能烧掉记录我奴籍的竹简，我就为您杀掉这个人。"

士匄突闻此言自是大喜过望，可如今军情紧急，我也不知道你的奴籍在哪个竹简上写着呢？这样吧，干脆我给你发个誓："只要你能杀掉督戎，我一定请求国君烧掉你的奴籍，有太阳为证！"

既然堂堂执政都放话了，斐豹也没有什么可怀疑的，于是便披挂上阵，雄赳赳气昂昂地走出宫门，像一头野兽一般朝着督戎的方向杀了过来。督戎正杀得眼红呢，突然就看到有这么个愣头青左冲右突、杀人无数，时不时地还冲着自己比画，挑衅意味十足，当下便一路跟了上来。

斐豹知道督戎注意到自己了，于是便翻过一堵矮墙，在墙后面等着督戎。督戎也不知这厮卖的是什么药，也翻过矮墙去追，却怎么也找不到对方了。正当他抓耳挠腮的时候，突然感觉到后心一凉，就这么稀里糊涂地被击中后心一命呜呼了。

尽管杀掉了对方一员猛将，但由于军队准备仓促，还是被叛军攻入了宫内。士匄带着国君躲在公台的后面，生怕对方进来要了自己的命，于是就对士鞅下了死命令，说："如果对方的箭射到国君的屋子，你就死定了。"

在这关乎家族生死存亡的关头，士鞅自然不敢轻敌怠慢，于是就带着步兵从旁杀出，直打了栾盈一个措手不及。士鞅在宫门的阻击有效地为范氏军队争取了时间。这段时间里，各家的援兵源源不断地赶来，局势也终于出现了逆转。

战事进行到这个阶段，栾盈就算是再不甘心，也知道大势已去，只得带着亲兵一路败退，而士鞅也毫不留情，跳上战车一路追击。追击途中，士鞅遇到了自己的发小栾乐，便有心劝他归降，还说："如果我要死了，就要去向上天控告你。"

听到士鞅的劝阻，栾乐非但没有理会，反而拈弓搭箭就射向士鞅，被士鞅躲了过去。而就在他准备再射的时候，战车一个不小心撞上了槐树凸出地面的根，疾驰的战车顿时腾空而起，翻倒在地上。栾乐受伤倒地、呻吟不止，只能眼睁睁地看着追兵蜂拥上前，用戟钩打断了自己的手臂，最后活活疼死了。

栾盈带着受伤的栾鲂逃入曲沃，而士鞅带着追兵穷追不舍，不过多时就将曲沃团团围住。这次的围城战役持续了半年之久，一直到当年的秋冬时节，孤城曲沃才终于被攻破，包括栾盈在内的栾氏宗族被屠戮殆尽，只有栾鲂逃到了宋国。

死而不朽

曲沃的最终陷落，标志着在晋国政治舞台上活跃了近二百年、在六卿体制中存续了八十余年的栾氏家族正式谢幕。持续了十几年的栾、范冲突以范氏的全面胜利宣告结束，士匄在国内的权势也达到了顶点。

晋平公十年（前 548 年）五月十七日，齐国发生了崔杼弑君事件，在位不满六年的齐庄公死于非命。与士匄的做法类似，崔杼旋即在国内展开了一场大清洗，包括栾氏旧臣州绰在内的十余名齐庄公党羽遭到清算。两天后，崔杼立齐庄公之弟杵臼为齐景公，并在随后的夷仪之会上以一种极其耻辱的方式向晋国请求和解，标志着十余年来齐国对晋国的挑战也告一段落。

随着这两场冲突的结束，晋国内部政治格局发生了质的变化。尤其是固宫之役的爆发，彻底击碎了公室的权威，使晋国政治的天平完全倒向了骄奢的世卿，从此以后公室再也没有了与六卿对抗的资本，晋国的历史也进入了一个新的纪元。

这些成就的取得，让士匄不禁感到飘飘然，原本就有所显现的骄狂情绪便更加无法抑制了。就在栾氏覆灭后的第二年，鲁国大夫叔孙豹访问晋国，士匄亲自接待了这位来自远方的贵客。宴席之间，士匄漫不经心地提出了一个让人匪夷所思的问题："古人经常说'死而不朽'，这是什么意思？"

这副洋洋自得的姿态让叔孙豹很不舒服，很想给范氏做一个不祥的预言，但出于贵族自身修养的约束，最终还是忍住了。倒是士匄内心懈怠，本就没想着让他回答，在卖了个关子之后便迫不及待地解释道："士匄从前的先祖们，在虞舜以上是陶唐氏，在夏朝时是御龙氏，在商朝时是豕韦氏，在周朝时为唐杜氏。周朝衰亡以后，晋国做了华夏联盟的盟主，这时又有我范氏。所谓的'死而不朽'，大概就是这个意思吧！"

叔孙豹听罢颇感无语，不过为了避免此等歪理邪说贻害世人，他还是对士匄的说辞作了一些修正："据在下所知，你所提到的这些叫作'世禄'，与人们常提到的'不朽'恐怕还相差甚远。早年鲁国有一位先大夫名叫臧文仲（臧孙辰），已经去世很多年了，可时至今日，他所说过的话仍时常被人们当作箴言广为传颂，所谓'不朽'，说的就是这个吧！"

紧接着，叔孙豹抛出了儒家所倡导的三不朽，即"太上有立德，其次有立功，其次有立言"。在他看来，人生的最高境界莫过于树立德行、泽被后世；其次是建立功业、经世济民；再其次则是言传后世、启迪人心。即便是国家已经倾覆、宗族已经灭失、个体已经消亡，这些完全超越了个体生命、宗族成败和物质得失的德行、功业和学说，仍旧能够穿越漫长而久远的时空激发人们的共鸣，给人带来奋进向上的精神力量，这才是真正的"不朽"。

叔孙豹最后回到正题，说："至于您所提到的那些，不过是保存了氏族传承和宗族祭祀，这在任何国家都很常见，并不能说是不朽。如果说您祁姓宗族发展到今日有什么特殊之处的话，也不过是官做得比别人大，俸禄比别人多，仅此而已。"

听完这些话，士匄究竟是何反应，史料上并未阐明，而从后来的表现来看，他显然没有把叔孙豹的话放在心上。在随后的几年里，士匄的权力欲依旧在不停地膨胀。依照《左传》的一贯思路，当身居高位者出现了骄狂放纵或懈怠苟安的情绪，即便没有面临重大灾难，也往往是人之将死的预兆。

果然在这件事发生的两年后，一代强人士匄就不声不响地谢幕了，那个在下宫之役中存活下来的"赵氏孤儿"赵武，开始正式登上了执政的位置。也正是从此刻开始，为了集中精力处理国内关系，有关弭兵会盟的各项工作也有条不紊地推进起来，晋国的历史又将步入一个新的纪元[①]。在这样一个新的时代里，身为一国之君的晋平公又该有些什么作为呢？

---

① 有关第二次弭兵会盟具体细节，详见《晋国600年2》第六章第四节"弭兵终战"。

第三节　晋君少安

好营重赋

在传统的历史叙事当中，晋平公给人留下的是一个荒淫无道的形象。在他担任国君的二十六年间，不但晋国公室的权威开始急剧下滑，就连维系了长达百年的霸业也走上了末路穷途。作为一个举世闻名的败家子，能够将晋国历代先君打下的基业败得如此彻底，没有些发展到极致的特殊爱好显然是不能服众的。为了证明晋平公是导致晋国走向衰落的元凶，史料连篇累牍提供了大量例证，而这其中的第一桩罪证就是喜欢营建宫室。

得益于弭兵会盟带来的和平局面，到晋平公在位的中后期，诸侯之间互相攀比似乎成为一股风潮，而兴建宫室便是其中的一种具体表现形式。这段时期兴建的宫室中，在楚国有著名的章华台，落成于晋平公二十三年（前535年）。而在章华台兴建之前，楚国的宫殿就已经很豪华了，到楚国朝见的鲁襄公对其宫殿的华美感到十分艳羡，回国之后便照猫画虎仿造了一座楚宫，最后就死在这座新建的宫殿里。

在跟诸侯比阔这件事情上，晋平公也是不遑多让的，一出手就兴建了两座宫殿，而且规模都殊为宏大，远比章华台和鲁国的楚宫气派得多。其中一座是铜鞮宫，位于晋国都城新绛东北的铜鞮（今山西沁县南），宫殿规模宏大，宫城绵延数里，极尽奢侈豪华之能事，在晋平公十六年（前542年）前就已经建成。

这座宫殿若论营建技巧、艺术水准或许不能和后世的皇家宫苑相提并论，但规模宏大，已经远远超出了当时的生产力水平。可即便如此，晋平公还是感到不甚满意，于是便又于在位的第二十四年（前534年）开始兴建虒祁宫。虒祁宫的整个工程历时长达六年，到其子晋昭公即位的第三年才告落成。工期如此漫长，工程如此繁复，耗费的人力物力财力显然不在少数。

晋平公喜营宫室，耗费的钱财仅仅依靠公室本身的土地收益显然是不够的，自然会加重百姓的税赋。百姓怨声载道，可又没有申诉的渠道，于是便搞出一些古怪的事情来进行讽谏。其中最著名的一件事，就是在虒祁宫兴建的当年，晋国北部的魏榆地方竟然发生了石头开口说话的怪事。

这件事引起了晋平公的重视，于是便找来乐师师旷询问其中缘由。师旷的回答让平公颇感错愕："石头当然是不会说话的，只不过是有会说话的在利用它做文章，否则的话就只能是百姓听错了。"

会说话的，可以是神灵，也可以是凡人，这句话说得十分隐晦。不过，师旷倒是没有顺着神仙显灵的套路去吓唬晋平公，而是从民情民意的角度分析："如果国家事务违背了农时，百姓就会心生怨恨诽谤，就会借着不会说话的东西说话。如今您的宫室高大奢侈，百姓的财力用尽，生计难以维持，怨恨聚集起来，石头说话不也就自然而然地发生了嘛！"

师旷以石头说话的传言为契机，暗讽晋平公不顾民间疾苦，陈述恣意享乐、兴建宫室的危害，然而晋平公并没有听进去，虒祁宫的营建工程依旧按照原计划进行。听闻此事，一直尽心竭力维护公室利益的叔向也免不了暗自伤神："宫殿落成之日，恐怕就是诸侯背叛之时，晋国的末世真的到了。"

事实上，因晋国大兴土木而深受其害的不仅仅是本国的百姓，诸侯列国也大都苦不堪言。弭兵会盟之后，诸侯需要同时向晋楚两国进贡，这种愈来愈重的负担早已超出了人们承受的极限。然而，晋楚两国不但不体恤诸侯的疾苦，反而为了能够尽可能地收敛钱财，频繁征召诸侯来朝，每次前来还都必须要带着足量的礼品，否则的话就会派人前去责问。

如今看到他们顶着盟主的光环却不能锄强扶弱、主持正义，反而把自己节衣缩食供养的贡赋都用来挥霍奢侈，诸侯列国对晋楚两霸的不满愈发强烈。早在晋平公十六年，就发生过一起外国使臣破坏使馆的恶性事件，而引发这场风波的不是别人，正是郑国著名的贤臣子产。

这年六月，子产陪同郑简公访晋，但恰逢鲁襄公去世，晋国为鲁丧暂停了礼乐外事活动，只能安排他们先到使馆暂住。晋国能为盟国丧礼暂停礼乐本无可厚非，郑人也依照行人的指引到使馆暂住。可当他们到了使馆之后却顿时傻眼了，晋国给安排的住处局促狭小，内部墙体倾颓、屋顶破败，显然已有多年未经修缮了。不仅如此，郑简公堂堂一国之君，在这矮小的馆舍中住了小半年，晋人好似是将他们忘记了，竟一直都没有召见。子产心中愤懑，干脆下令把宾馆的围墙全部拆毁，然后将财礼晾晒在院子里。

晋人早知道子产口齿伶俐，且行事不依常规，可如今的举动还是令人大感意外，于是便派那位与范宣子同名的士匄士文伯前来责问。士文伯先是掩盖了晋国方面的失职，说："由于晋国刑法不完备，日里常有盗贼横行，因此我们特别安排人修缮馆舍、加高加厚围墙，以便为来使提供一个安全的居所。"紧接着又指责子产说："如今您为了自己的方便拆毁了围墙，就算是您带的人足够保卫自身安全，可有没有考虑过以后他国的使者来了该怎么办？素闻您是一个做事周全的人，可寡君实在想不通您如今的做法究竟是为了什么，特派遣下臣前来询问。"

看到有人前来问话，子产也是毫不客气："我们郑国地狭民贫，又处在大国之间，大国索求贡赋没有定时，敝邑也只能时时刻刻准备好财礼，以便随时前来朝见。如今执事事务繁忙，我们无缘得见，又不知何时才能得以接见，故而不敢贸然进献财币，只能将其暂存在宾馆之中。这些财币本是要进献给贵国的，因此可以看作是贵国府库中的财物，若是不经过在庭院里陈列的仪式，就不敢奉献。而为了尽量保存好这些财物，我们也是殚精竭虑，丝毫不敢懈怠，既害怕其暴露在外因日晒夜露而受损，又担心藏在室内因干燥或潮湿而朽坏，万一有个什么闪失，无异于是在加重郑国的罪过。思来想去，只能将其装车停放在院内，以最大限度地保护这些财物不受损害。"

这段话虽然只是陈述事实，但也已经显露出对晋国索求无度的不满。在做完这番陈述之后，子产才开始放大招："我听说晋文公做盟主的时候，自己住的宫室十分矮小，没有可供观望的台榭，而客人居住的馆舍却修建得富丽堂皇，就好像是国君的寝宫一样。宾馆内的库房、马厩、墙壁以及馆外的道路都时常派人修缮，从来不会出现车马没有停放的地方、财礼没有放置的处所这类现象。除此之外，晋文公还特意安排专人为宾客提供配套服务，有人专门为车轴加油，有人全程负责打扫卫生，负责养马、供应牲畜的人也都各司其职。除此之外，还派人日夜巡逻，以保障客人的安全，对宾客嘘寒问暖、善加引导，让人宾至如归。宾客在客馆中不用担心安全，也不用为财物的存放而操心，一切都井井有条，就这样，晋文公还生怕有什么地方做得不周到。"

"可如今呢？"子产有些按压不住自己的情绪，"贵国新建的铜鞮之宫绵延数里，极尽豪华奢侈之能事，而诸侯的使者却住在低矮狭小的客馆中，与奴隶待遇相同。大门低矮狭小，车子进不去，又不能翻墙而入；国境之内盗贼四处行动，而法度松弛不予禁止；宾客觐见没有定时，等待接见可又不知何时才能获命。如果不拆毁围墙，所带的财币就只能放在馆外，任由盗贼掠取，这难道不是在加重我们的罪过吗？敢问执事，你们准备让我们该怎么做？鲁国的丧事，对于敝邑来说也是一件大事，我们只求能尽早获得接见，及时奉上财礼，只要能够完成使命，我们可以修好了围墙再走，这是贵国对敝邑的恩赐啊！"

子产的这一席话暴露出了晋国在晋平公治下的一些乱象：国际上，对诸侯随意征召驱使没有定时，对来朝使者怠慢无礼，财礼贡赋索求无度，诸侯叫苦不迭而毫不理会，盟主的职责已然抛弃。而在国内，则是对民众大肆盘剥，致使国内治安状况每况愈下，盗贼横行扰乱乡里，而晋平公不思治理，只顾个人享受，难免会引起民怨。

当时的执政赵武听到了子产这番话，深感惭愧，急忙再派士文伯去向郑人表示歉意，同时派人修筑馆舍，又说服晋平公对郑简公以礼相待。但从后来的效果来看，晋平公显然没有将这次的事情放在心上，于是不久后又开始了虒祁宫的营建。

对于这件事，无论是国内的大夫还是东方的诸侯，大都持鄙夷的态度。比如晋平公二十四年（前534年）夏天，诸侯纷纷前往晋国，对工程的顺利奠基表示祝贺。期间晋国大夫史赵与郑国大夫游吉相遇，一见面史赵便抱怨道："如今的人们这都是怎么了？分明是需要吊唁的事情，可大家却都来祝贺，如此互相欺骗也太过分了吧！"游吉则颇感无奈地回应道："有什么办法呢？恐怕不仅仅是我，全天下人都会前来祝贺的。"

好色荒淫

晋平公横征暴敛、纵欲无度，导致民怨沸腾、诸侯离心，因而被永久地钉在了历史的耻辱柱上，《左传》更是将其列为导致晋国公室权威衰落、霸业秩序无以为继的双重元凶。与古代众多荒淫失国的君主一样，除了巧取豪夺、横征暴敛、大兴土木、营建宫室这些营生，晋平公生平还有两大爱好，一为好色，二为好音。

关于晋平公好色的言论，史料中虽着墨不多，但言辞却很是犀利。比如晋平公十一年（前547年）时，因孙林父带着戚邑主权叛逃引发了晋、卫之间一系列冲突，晋国为包庇孙氏而在澶渊会盟中拘捕了卫国大夫宁喜、北宫遗。卫献公为此亲自到晋国解释，却不料连他自己也身陷囹圄。

诸侯对此高度关注，齐景公、郑简公更是亲自赶到晋国去为卫献公说情，可都没能奏效，到最后还是卫国人送了一个美女卫姬过去，这才把卫献公给救了回来。《左传》因此给出了一个评价，说"君子是以知平公之失政也"，就是说君子通过这件事就知道晋平公是个荒淫无道的君主了。

晋平公每日沉迷于声色犬马之中不知节制，到他即位第十七年时终于得了一场大病，而且还久治不愈。当朝执政赵武和上大夫叔向为此到处求神问卜、寻医问药，却始终不见好转。

后来恰好有郑卿子产来访，叔向向他询问，对方很不客气地指出：君子有"四时"，早晨要听取政事，白天要实地考察，傍晚要发布命令，夜里则休养生息。遵从这些规则作息才能够神清气爽，否则的话肌体就会壅塞，导致疾病的出现。同时，按照当时的习惯，人们在互相婚配的时候要遵循"同姓不婚"的原则，这是礼仪中大事。然而晋平公却不遵守这个原则，后宫中光同姓的侍妾就有四个，能不生病吗？

在子产看来，晋平公的病之所以久治不愈，很大程度上就是由于生活作息不能谨守四时规律、私欲无所节制导致的。如果想要病情有所好转，就要恢复健康规律的作息时间，并将这四个姬姓女子都遣散了方可。

子产的话多少还给晋平公留了些面子，可他们从秦国请来的一位名叫和的医生就没那么客气了。医和在查看了晋平公的病情之后斩钉截铁地说：这个病是没办法治的。至于其原因，医和不紧不慢地解释道：这个病初看上去似乎有鬼神降灾的迹象，然则若仔细诊断就会发现其中还是有区别的。国君患病的根源在于太过于亲近女色而无所节制，以至于魂魄都给勾走了，因此才会表现出像中了蛊一般神志恍惚的迹象。

晋平公一听这话就有些着急，于是就充满悲戚地问道："难道女色就不能亲近吗？"

医和回答道："亲近女色并不会必然导致重病，但若是毫无节制的话，就肯定会出问题。"

事后，晋平公听从子产与医和之言遣散了那四位姬姓的女子，可他对这件事的理解，也仅限于"姬姓女子不可亲近"这个层面上。为了填补后宫的空白，他转眼就从齐国娶了一个名叫"少齐"的姜姓女子，且对其宠幸有加。少齐在他的后宫里待了不到一年便去世了，他就又差人到齐国求娶，可见终究还是改变不了"好色"的性情。

医和在为平公解释病情的时候，还曾以先王对音乐以及四时、五节、六气的节制，来比喻对女色的节制。他说："先王的音乐是用来节制百事的，所以才有了五声音阶以及节奏的快慢以互相调和。音乐演奏到一定程度后，就不允许再演奏了，否则就会有繁复的手法和靡靡之音的出现，充塞人的耳目让人忘记了平和，这种音乐君子是不听的。"

医和的这段话虽说是用来打比方的，但无意中也引出了平公的另一个爱好——好新声，也就是喜欢音乐。为了理清喜好音乐与国家衰败之间的逻辑关系，我们有必要先从一个颇具传奇色彩的故事讲起。

靡靡之音

故事发生在晋平公在位末期。有一次，卫国国君卫灵公到晋国去朝见，半路上在濮水边上的一处空地上安营。长夜漫漫，卫灵公为消磨时光，便坐在岸边小酌寄情，不知不觉间便到了更深露重的时分。正当他在清冷的月光下，随着河上的浓雾游目骋怀的时候，思绪猛然间便被一阵钟鼓声给打断了。

他恍惚听到河面上传来了优雅而舒缓的乐曲，曲调的风格与当时中原流行的"新声"颇有些类似，其中隐隐然透露着一股难以捉摸的哀婉之情，让人不禁沉醉其间难以自拔。卫灵公很喜欢这曲中之意，便叫来侍从问是谁在奏乐，侍从们一听都傻了，说主公您怕是幻听了吧？这荒郊野地的哪儿来的奏乐声啊？

侍从的话还没说完，便轮到卫灵公惊诧了：这乐声如此真切，你们竟然都听不到？卫灵公约摸是感到这些仆从们不懂得音乐之美，便让人叫来了随行的乐师师涓，却不料师涓也无法感受到这优美的乐曲。

卫灵公怅然若失，对着幽深的夜色喃喃自语："这或许是鬼神在弹奏吧！"转念他又对师涓说道："这样吧，既然你们都听不到，那不如就让我按着刚才的曲调重新演奏一遍，你替我把曲谱记下来可好？"

"诺！"师涓急忙应承。他迅速着人带来乐器，并将他平日里记事所用的竹板拿来。一切安排妥当，便端坐在卫灵公的身旁，准备记下这神秘的曲调。

卫灵公磕磕绊绊地演奏了一遍又一遍，师涓也忍受着主君刺耳的曲调不断地调整曲谱，两个人折腾了大半天，才算是把曲谱录好。师涓得了曲谱，想学着弹奏，可曲调难度实在太大，整整练习了两天才算是勉强熟悉。

到了晋国后，晋平公在施夷之台设宴为卫灵公接风。卫灵公按捺不住内心的激动，坚持要让师涓现场演奏这首新得的乐曲。可曲调刚奏到一半，坐在一旁的晋国宫廷乐师师旷便急忙起身，一把按住琴弦怒喝道："这是亡国之音，不能继续了！"

所谓同行是冤家，师涓见此情景当时就不乐意了：你这是怕我弹得比你好，抢了你的饭碗还是怎么着啊？与此同时，正陶醉其中的晋平公也不乐意了：我才刚进入状态你就突然打断，是不是有点太不礼貌了？

当然了，作为当时最有才华的盲人乐师，师旷的音乐造诣晋平公丝毫都不会怀疑，他只是好奇：既然你知道这首乐曲，可为什么从来没有听你演奏过？又为什么就不能演奏呢？

师旷掷地有声地说道："当年，商朝的乐师师延为了讨好纣王，为他作了这曲靡靡之音，不久之后商王朝就遭受了灭顶之灾。纣王死后，师延逃到濮水自尽，从此之后就再也没有人演奏过这首乐曲了。想必卫侯便是在濮水之上得到此曲的吧？"

卫灵公听了师旷的分析后连连点头，正待要问些什么的时候，只听见师旷接着说道："先听到这个曲调的，他的国家一定会被侵削，您就别来祸害晋国了。"

听到此处时，卫灵公脸色大变，可晋平公却还是满不在乎的样子，说："这首乐曲的确很好听，您还是让他演奏完吧。"说罢便转头看向师涓。师涓此时早已战战兢兢，双手发抖、浑身冒汗，本来已经没有弹奏的心情，可在晋平公的坚持下，还是汗流浃背地弹完了。

晋平公听完之后还有些意犹未尽，就问道："这是什么曲调？"

师旷回答说："是清商调。"

晋平公赞叹道："清商调是最哀婉动听的吧？"

师旷摇了摇头说："清徵调的感情比这个更为深邃。"

晋平公顿时两眼放光："真的，你会弹吗？会弹的话就赶紧给寡人弹奏一曲。"

师旷虽目不能视，却也一脸不屑地对晋平公说："想听这首曲子，您还不够格。古代听清徵调的都是德行高尚的君主，您啊——德薄才浅，没资格听。"

晋平公一听这话顿时来气了：你还挺傲娇啊？竟敢说我德行不够，还没资格听？我就听听音乐，你哪儿来的这么多废话？赶紧给寡人演奏一曲！

师旷拗不过，只好坐下开始弹奏。在弹第一遍的时候，婉转悠扬的乐声引来了十六只黑鹤，从南方不辞辛劳，飞到了施夷之台的门廊上。弹到第二遍的时候，这十六只黑鹤便展翅高飞，在天空中排成了一排，眼中都饱含着泪珠。弹到第三遍的时候，哀婉的音乐让这些黑鹤悲从中来，不由得翩翩起舞，并发出了阵阵哀鸣。乐曲的哀婉伴着黑鹤的哀鸣，合成了一曲响彻天际的合奏曲，让远在千里之外的人都不禁为之动容。

听罢这首合奏曲，朝堂里一片寂静，空气也凝结成了霜。晋平公沉浸在乐曲余味中久久回味，忘记了时间，忘记了空间，忘记了欢乐，也忘记了忧愁，似乎世间所有的一切都如浮云一般无足挂怀。他以为自己听到的是世上最美妙的音乐，便也顾不得国君之尊，在朝堂上手之舞之足之蹈之，末了还迎上去对师旷又亲又抱，并不住地赞叹："简直太美妙了，真没想到天下竟然还有如此动人的音乐！"

谁知师旷却又是一脸的不屑：这才哪儿到哪儿啊？清角调可比这更动人呢！

晋平公一听这话，脸上简直像开了花，便怂恿着师旷赶快再演奏一曲。师旷颇有些为难，说这曲是真不能弹了："我都说了您德行不够，清徵调本来都没资格听的，清角调那就更没资格了。要知道这首乐曲是黄帝在泰山上大会鬼神时所作，当时黄帝驾着象车、赶着六条蛟龙，有木神站岗、蚩尤开路，风伯进扫、雨师洒道，虎狼在前、鬼神在后、腾蛇伏地……那场面没有点德行是很难镇住场子的，我怕您听了会惹来麻烦。"

说这话就好比是对着一个饿了七天七夜的人显摆家里的粮食，这不纯粹找事嘛！晋平公当然不让了，可也不敢生气，生怕师旷一个不高兴不给弹了，于是便苦苦哀求道："寡人都已经这么老了，平日里也没个别的什么爱好，就是爱听个小曲，你就满足一下寡人的心愿吧！"

师旷经不起晋平公的再三哀求，只好又演奏起来。这支曲子比上一支更加玄乎，在演奏第一遍的时候，顿时有黑云从西北方飘来——看过《西游记》的都知道：这准是有妖怪来了。弹到第二遍的时候，狂风大作、暴雨倾盆，屋子里用来装饰的帷幕被大风撕裂，青铜器具被狂风吹倒而滚落一地，屋顶的瓦片也被大风卷了去——按照上面的说法，这是风神、雨神和蛟龙出没，连神仙也来赶场了。

曲调至此，在座的人都惊慌失措、四散逃跑。晋平公由于穿着朝服，宽袍大袖也实在跑不动，只好就地趴下，抱着头躲避从屋顶掉下的瓦片。到这种时候，师旷演奏所用的乐器估计也被鬼神给卷跑了，因此也没办法再弹第三次，这次个人音乐会就在一片狼藉之中草草收场了。

事情的发展果如师旷所言。在这场惊天雷勾地火的音乐会之后，晋平公疾病缠身、几近瘫痪，余生都在痛苦和煎熬中度过。与此同时，整个国家也都受到了拖累，从此大旱三年、赤地千里、饿殍遍野、民不聊生，这个曾经称霸中原一百多年的超级大国，就因为这么一首乐曲便轰然倒塌了……

好音穷身

这个故事收录于《韩非子·十过》。如果说罗贯中在《三国演义》中所刻画的诸葛亮是一个"多智近妖"的角色的话，那么在韩非子的笔下，生活在春秋末期的音乐家师旷便是名副其实的"真妖"了。韩非子充分运用其天马行空的想象力，为我们讲述了一个富有玄幻色彩的故事，将师旷卓越的音乐才华展现到了极致。这些当然不足为信，毕竟晋平公根本就没活到老的那一天，师旷就算技艺再精湛，也招不来妖神鬼怪，韩非子不过是借此向当时的君主陈述"好音"的危害罢了。

古代人没有太多娱乐活动可供选择，对于那些有权势的贵人们来说，能够用来放松消遣的方式大概也就是音乐、歌舞、表演了。喜好听音乐本无可厚非，可如果你听得无法自拔，其他什么事情也不管了，就属于娱乐过度了。这种行为就和我们如今的网络成瘾一样，时间久了总会有损于人的身心健康。因此韩非子便将其列为"十过"之一，认为"不务听治而好五音，则穷身之事也"，为君者务必要加以节制。

与韩非子的妙笔互相映衬，同样是为了阐明沉迷音乐所造成的危害，《左传》则是以极其朴实的手法对"平公说新声"这件事进行了平铺直叙：

> 平公说新声，师旷曰："公室其将卑乎！君之明兆于衰矣。夫乐以开山川之风也，以耀德于广远也。风德以广之，风山川以远之，风物以听之，修诗以咏之，修礼以节之。夫德广远而有时节，是以远服而迩不迁。"

在师旷看来，音乐本身的功用是要传播教化、宣扬德行的。好的音乐可以让远人来服，让治下的民众不向远处迁徙；能够使百姓听了都勤劳致富，万物都因此而被感化。而那些靡靡之音不仅不能用来传播积极的风尚，不能向百姓宣扬教化、传播正能量，还会让人腐化堕落、荒废国事。作为一国之君，晋平公不应该总是听那些拿不上台面的流行歌曲，多听听正能量的主流歌曲才是他应该具有的修为。

对君子来说亦是如此。君子吟诵诗歌、聆听乐曲是用来表达心志的，用孔子的话说，便是"诗以言志"。就算是你听到哪首歌曲好听，可如果不符合心志，就不能听更不能唱。就好像是一个人虽然喜欢男女之事并乐在其中，但无论如何也不能公开谈论，更不能在大庭广众之下跟人讲荤段子。如果听到别人讲这些事，就算你不能马上喝止他，最起码也要把耳朵堵住，所谓"非礼勿听"是也。

然而令人失望的是，晋平公的个人意趣却恰好与之相反。他不喜欢庄严宏大的古典音乐，只喜欢情情爱爱的市井小调；你说这些郑卫的新声是靡靡之音、亡国之曲，可他偏偏沉迷其中、不知悔改；你说爱好音乐要有所节制，他偏偏就不分白天黑夜歌舞升平，甚至在发生了礼制中要求撤除音乐的场合，他也从不去理会旁人的说法。

比如在他即位第八年（前550年）的时候，杞国国君孝公去世。按照礼制，盟国国君去世，晋国应当撤除音乐表示哀悼，也算是对盟国的尊重。此外，晋平公跟这位杞孝公还有另一层关系，他的母亲悼公夫人是杞女，去世的杞孝公或许就是晋平公的舅舅。于公于私，晋平公就算是不穿丧服，至少也应该在丧期内停止作乐，这也算是人之常情。然而晋平公却对于这些规制都置若罔闻，依旧马照跑、舞照跳，好似什么都没有发生一般，因此饱受诟病。

后来到晋平公二十五年（前533年），同样的故事再次上演。当年六月，年仅三十三岁的荀盈在赴齐迎亲途中去世，灵柩从戏阳运回新田，等待下葬。听到这个消息后，晋平公依然每日饮酒作乐，毫无悲恸之色。当时负责国君饮食的膳宰屠蒯（杜蒉）看到后很是不悦，就主动提出要为在场的人斟酒。

在给乐工斟酒的时候，屠蒯神色凝重地说道："作为国君的耳朵，您的职责就是要保持聪敏。我听说，每当有忌日来临的时候，国君会撤除音乐，学习音乐的人也会停止奏乐，这是古代圣人传下来的规矩。如今国家丧失股肱之臣，这本该是撤乐哀悼的日子，可您却置若罔闻，您这'耳朵'是不是不太灵敏啊？"

紧接着他又走到晋平公宠臣嬖叔面前，用同样的语气问道："作为国君的眼睛，您的职责就是要时刻保持明亮。我听说，在不同的场合要穿不同的衣服，在不同的时节也会推行不同的礼仪。如今国君的衣着外观不符合礼仪的要求，您却视而不见，您的'眼睛'是不是不太明亮啊？"

随后他自己斟了一杯酒，转身举杯对晋平公说道："作为一名负责膳食的官员，臣下的职责是为国君调和口味，以便让国君神志清醒、行止得体、命令得当。如今国君身边的人犯下失职之罪，可国君却并没有处罚他们，显然是臣下的罪过啊！"

屠蒯借着斟酒的机会，对晋平公身边的乐工和宠臣一通讥讽，认为他们看到国君失礼而不加劝谏，是耳不聪目不明。这番明显指桑骂槐的话让晋平公听到自然心中不悦，但又不能说什么，只好撤除了酒宴，对荀盈的死表示哀悼。

对于急于寻找"背锅侠"的政治评论家来说，晋平公的这两桩罪状可以说是来得太及时了。如果你只是对音乐有特殊偏好，就算是不加节制，因此而受损的也不过是你自己的身心健康，可在丧礼上寻欢作乐就不一样了，这是有着恶劣影响的政治事件。因为你对盟友丧礼的怠慢，因此诸侯对你离心；因为你对卿大夫缺乏应有的敬重，大夫们自然就不会把你当回事。诸侯离心背弃盟主，大夫失望不奉公室，都是你这个做国君的一手促成的，晋国霸权衰落和公室卑微的锅你不背谁背？

乐圣师旷

正所谓没有对比就没有伤害，要想让一个人物品德败坏的形象深入人心，必然要有一个自带光环的对手作映衬才更具有说服力，而与无道昏庸的晋平公唱对手戏的正是著名的乐师——师旷。

师旷，字子野，按照有些史料的推测，他大概是出生在晋灵公时代，主要活动于晋悼公、晋平公时期。师旷在音乐上颇有造诣，著名的曲调"阳春""白雪"据说便出自他的手笔。先秦百家每当提起师旷，均对其为人品格和音乐成就赞不绝口，因而被世人尊称为"乐圣"。

师旷之所以能够取得如此盛名，与他从小便双目失明的经历有莫大的关系。关于他目盲的原因有很多种说法，有的说他是先天失明，也有人说是因为天生爱动，他的老师卫国乐师高扬为了能够让他潜心学习乐理，就故意刺瞎了他的双眼。最能体现其伟大的说法是，师旷认为眼睛看到的东西会扰乱心境，不利于提升音乐上的造诣，因此有意用艾草熏瞎了双眼。

但不管怎么说，双目失明使得他的听力异常灵敏。晋平公三年（前555年）的平阴之战，作为乐师的师旷曾随军出征。当时齐军无法抵挡晋国的攻势，连夜潜逃，是师旷最先听到了乌鸦的叫声中透着欢乐，因此断定齐军已经远遁了。不久后邢伯和叔向赶来向晋平公报告齐军逃跑，验证了师旷的推测。

师旷对音乐的理解不仅仅局限于乐理本身，还会根据音乐的节奏强弱、旋律曲调所表现的象征意义，来判断国家的兴衰成败。比如平阴之战当年，郑国的子孔联楚行乱，晋人不知是否该出兵救援，这时师旷就说道："我曾经对比过南方和北方的民歌，南方的歌曲曲调柔弱，象征死亡的声音很多，因此可以断定楚人难以建功。"

除了精通乐理，师旷的心算技能也是超乎寻常的，且其记忆力也很超群。晋楚弭兵之后，悼公夫人征召诸侯为杞国筑城，本国也派了不少的劳役参与这次活动。筑城结束后，晋国劳役陆续返回国内，晋悼公夫人在慰劳他们时遇到了一位来自绛县的老人，因为家中无子，只能自己去服役。其间有人问到他的年龄，老者一时也答不上来，说自己一介草民，不知道纪年，只知道出生那年的正月初一正好是甲子日，到如今已经过了445个甲子日了，最末的一个甲子日到今天正好二十天。

老者给在场的众人出了一个巨大的难题。要知道晋国当时采用的是传统的夏历，闰年闰月很多且极不规则，仅仅根据这些信息很难推算老者的确切年龄。众人掰着指头算了半天没有头绪，只好安排官吏去朝堂里询问。

然而这个巨大的难题对于师旷来说根本不成问题，他在脑子里迅速计算了一下，马上就说出了这个老者的年龄，甚至连他出生当年发生的事情也都说得一清二楚。而当他把这些都讲完之后，一旁的史赵和士文伯才根据444个甲子又20天的算式，算出老者已经生活了26660天了，至于老者究竟年龄几何却仍是一头雾水。

师旷的这个计算速度着实让人惊叹，在场的鲁国大夫回国之后将这件事告诉了鲁国正卿季孙宿（季武子），季孙宿听罢感叹道："晋国不能轻视啊！他们朝廷上君子很多，有赵孟做正卿，有伯瑕（士文伯，与范宣子士匄同名）做辅佐，有史赵、师旷可以咨询，有叔向、女叔齐做国君的师保，还是尽力事奉他们吧。"

除此之外，在一些史料中，师旷还是个阴阳家，算是战国阴阳家的始祖；而且对兵法据说也很精熟，曾经著有兵书万篇、"宝符"百卷。到了元明时期，师旷更是进一步进军神坛，成了"顺风耳"的代名词。不过在儒家体系里，师旷最傲人的品格当是善于讽谏。

身为宫廷乐师，经常伴随国君左右，师旷有很多机会来实行劝谏。早在晋悼公时期，师旷的事迹便已经开始流传，比如当听闻卫献公被人驱逐出境的时候，师旷便以"天生民而立之君，使司牧之，勿使失性"来劝谏晋悼公注重以民为本。到了晋平公时期，有鉴于国君无道，师旷的形象出现得也就更频繁了。

比如在《说苑》中有这样一个故事，说是有一次晋平公突发感慨，说："我如今已年过七十，想要学习恐怕已经晚了吧！"

师旷听了之后在一旁回应说："那你为什么不点蜡烛呢？"

晋平公一听有些恼怒，便反问道："哪有臣子开国君玩笑的呢？"

师旷则正色回答道："我不过是一个双目失明的乐师，又哪里有胆量开您的玩笑呢？只是我听闻：年少的时候喜欢学习，就好似初升的太阳；壮年时喜欢学习，就好比正午的阳光；人到年暮时喜欢学习，就像是蜡烛一般明亮。蜡烛透出的光亮虽然微弱，可也总好过摸黑走路吧？"

儒家喜欢拿晋平公和师旷的故事讲道理，作为法家达人的韩非子也不愿缺席。

除了以上讲到的那个靡靡之音的传奇外，在其所著的《难一》篇中，还讲过另外一个故事。据说有一次，晋平公与群臣饮宴，宴饮之间突然发出一声喟叹："哎，其实当国君真的也没什么快乐可言，只不过是自己的话别人不敢违背罢了。"

听了晋平公的这番浑话，宫廷乐师师旷当场就抓起一把琴砸了过去。幸好晋平公身手敏捷，矮着身子向一旁翻滚才算躲了过去。只见那把琴啪的一声砸在了墙上给摔坏了。

晋平公惊魂未定，喘着粗气问道："你这是在砸谁呢？"

师旷回答说："刚才有个小人在您旁边胡说八道，我砸的就是那个小人！"

晋平公怒道："刚才说话的是寡人！"

师旷装作吃惊的样子说道："啊，是吗？可我听刚才的话真不像是一个国君该说的话啊！"

旁人看到这个举动都怒不可遏，要求晋平公严肃处置师旷的悖逆行径，可晋平公却淡淡地说道："不可以，太师这是为了让我引以为戒。"

师旷善于讽谏，不仅让晋平公心悦诚服，在诸侯间名气也很响亮，甚至有不少人还会特意赶到晋国来向他询问。比如有一次齐景公到晋国访问，宴席间三次向师旷询问："太师将奚以教寡人？"师旷三次的回答都是同一句话："君必惠民而已矣。"

齐景公回到住所，半醉未醒之间突然悟到了师旷的意思。原来啊，当时齐景公的两个弟弟公子尾和公子夏（据《左传》，此二人应为公孙虿与公孙灶），常常厚施于民以笼络人心，民众纷纷投奔他们治下，使得公室人口急剧减少。师旷一再说要"惠民"，不就是让自己也向他们学习以争取民心吗？齐景公回国后利用公室丰厚的财产让利于民，果然没过几年，他的那两个弟弟就扛不住了，从此齐景公再也不用担心他们会"抢班夺权"了。

说到这里，我们似乎可以借这些故事比较一下儒家和法家的区别。在有关平公和师旷的故事中，儒家和法家所描述的故事大抵都是相通的，但其中所要表达的观念却大相径庭。

就比如说师旷摔琴的故事，如果只是看到这里的话，或许人们会以为韩非子是在表彰师旷敢于犯颜直谏的勇气，同时也在夸赞晋平公知错能改的气度。可事实恰恰相反，韩非子不仅不认可师旷的做法，反而认为这是"大逆之术"。为什么呢？因为在他看来，在这件事情上，晋平公固然是失去了为君之道，可师旷的做法显然也是违背了为臣之礼。

用惩罚的办法让犯错的人改过自新那是君主的特权，如果臣子用同样的态度来对待国君，便是忘记了自己的身份。为人臣者，君主有过就要劝谏，劝谏不成哪怕是挂冠而去等着君主自己悔悟，也绝对不能做出这等忤逆犯上的罪行。否则的话，如果人人都像师旷一样动不动就要对国君动粗，那不就正好给那些弑君者找到了掩饰罪行的借口了吗？晋平公明知道他这是逆罪，却故意借此展示宽宏大量，更是不可救药。

师旷劝谏齐景公的故事也是一样。若要放在儒家世界观中，这绝对是明君贤相的典范，以仁义治国不就是一个有德之君应该做的吗？可在韩非子看来，这种做法纯粹是本末倒置。这就好比是一个猎人追逐猎物，明明可以坐着快马大车轻松得到，可你偏要跳下来用双脚跟猎物赛跑，就算是你最后追到了猎物，自己也会累个半死。

国君掌管着国家大政，拥有生杀予夺的权力，如果有人胆敢跟自己争夺民心，你就动用国家机器处置他们就行了，干吗还要回过头来跟他们去争夺民心呢？那些有野心争夺国君之位的人多的是，他们玩起花样来也是名目繁多，你今天要跟这个争，明天要跟那个抢，你能应付得过来吗？因此，真正贤明的君主，就要严格法度，但凡有想要犯上作乱的人，你就要在萌芽中把他消灭掉，别真的等到他们坐大了，那就来不及了。

第四节　大夫多求

以乐悟忧

无论是以儒家"德行"的视角来看，还是从法家"刑罚"的角度分析，晋平公都称得上是一个荒淫无道的君主。然而如果仔细推敲史料中的细节，我们不难发现，晋平公的人设可以说是春秋末期各国君主的共同写照。

如果你还记得楚庄王"三年不飞、三年不鸣"的故事，知道万历皇帝三十年不上朝的由来，就应该知道晋平公所谓的昏庸也并没有那么简单。人们之所以会将其想象成一个玩世不恭的昏君形象，与春秋史料抑君扬臣的价值取向有着莫大的关系，晋平公的个人形象在一定程度上也是人们刻意塑造的产物。那么，历史上真实的晋平公会是什么样子呢？我们不妨通过其个人经历来一窥究竟。

说起来晋平公也是一个可怜的孩子。根据《左传》的记载，他的父亲晋悼公回国的时候只有十四岁，回国当年杞桓公听闻晋国新君施政温和，便主动前来朝见并做出了一笔极具价值的政治投资，将自己的女儿嫁给了晋悼公。从这个时间顺序上来判断，晋平公出生的时间应该不会早于晋悼公二年，而他即位时也不会超过十五岁。

晋平公即位的年龄与其父亲相仿，但由于从小生长于温室之中，缺乏晋悼公少年老成的政治手腕，而他所面临的局面显然要比十六年前更加艰难。晋悼公回国时虽在国内缺乏根基，可得益于晋厉公被杀后紧张的政治气氛，还能在一定程度上实现对卿大夫的控制。然而时机总是会转瞬即逝，及至晋悼公后期，伴随着复霸大业的成功，卿大夫之间互相倾轧的苗头便再次显现，即便以晋悼公这般威望也无法制约。

如今得天独厚的政治环境已然不在，晋平公年幼即位又缺乏政治手腕，在这些如狼似虎的卿大夫面前显然太过于稚嫩了。不过即便如此，晋平公也并没有选择放弃。比如在士匄驱逐栾氏的时候，他就曾与范氏党羽据理力争，试图保住栾氏的地位。固宫之役爆发后，他一方面起用大量旧族充实公室力量，另一方面又试图扶持程郑来填补栾氏覆亡后留下的空白，从而形成了晋平公九年（前549年）时的六卿序列：

范匄、赵武、韩起、荀吴、魏舒、程郑。

晋平公采用的手法，是自晋景公以来公室在平衡利益关系时所用的固有套路。然而或许是所托非人，抑或是公室力量太过弱小，他的一系列努力在强横的卿族势力面前根本不堪一击，以至于他的所有努力都化为了梦幻泡影。

次年，也即晋平公十年（前548年）的夏秋之交，赵武开始担任执政，士匄之子士鞅进入卿列。依据之后的执政次序来看，士鞅在此次的调整中似乎是排在了魏舒之后，但其与程郑的前后次序并不明确，六卿大体次序应为：

赵武、韩起、荀吴、魏舒、程郑、范鞅。

半年之后，因受宠信而进入六卿的程郑在忧惧中去世，致使晋平公试图与世卿博弈的企图完全落空。此时恰好荀罃（智武子）的长孙荀盈（智悼子）到了成人的年纪，晋平公也只能在六卿的胁迫之下，将其任命为下军佐，从而形成了一个稳定的六卿格局，依次为：

赵武、韩起、荀吴、魏舒、范鞅、荀盈。

到晋平公十七年（前541年）冬季，中军将赵武去世，韩起接替其职，并将其子赵成（赵景子）任命为中军佐，由此六卿序列依次为：

韩起、赵成，荀吴、魏舒，范鞅、荀盈。

经过这几次密集但微小的人事变动，晋国朝政大权彻底落入赵、韩、魏、中行、范、智六个家族手中，晋国的历史也由过去的"广义六卿"时代进入了"狭义六卿"时代，晋国公室更是滑入了急速衰落的轨道。眼看着旧族欺压公室的局面已经成型，弱小又无助的晋平公独力难支，心中怎能不愤懑忧郁？

在此后的岁月中，或者是为了掩盖自己的雄心壮志，或者是为了抒发自己内心的苦痛，又或者是为了宣泄对强卿无声的抗议，晋平公只得每日沉溺在声色犬马之中借酒浇愁，消沉度日。杞孝公去世时的非礼举动，正是发生在这样的一个背景之下。他将大多数的时光都沉溺在歌舞美色之中，在麻痹敌人同时也麻醉自己，以至于二十多岁时身体就被掏空了。

在纵欲无度的掩盖之下，晋平公仍在不断地等待机会，只是机会并没有那么容易寻找，他这一等就是十几年。到他即位的第二十五年（前533年），下军佐荀盈在去往齐国迎亲的途中突然去世，又给深感幻灭的晋平公带来了最后的一丝希望。

要知道荀盈出生于晋悼公八年（前566年）左右，去世的时候仅仅三十几岁，他的儿子荀跞最多也就十几岁，就算是六卿有再多不满，用一个年长的大夫代替一个未成年的孩子担当卿位，哪怕只是暂时的，这总不过分吧？

然而现实终究是残酷的，晋平公毕竟还是把事情想简单了。就在他准备要将自己的宠臣推上卿位时，一个在宫里负责膳食的厨子竟然也敢来指桑骂槐，这就不能不让人胆战心惊了。而且在故事的结尾，《左传》还意味深长地写了这么一段话："初，公欲废知氏而立其外嬖，为是悛而止。秋八月，使荀跞佐下军以说焉。"由此也就形成了晋平公后期的六卿序列：

韩起、赵成，荀吴、魏舒，范鞅、荀跞。

也就是说，一个厨子的讽谏导致晋平公欲更立下军佐之事不了了之。当年八月，晋平公让荀跞担任下军佐"以说焉"。这个"说"字，既可以理解为"悦"，即取悦之意，也可以理解为"说"，即解释之意。至于他想要取悦谁，又或者是向谁解释，我们不便于臆测，但显然不会是那位厨子。

公室将卑

对于晋国如今的局势，一直担任晋平公太傅的叔向可以说是感触颇深。晋平公十九年（前539年），齐国派晏婴到晋国出访，并为晋平公请求继室，其间也拜会了叔向。两人私交甚好，在各自国内所处的地位也很类似，因此能够开诚布公地交流感情，在言谈之中他们都流露出了对当世政治的悲观失望情绪。

见面伊始，晏婴便开门见山，说："如今可谓是季世（末世）了。就算我感情上再不认同，也不得不承认，齐国已经属于陈氏（田氏）了。"至于做出如此判断的原因，晏婴接着介绍道：

齐国有豆、区、釜、钟四种量器，换算时以四升为一豆，四豆为一区，四区为一釜，十釜为一钟。陈氏为了笼络人心，特意制造了两种规制的量器，其中一种量器比正常的要加大四分之一。与我们痛恶的"大斗进、小斗出"截然相反，陈氏在借出粮食时用自家制作的大量器，收回粮食时则用公家的小量器——也就是小斗进、大斗出——以此让利于民。

陈氏从事商业活动也从来不以盈利为目的，他所经营的山林木材、鱼盐特产全都是以低于成本的价格出售。比如山上的木料运到市场上贩卖，价格比在山上直接出售的还低；从海边制作的食盐和捕捞的海产品运到国都，其价格也不会比海边的收购价高。陈氏贩运财货不仅倒贴运费，出售商品的价格甚至低于收购成本，用今天的话说，就是以低价倾销获取不正当竞争优势。

除此之外，陈氏还特别热心于社会公益事业。如果听闻治下百姓有了痛苦疾病，陈氏就用他们的私财厚加抚恤，对待他们就好像是对待自己的父母。陈氏如此厚施于民，百姓自然会对其赞誉有加，反观公室却是另外一副模样。

国君对百姓横征暴敛毫无节制，公室百姓所得收成的三分之二都要归于国君，能够留下用以吃穿用度的只有不到三分之一。国君的积蓄放在仓库里全都腐坏生了虫子，而得不到给养的老人们却食不果腹、衣不蔽体，整日挨饿受冻、号寒啼饥。可即便如此，国君不仅不体恤百姓，反而滥用酷刑，随意对百姓施以刑罚。因受刑而残疾的人数不胜数，以至于在国都的市场上，正常人穿的鞋无人问津，而给伤残人士制作的假腿却供不应求（屦贱踊贵）。

双方对待百姓的态度形成了鲜明的反差，百姓唯一能做的自然是"用脚投票"，公室可以说是在用实际行动支持百姓去投靠陈氏。晏婴最后总结道：虞舜的后人箕伯、直柄、虞遂、伯戏，陈国始封之君胡公和他的夫人太姬，这些人都是陈氏的先祖，如今他们的鬼魂恐怕早已在齐国定居了。

听罢晏婴的陈述，叔向也感同身受，说出了自己对晋国政局的感受："是呀！不仅是你们齐国，我晋国的公室恐怕也将面临季世了。卿大夫各自顾全自身利益，已经有多年不为国家出力了，以至于公室的军队没有统帅，军队的行列没有长官，战车没有御戎和车右，马匹被圈养起来不再驾驶战车，三军的建制形同虚设。百姓困倦疲惫、食不果腹，而国君却骄奢淫逸、纵欲无度；道路上随处都可以看见冻饿而死的人，而宠妾的居所堆金累玉、积粟成山。国君不顾百姓的死活，只知道聚敛财富，以至于每当百姓听到国君的命令，就好像躲避仇敌一样，如此光景与齐国是何其相似！"

紧接着，叔向又讲到了目前公室的现状："原本显赫的家族如栾、郤、胥、原、狐、续、庆、伯等氏，如今他们的后人都已沦为低贱的吏役，这些公族之家的没落使得公室无所依凭，政事全落到私家手中。面对如此境况，国君却丝毫都没有要振作的想法，反而整日里用享乐来排解忧愁。要再照这么发展下去，公室的彻底衰落恐怕就没几天了。"

郑国大夫子产在云梦回答楚灵王提问时，指出了晋国走向衰落的两个原因：其一是晋君少安，不在诸侯；其二是大夫多求，莫匡其君。至于这两个因素孰为因果，子产并没有进一步阐明，但从叔向的表述中，我们很容易能分辨出其中的逻辑关系。正是由于公室失去了公族的屏护，无力应对六卿集团的不断侵蚀，以至于"政在家门，民无所依"。晋平公对此束手无策，只能通过各种出格的手段来表达自己的愤怒和无助。由此可见，所谓"三年不飞、三年不鸣"的故事之所以会在战国时期的史料中频繁出现，也的确是有着深刻的历史原因。

对于公室衰微已成定局的现状，叔向即便是有心扶持，也终究无济于事。因而当晏子问起下一步打算时,叔向不禁悲叹道:"我听说,公室将要衰微的时候,他的宗族就会像秋天的树叶一样纷纷凋零,当枝头的黄叶凋尽,公室的生命也就走到了尽头。我羊舌肸的本宗原本有十一族,现如今已凋零殆尽,仅剩下羊舌氏一支了,而我也没有一个好儿子。在六卿虎视眈眈之下,我自己能有个善终便已经是侥幸了,哪里还敢还有别的企图呢?"

古之遗直

叔向本名羊舌肸,出生于一个公族世家,其家族的源流最早据说可以追溯到晋武公之子伯侨。在晋献公时期,有羊舌突受封于羊舍邑(今山西洪洞),因以羊舌为氏。羊舌突曾担任军尉的职务,主要负责军法事务,晋献公太子申生讨伐皋落氏时,一众人劝说太子逃亡,便是受到了羊舌突的极力阻拦,因此未能成行。羊舌突是一个个性耿直且观念保守的道德派,这种个性特征及道德观念对于太子有着深刻的影响,以至于申生到临死时还把他的话挂在嘴边,以表现对父亲的忠诚。羊舌氏的后人也大抵都受到其影响,因而尽管羊舌氏传承不远,却也出了不少文化名人和贤良之士。

羊舌突在晋献公之后便不见踪迹,直到晋景公时期才有羊舌职出现在史料中,到晋悼公时期被任命为中军尉佐,担任祁奚的副手。羊舌职的儿子中比较知名的有四:长子羊舌赤字伯华,为铜鞮大夫,又称铜鞮伯华,晋平公所修筑的铜鞮宫就在其封地内,可见公室对其很是信任;二子羊舌肸,字叔向,食采邑杨氏县;三子羊舌鲋,字叔鱼;四子羊舌虎,字叔虎。后来韩起访楚时,楚国大夫薳启强所提到的"羊舌四族",指的就是由此四人及其后裔所形成的家族。

史料对于羊舌赤和羊舌虎的记述不多,我们只知道羊舌赤在父亲死后受中军尉祁奚的举荐,接替父职担任中军尉佐。《说苑》中提到孔子对他的评价,说是"铜鞮伯华而无死,天下其有定矣"。在被问到原因时,孔子说他"其幼也敏而好学,其壮也有勇而不屈,其老也有道而能以下人"。孔子并将其与周公同列,认为其"有道而能下于天下之士",可谓君子。

到晋平公六年栾氏和范氏冲突爆发时,整个羊舌氏都受到牵连,其中老大伯华和老二叔向被抓捕下狱,而老四羊舌虎则被当场处死。又因在史料记载中羊舌虎与一个叫作叔罴的人并列，给读史之人带来不少困惑。有人怀疑叔罴也是羊舌家族成员，但也有人认为羊舌虎与叔罴本为一人，不过这些都缺乏严格的证据支持，我们就不再分辨了。

政变爆发时，老三羊舌鲋因提前得到消息而逃往鲁国，受到季孙氏的保护，叛乱平定后返回国内，曾先后代理司马、司寇等官职。在史料记载中，羊舌鲋是个贪墨之徒，比如晋昭公三年（前529年）的平丘会盟，他曾向卫国贵族索要礼品，遭到拒绝后又放任手下在卫国境内肆意破坏。

卫国人对此很是不满，于是便派屠伯带着些食物和锦缎找到他的哥哥叔向讨要说法。叔向收下了对方带来的食物，但要求把锦缎送给羊舌鲋，并对来使说道："羊舌鲋渎职怠命、贪得无厌，这样下去迟早是要出事的！不如这样吧，您回去以后就以卫国国君的名义将这些锦缎赐给他，他必然会有所顾忌。"

使者按照叔向的办法去赠送礼物，羊舌鲋大概是以为这件事已经捅到国君层面上了，害怕造成争端，果然当场就下令约束那些砍柴的人，事情总算有了个好的结果。不过，这次的事件似乎并未让他吃一堑长一智，不久之后，他就又因贪赃枉法而断送了性命。

事情发生在平丘会盟的次年（晋昭公四年，前528年），因掌管刑狱的士弥牟（士景伯）到楚国出使，执政韩起命羊舌鲋代理大理的职务，并让他清理积年旧案。这时羊舌鲋遇到了一桩邢侯和雍子争产的案件，当事双方均为楚国亡臣。其中邢侯为申公巫臣后人，在申公巫臣死后袭封邢地；雍子也因父兄受到诬陷而逃奔到晋，受封到鄐地。邢地和鄐地相邻，都在河南温县一带，因地产相邻而产生争执也是在所难免的事情。这桩案子本来也没有太多疑点，因为衙署掌握的证据大都不利于雍子，但由于晋国内政混乱无人主事，这件事一直未能调解成功。

待到羊舌鲋重新提审此案的时候，雍子知其为人贪婪，因而便使出美人计，将自己的女儿送给了羊舌鲋。邢侯本来以为自己证据充分不会有差，却没想到对手暗箱操作愣是来了一个颠倒黑白，于是一怒之下便当场把法官和对手全给杀掉了。

邢侯的举动让时任正卿韩起十分震怒，于是又把案子交给叔向去审理。这下可就让叔向作难了：被杀的羊舌鲋是自己的亲弟弟，可杀人的邢侯也不是别人啊，那可是他的大舅哥，也就是说无论他做什么选择都会受到不小的压力。

不过，叔向是一个耿直的人，他直言道："雍子自知理亏，却用自己的女儿贿赂以获胜诉，是为昏；叔鱼身为法官知法犯法，收受贿赂、亵渎法律是为墨；邢侯专杀，不经法律程序擅自杀人，是为贼。《夏书》中"皋陶之法"有言：'昏、墨、贼皆为死刑。'因此，这三人的罪都是一样的，只需判决公开处死邢侯，并将叔鱼和雍子曝尸即可。"

韩起对叔向的判断深表赞同，于是就对三人施以相应的处罚。孔子闻听之后，也盛赞叔向为"古之遗直"，尤其是在处理关于羊舌鲋的三次事件时，能做到"治国制刑，不隐于亲，三数叔鱼之恶，不为末减""三言而除三恶，加三利"，即便是杀死了自己的亲人，也能受到人们的称赞，这难道不是合乎道义的君子吗？

君子之交

叔向素来以博学聪敏著称于世，比如在弭兵会盟时，楚国令尹子木在宴席中故意刁难赵武，赵武回答不上来，于是便让叔向代为作答。叔向不但对答如流，成功化解了子木的刁难，还反过来出题为难子木，让对方"搬起石头砸了自己的脚"。后来子木回到国内，曾对楚康王说道："有叔向这样的贤臣来辅佐其卿，而楚国却没有与之相当的人，难怪晋国会称霸，我们终究不能与之相争啊！"到后来，叔向随韩起出使楚国，楚灵王也曾让敖叔出各种刁钻的问题来故意刁难晋使，却不料叔向无所不知，让楚人自讨没趣、好生尴尬。

当然了，先秦典籍之所以推崇叔向，不仅仅是因为他博学多知，更多的还是因为他的观念符合儒家传统。他推崇周公的治国理想，坚守德行、礼仪、信义、勤俭等美德，且一生都以维护甚至复兴公室为己任，哪怕是为此而粉身碎骨也从不畏惧。但也正因为如此，他的存在让把持政权的六卿都颇为忌惮，多次都想置其于死地，晋平公六年（前552年）整个羊舌家族因栾盈受难便是其中最为凶险的一次。

关于这次牢狱之灾，还有一些细节值得关注。叔向下狱之后，有人曾打趣他说："以您的见地也未能脱罪，恐怕还是不够聪明吧！"

叔向回答道："比起死亡和逃亡来，牢狱之灾总要好些吧！"他同时反唇相讥说："有诗说，'优哉游哉，聊以度日'，面对时局无所作为、只求自保，恐怕这才是聪明吧。"

不久后乐王鲋前来探监，提出要向国君请求赦免叔向，但叔向对他的许诺并未有所回应，乐王鲋离开的时候，他也没有以礼相送。旁人不解，都责问他为什么不抓住这个机会脱罪，叔向只是淡然说道："这件事也只有祁大夫才能办到。"

管家不解其意，反问道："国君对乐王鲋言听计从，而祁大夫并没有如此地位。为什么您不依靠乐王鲋而指望祁大夫呢？"

叔向说："乐王鲋是个一切都顺从其君的人，这种事情他是办不到的。而祁大夫外举不弃仇，内举不失亲，难道会独独抛弃我吗？"

叔向所提到的祁大夫指的是祁奚，字黄羊。早年下宫之役爆发的时候，晋景公曾一度将赵氏的封地给了祁奚；晋悼公回国后，又任命其为中军尉。晋悼公四年时，祁奚决定提前退休，晋悼公问起接任的人选，他首先推举了一个叫解狐的人。后来解狐死了，晋悼公又来询问，他又推举了自己的儿子祁午。

按照史料中的说法，解狐与祁奚有仇怨，但他在举荐的时候却能做到不避仇恨，是为"外举不避仇"；祁午是他的儿子，他不会因为害怕旁人非议而避嫌，是为"内举不避亲"。除此之外，当他的副手羊舌职去世了，晋悼公又来询问的时候，他又推举了羊舌赤接任，同样也是出于公心。在推举人才的时候能不避亲仇，不偏私、不结党，一心只想着公室的利益，这样的人当然值得称赞。

乐王鲋则不同，他所顺从的君并不是晋平公，而是士匄。晋平公之所以对其言听计从，是因为有士匄在背后撑腰，也就是说他只是士匄的传声筒，并没有自己的原则。除此之外，乐王鲋也是一个十分贪婪的人，比如在后来的虢之会上，就曾发生过一段插曲，也就是乐王鲋向叔孙豹索贿的事件。

原来乐王鲋知道赵武一定会给叔孙豹求情，就想趁这个机会给自己捞点好处，于是便委婉地对叔孙豹说喜欢他的腰带。叔孙豹的随臣明白其言外之意，于是便劝说道："奉献财货可以保证自身安全，你又何必吝惜这些身外之物呢？"

叔孙豹说："诸侯举行盟会，是为了保卫社稷。假如我用贿赂的方法得到赦免，国家就会遭受进攻，这可就是灾祸了。国家就好比是屋子四周的墙，可以用来保护你不受坏人的侵害，如果墙壁出现了裂缝，该是谁的过错？如果因为我使得国家利益受损，这样的罪过可就大了。当然我们可以把问题全推到季氏身上，可国家受到侵害，受损的终究还是自己。叔孙氏负责外交，季氏负责守国，一直以来都是鲁国的惯例，大国真要拿我开刀，也怨不得别人。"

但是转念一想，乐王鲋贪得无厌，如果什么都不给他，保不准他会给你使什么坏，于是他就从自己裳上撕下一块帛递给晋国的使者说："我身上的带子恐怕太窄了，希望不要嫌弃。"

乐王鲋有心贪便宜却被鲁国人羞臊了一番，虽则恼怒却又不敢声张，只好在赵武面前说鲁国的坏话："诸侯结盟还没有散会，鲁国就违背了盟约，如果我们既不出兵讨伐鲁国，又不能拿鲁国的使者来问罪，那还要盟约有什么用？晋国如果自己都不遵守盟约，还如何做盟主呢？"

赵武早就知道了乐王鲋索贿未果的事情，但他并没有揭穿，而是慢条斯理地回答说："叔孙豹自己身处旋涡之中也不忘为国家考虑，宁愿为国家献出生命也不愿放弃职守，真可谓是'忠、信、贞、义'的君子啊！有这样的人在，就可以让大国不丧失威严、小国不受到欺侮。这样的君子，难道能不加以保护反而让他遭受楚人的凌辱吗？善人遭逢祸难而不救，恶人位居高位而不除，都是不吉祥的，你就不要再说了。"

在叔向入狱这段时间里，乐王鲋之所以自告奋勇要为其求情，如果不是来试探的话，那么极有可能是来索求财贿的。但无论是出于哪种目的，以叔向的为人显然都是不可能答应的。后来的事实也的确证明了叔向的判断，当晋平公问起叔向之罪的时候，乐王鲋却回答说："叔向不弃其亲，恐怕也是同谋吧。"

祁奚听说叔向入狱后，不顾自己年事已高，当即坐上快车去拜见士匄说："《尚书》上说：智慧而又有谋略的人，应当信任并善加保护。叔向出谋划策很少会出错，教育他人始终不知疲倦，这样的人是国家的柱石，就算是他的子孙后代有了过错也要赦免，以勉励尽心为国的人。若是因为叔虎的错误受牵连而死，这会让忠心为国的人感到困惑啊！"

士匄的本意是尽量去除公族的枝叶，因此才大肆牵连，并不想动摇自己的执政根基。如今颇具人望的祁奚不辞辛劳亲自前来请命，士匄自然不敢忤逆长者以惹来众怒，当日就与祁奚同乘一车去向晋平公解释。事成之后，祁奚并没有探望叔向，而是径直回家去了；叔向获释后也没有去拜谢祁奚，而是直接朝见晋平公。祁奚和叔向之间的这种互相信任的关系，大概就是所谓"君子之交淡如水"吧！

晋政多门

当士匄权势炙手可热的时候,不少人都欲攀附其门下,比如乐王鲋、董叔;但与此同时也有不少人仍旧依附公室,愿意竭尽全力为公室的复兴而努力,此时的叔向并不孤单。

然而自晋平公六年的大清洗之后,晋国政局变得扑朔迷离,不少人看到复兴公室无望,害怕自己的家族无法抵挡暴风雨的袭击,便纷纷与公室撇清关系,晋平公所信任的程郑自求降级便是一例。还有人总想趁着晋国在诸侯间权威犹在,想趁着最后的机会开足马力为自己捞取好处,一股贪婪的风气开始悄然兴起,羊舌鲋和乐王鲋便是其中的代表。

固宫之役彻底消解了公室的权威,也对晋平公的信心造成了致命的打击。自此之后,晋平公只能"以乐慆忧",国家权柄完全落入六卿手中。在这方面,晋平公和齐景公可以说是一对难兄难弟,谁也比谁好不到哪儿去。但与齐国只是陈氏一家独大的情形不同,晋国却有六个实力相当的家族,这六个家族又因诉求不同自动形成了不同的利益集团。

讲到这里,便突然想到了克雷洛夫笔下的童话故事《天鹅、大虾和梭鱼》:

> 合伙的人们如果不是心一条,
> 什么事情也办不好,
> 闹来闹去,白费力,
> 到头来只能是自寻烦恼。
> 有一次,天鹅,大虾和梭鱼,
> 想把一辆大车拖着跑,
> 他们都给自己上了套,
> 拼命地拉呀拉呀,
> 大车却一动也不动了,
> 车子虽说不算重,
> 可天鹅伸着脖子要往云里钻,
> 大虾弓着腰儿使劲往后靠,

梭鱼一心想往水里跳。

究竟谁是谁非，我们管不着，

只知道，大车至今仍在原处，

未动分毫。

这个曾被收入小学教材的故事所描述的景象，用来形容晋国当前的政局可以说不能再贴切了。不同的利益集团为了争夺话语权，在处理内政外交事务时往往会按照自己的意志行事。他们就像是故事中的"天鹅、大虾和梭鱼"，拼尽全力拉着晋国这样一辆战车向自己希望的方向行驶，造成的结果便是国家政策摇摆不定、百姓不知所依、诸侯无所适从，就好像是那辆大车，"至今仍在原处，未动分毫"。

郑国大夫子产把晋国内部这种窘迫局面看在眼里，便知道晋国虚弱，已经无力再参与中原争霸了。也正因为如此，当他访问晋国的时候，才敢于频频就政令无常、朝聘无时、贡赋无度、馆舍无守等问题向晋人提出质问。到了晋昭公三年（前529年）的平丘会盟上，他更是在晋人面前据理力争，即便是背后有四千辆战车压阵也毫不畏惧。因为他知道，如今的晋国虽然看起来依旧兵强马壮，可实际上却只是"纸老虎"，只要你敢于跟他们较真碰硬，他们还真不敢把你怎么样。只是这种情形还有很多人看不明白，因此每当子产与晋国发生冲突的时候，都会有人在一旁为他捏一把汗。

比如在平丘会盟时，游吉就责备他说："你难道就不怕晋国突然发动诸侯要讨伐郑国吗？"可子产却不以为然："晋政多门，贰偷之不暇，何暇讨？国不竞亦陵，何国之为？"当今的局势之下，恰恰是晋国迫切希望得到诸侯的拥护，而诸侯对于霸主的需求并没有那么要紧。诸侯背叛晋国，晋国拉拢还来不及呢，怎么会大动干戈？子产能够耐心地跟晋国的公卿大夫叫板，而不是直接宣布背叛晋国，就算是已经很给他们面子了。

在这股浮躁的气氛当中，不仅仅是卿大夫们各有所图，就连晋平公自己的母亲即悼公夫人，都已经不再为公室的利益着想，这就让人感觉到不仅仅是悲哀了。

晋平公十四年（前544年）六月，也就是弭兵会盟的两年后，晋国突然征召齐、鲁、宋、卫、郑、曹、滕、薛、小邾等九国诸侯到杞国，为其修建新的国都淳于城。这个举动让诸侯都极为不满，期间卫国大夫太叔仪（大叔文子）遇到了郑国大夫游吉，便有止不住的牢骚："竟然让诸侯来为杞国筑城，这也太过分了！"

游吉对此深表赞许："是啊，晋国作为诸侯盟主，不担心周王室的衰微，却反过头来保护夏朝后裔，将来是不是要把我们这些姬姓诸侯国全给丢弃了呀？如果连自己的亲戚都不能善待，还有人愿意和他们交往吗？"

郑、卫两国大夫因为不愿意为所谓的"夏肄"服劳役而牢骚满腹，可若是他们知道了鲁国人的遭遇，内心恐怕也就释然了。当他们还在淳于城工地上"磨洋工"的时候，原本跟随荀盈监督工程进度的三军司马女叔齐（也称女齐、叔侯、司马侯）却突然转道去了鲁国。女叔齐此行要向鲁国人提出一个让他们倍感屈辱的要求：归还侵占杞国的土地。

要知道，鲁国与杞国之间已经多年没有发生战事，尤其是自杞桓公与晋悼公缔结姻亲以来，鲁国人至少有三十年没敢找杞国的麻烦了，如今冷不防地要让鲁国归还侵占的土地，鲁国人都不知从何还起。

不过，作为这次治杞田事件的晋国特使，女叔齐在处理杞田问题的时候故意偏向鲁国，并没有按照预先要求足额足量完成土地交割。悼公夫人对此大为不满，当女叔齐回国复命，她怒骂道："这个女齐一定是收了鲁国人的好处，否则也不会如此行事！先君如果泉下有知，也不会同意他这么做的。"

晋平公将这些话都转达过来，女叔齐却不服气，还为自己辩解说："当今之世以大欺小本是常态，有什么好大惊小怪的？虞、虢、焦、滑、霍、杨、韩、魏都是姬姓诸侯，如果不是吞并了这些国家，晋国怎么可能发展壮大？如果不侵削小国的土地，晋国怎么可能成为霸主？从晋武公、晋献公以来，晋国兼并吞灭的国家多了去了，难不成还要把这些土地全都还给他们？"

紧接着，他顾不得悼公夫人的脸面，口不择言地回问道："鲁国本是周公之后，且世代与晋国交好，多年来朝见的使臣往来不绝，进献的贡品也从不间断。而杞国不过是夏朝的残余，没把他们的土地封给鲁国就已经很是宽待了，凭什么还要损害鲁国的利益以充实杞国呢？更何况，如果先君果真地下有知，他恐怕更愿意让夫人您亲自去办这件事，怎么可能用得着老臣呢？"

不少人在提及这件事的时候，通常都会按照文中所指，将女叔齐列为贪腐的代表。不过平心而论，如此断章取义恐怕对他太不公平了。与叔向类似，女叔齐也是一个以一己之力维护公室利益的"孤胆英雄"，他所做的这一切，大抵都是在为

"以乐慆忧"的晋平公纾解忧愁，只是他的想法晋平公虽能够理解，却无法给予实实在在的支持。

司马叔齐

女叔齐的名字按照一般的解释，其中的"女"通"汝"，是其封地的名称，同时也是氏名；"叔"代表宗族内排名，单名一个"齐"字。因其曾担任司马、侯奄等职务，因此有时也被称作司马侯、女叔侯，后来在王子朝之乱中奉命镇守边塞的汝宽似乎就是女叔齐的后人。

在《左传》的记载中，女叔齐是一个颇具德义的君子，与叔向的关系十分密切。据说有一次晋悼公与女叔齐一起登台眺望，看着远方的壮阔景致，想到复兴霸业的光辉，不由得赞叹道："人生真是快乐无穷啊！"

面对此情此景，女叔齐并没有顺着晋悼公的感叹大唱赞歌，而是泼了一盆冷水："居高临下观景的快乐是有了，可德义的快乐还没有达到。"

晋悼公心中纳罕，于是反问道："何为德义？"

女叔齐回答道："时刻将诸侯的所作所为都记在心间，以他们的善行为榜样，以他们的恶行为镜鉴，行不逾矩，可谓德义。"

晋悼公又问："那依你之见，如何才能达到这种快乐呢？"

女叔齐说："有公族羊舌肸熟悉《春秋》典籍，可以一试。"

晋悼公听罢，便命叔向做太子彪的老师。及至晋平公继位，叔向仍然担任晋平公之傅。后来赵武、韩起执政的时候，叔向也一直以顾问抑或智囊的身份陪侍左右，为其出谋划策。

晋平公二十一年（前537年），鲁昭公到晋国朝见，其间无论是朝堂会见、迎来送往，还是互赠礼物都搞得有板有眼，这让对礼仪不怎么上心的晋人很是开眼。事后晋平公就赞叹说："鲁侯真是知礼啊！"但女叔齐却很不屑地问道："这哪叫知礼？"

在女叔齐看来，礼是用来保有社稷、推行政令的，只有做到了君臣尊卑有序才是真正的知礼。而鲁昭公在迎来送往、礼尚往来方面所表现出的不过是"仪"罢了，连礼的皮毛都没有够到。如今鲁国三桓逼君，公室权力被三家瓜分，公室军队被一分为四，百姓依靠三桓过活，鲁昭公充其量不过是一个有名无实的虚君罢了。他无法约束政令，又不能任用贤人，在国际上对大国三心二意，对小国任意欺凌，这些都是不知礼的表现。鲁昭公放着正经的"礼"不去遵守，仅仅是谨守一些细枝末节的"仪"，显然不是一个明智的君主。

女叔齐这些话恐怕也是有所指的，相比鲁昭公来说，晋平公的地位显然更加尴尬。女叔齐提出了问题，却没有解决问题的办法，这一点与叔向是相似的。再加上叔向的出仕本就是受其举荐，因而两人之间多少便有些惺惺相惜的味道。

后来女叔齐去世，叔向吊唁时抱着他的儿子痛哭道："你父亲在的时候，我们俩合作无间，他所倡导的事情，我一定会完成，反过来也是一样，因此没有办不成的事。他这一去，恐怕以后就再也没有和我协力合作去服务公室的人了。"

叔向的话里有一句"比而事君"，其中的"比"有互相依附的意思，在多数语境中都带有一定的贬义色彩。比如成语"朋比为奸"中，将其引申为互相勾结。孔子所说的"君子周而不比，小人比而不周"，说的就是君子不能拉帮结派，搞小圈子，排斥异己。因此当籍偃听到叔向的话后，便在一旁问道："难道君子也会比附吗？"

但叔向却有不同的意见："君子比而不别，亲近却不偏私。所谓的'比'，是互相扶助、同心同德，其目的是为了成就事业；而'别'则是说结党舞弊，营私忘君，其目的是为了自己的利益。"

叔向之所以盛赞女叔齐，并为自己落下一个"比而事君"的名声，是因为他从女叔齐的死中感受到了一种兔死狐悲的气息。在当下这个时节里，人人都只顾眼前的利益，没有人考虑国家的未来，只有女叔齐愿意为维护公室利益而承担罪责。这种精神令人悲悯，也让人感怀。与这样的君子同行，又哪里会感到羞耻呢？

我们再回到女叔齐治杞田的问题上来，女叔齐之所以要偏袒鲁国，其根本原因就在于，他认为悼公夫人的做法不符合晋国的利益。晋国以盟主权威召集诸侯为杞国筑城已经引起极大不满了，如果再按照悼公夫人的计划，让鲁国将几十年甚至百年前侵占的土地归还给杞国，恐怕更会引起诸侯离心，这对晋平公在诸侯间和国内的地位都极为不利。

作为一名维护公室利益的旗手，女叔齐断然不能允许这样的事情发生，因此不惜毁掉自己的声誉去做了一件不称职的事情。可即便如此，他对于鲁国的保护作用似乎总是有限的，就在这次外交使命结束后不久，晋国便操控杞国与鲁国举行结盟，以使得这次的成果能够以法律文件的形式固定下来。随后到晋平公二十三年（前535年），晋国又利用鲁昭公去楚国朝见的机会，强令鲁国将成邑交割给杞国，鲁国人对此虽有不满，却也只能在史书上过过嘴瘾，把杞文公称为"杞子"，以表达对其狐假虎威做派的不屑。

晋悼公夫人的做法虽然让晋平公感到悲哀，可不管怎么说，她所做的也不过是利用晋国的影响力为自己的娘家谋取福利。其间尽管对晋国的权威造成了损害，可这种损害在晋国霸权衰退的大趋势之下已显得微不足道。此时真正能对公室权威造成致命伤害的，还要数六卿对公室利益的瓜分来得更加凶猛，而这将是我们所要探讨的另外一个话题了。

第五节　英雄迟暮

九原问答

晋平公十七年（前541年）的一个傍晚，一位中年男子在随从的搀扶下，步履蹒跚地登上了新绛郊外的一片荒原。此时已近深秋时节，原野上充满了萧瑟的气氛，林间的草木也都变了颜色。铺满了山野的红黄枝叶，在秋风的吹拂下仿佛变成了飘扬的锦缎，让身处其间的人们都心旷神怡。

这片美丽的原野有一个同样富有诗意的名字——清原。九十年前（前629年），晋文公曾在这里检阅军队，第一次成立了五军十卿的建制，向世人宣示了一个奋发向上的国家正昂首阔步地走在中原霸业的舞台上。也正是在这次蒐礼之上，辅佐晋文公多年的赵衰终于接受了晋文公的邀约担任新上军将，从此开启了赵氏家族几百年的辉煌伟业。

而如今，在这红黄相间的树丛中，零星散布着许多孤独的坟茔，坟茔中沉睡的都是曾在这片热土上挥洒过鲜血的英豪。正是因为如此，人们开始用九原来称呼这片记述了晋人光辉历程的土地。

他们来这里的本来目的是要举行一场烝祭活动，以向这些故去的人们表达丰收的喜悦。然而眼前的这位男子却无论如何都高兴不起来，在祭祀典礼结束、人们都散去之后，他决定继续登高远眺，来纾解内心的苦闷。

他驻足在一片高地上，如木偶一般怔怔地凝视着远处的天地。整个原野在夕阳的照耀下，仿若是洒满了殷红的血。红色的日头渐渐向群山跌落，五彩的晚霞就像是一团团绸缎，似乎是想要挽回这坠落的夕阳，却终于还是无济于事。

秋风带着阵阵凉意从原野上滑过，让男子忍不住打了个冷战。站在身后的随从走上前来，向男子作揖道："时间不早了，主该回去了。"

此时说话的不是别人，正是闻名遐迩的贤大夫叔向，而他口称的"主"就是他所辅佐的晋国执政赵武。

听了叔向的话，赵武却并没有转身，他依旧紧紧地凝视着远方的霞光，喃喃地问道："若是葬在这里的死者可以复生，我该跟谁同乘而归呢？"

听到这样一个突兀的问题，叔向不禁有些发愣。思忖片刻后，他慨然叹道："或许是阳子吧！"

叔向所说的阳子，就是活跃在文襄时期的阳处父，曾担任过晋襄公之傅，在当时的政坛上有很高的威望。夷之蒐后，正是凭借着阳处父极力推举，年轻的赵盾才从一个名不见经传的少年一跃而成为晋国正卿、中军将，而他自己则因此受到狐射姑的怨恨，最终死于狐鞫居（续简伯）刀下。

可以说，阳处父是以自己的生命和家族的未来成全了赵氏的崛起。如果没有阳处父，以赵氏嬴姓氏族的身份是否还能有如此辉煌的历史，接续其血脉的赵武是否还能够获得今日的地位，都将成为一个个未知数。因此在叔向看来，若是赵武真的想找个故人叙叙旧的话，大概非阳处父莫属了。

可赵武却不以为然，他轻声细语地回应说："阳子为人廉洁清正，然而终究未能身免于难，他的智慧不足以称道。"

阳处父虽有文采却无真才，在过去的那个时代就已经不是什么秘密了，"华而不实"这个成语最早便是他的专利，这一点叔向不会不知道。他只是对赵武的心思有些拿捏不准，不知道他为何会有此一问，这才做出如此回答，却未想这么快就被赵武否定了。既然如此，他又试探道："那么，是舅犯吗？"

舅犯也即晋文公的舅父狐偃，曾跟随晋文公周游列国。流亡中他目睹了齐桓公霸业的衰落，宋襄公的争霸失败和楚成王的勃勃野心。这些经历让他逐渐成长为一名足智多谋的政客，在他的运筹和坚持之下，晋文公流亡十九年终于归国得位，进而称霸诸侯。晋国的才智之士很多，但若要论起对晋国霸业的影响最大的人，当非狐偃莫属。

然而赵武却并不认可，他又摇了摇头，说道："子犯只贪图保全自身利益，却从不考虑曾与他共患难的国君在治国上会遇到哪些困难，他的仁义不值得称道。"

叔向讷然，赵氏的恩主和晋国的元勋都不是，那么在赵武的心目中，究竟谁才是那个智慧与仁义并存的君子，以至于让他心驰神往难以忘怀呢？叔向百思不得其解，他猜不透赵武的心思，便也不再追问，只是顺着赵武的视线向远方眺望。伴随着秋风流过九原的飒飒声，等待赵武给出最后的答案。

此时落日凄红的光线已经渐渐隐去，连片的红霞也缓缓暗淡了下来，整个世界都被远处群山中透出的微光所笼罩着。他们就这样静静地伫立在原野中，任由秋风将夜幕洒向人间，眼眸中充满了虚无和黯淡的神色。

不知过了多长时间，赵武才渐渐收回了目光，转头对叔向说道："或许是随武子吧！他向国君进谏时总不忘记自己的老师，提及自己的行为也不会遗漏朋友，在侍奉国君、任用官员的时候，不会因为有利益关系或阿谀国君而违背自己的心意。在他的治下，真正贤能的人才不会被埋没，而不肖者也不会窃居高位。"说罢便转身离开，留下叔向一个人凝视着渐渐消弭的天际线黯然神伤。

往者可追

随武子指的是范氏第一代宗族领袖士会（被封于随、范，又称随武子、范武子），也是赵武一生中最为推崇的一个人。几年前的弭兵会盟时，令尹子木（屈建）就曾向他打听过对士会的看法，赵武当时的回答很是简略："夫子家族事务井然有序，参与政务时也是竭尽全力，从不夹杂私心。他从不向国人隐瞒什么，家族中也没有什么可猜疑的事情。故而祝史在向鬼神陈情时，从来都不会说言不由衷的话，更不会向鬼神祈求什么。"

子木将这些话转述给了楚康王，楚康王也赞叹道："随武子真是一个德行高尚的人啊！他能够让鬼神和国人都心悦诚服，也难怪能够连续辅佐五任国君担当诸侯盟主。"

如今再次提到随武子，赵武依旧满是赞许。所谓"纳谏不忘其师"，将自己的智识归因于老师的教导，这是不过分炫耀自己的学识、善于韬晦守拙的表现，比起夸夸其谈的阳处父不知要高出多少。"言身不失其友"，将自己的功劳归之于朋友的协助，这是不愿居功自傲、乐于成就他人的表现，比起"贪天之功""见利而不顾其君"的狐偃更是少了许多私心。"事君不援而进，不阿而退"，能够守得住自己的底线，以公正之心侍奉君主、善待贤人，也正因应了"言于晋国无隐情"的说法，故而国人从来都不怨恨他，国君对他也不会有猜忌之心。

每个人心中都有一个英雄，这个英雄也往往代表他毕生所要追求的完美人格。当赵武还是一个无知的孩童时，父亲赵朔就去世了，不久赵氏又遭遇了一场几乎导致家族覆灭的巨大危机。这场危机给年幼的赵武心头蒙上了巨大的阴影，也让他深刻地认识到晋国寡头政治的残酷性。它就像是一颗种子，早早就深植在赵武幼弱的心里，伴随着他年岁的渐长，也逐渐生根发芽，直至最后长成了一棵难以拔除的参天大树，让他在此后的人生中无时无刻不心怀警惕。

下宫之难爆发的时候，晋国政坛上最为强盛的力量除了赵氏之外，还有郤氏、栾氏、范氏和荀氏四家。当郤氏和栾氏都积极参与覆灭赵氏的下宫之役时，范氏不仅能做到不偏不倚自外于这场政治风波，还以其深入骨髓的戒惧之心，远离了政坛上一切的纷争，而彼时范氏的实际控制人，正是赵武念念不忘的士会。

从这个角度上来讲，士会对于赵氏或许还有着"不杀之恩"。但若仅凭这一点的话，恐怕还不足以让赵武如此感念，毕竟在那场影响深远的危机当中，韩厥对赵氏的功劳要更大一些。真正让赵武服膺的，恐怕还是士会独特的处世哲学和他外化于行的生存智慧。

在下宫之难爆发之前，士会刚刚攀上了政治生涯的最高峰，担任中军将。然而仅仅一年之后，他就放弃了刚刚到手的最高领导职位，将政治舞台交给了更加好勇斗狠的郤克和充满野心的栾书。其根本原因就在于，当他看到晋国内乱的端倪之后，就已经预料到这将是一场旷日持久的斗争，并不会随着赵氏的覆灭而终止。

政治斗争是充满了未知风险的博弈，一着不慎就会满盘皆输。就算是再老练的政治操盘手，也会因预料不到的突发因素而功败垂成，栾书在车辕之役后遭遇的凶险就是一个鲜明的例证。政治斗争没有永远的胜利者，尤其是在晋国这样一个错综复杂的格局当中，就算是你赢了九十九次，只要最后一次输掉了，也一样会万劫不复。

因此在士会看来，保持家族长盛不衰的唯一法宝，就是永远不要卷入政治厮杀中去。在退休赋闲的那段时光里，他也从来都没有松懈过，总是叮嘱自己的儿子士燮要远离政治旋涡。而士燮也没有让他失望，终其一生都秉持着这样的信念，从而体面地躲过了栾、郤暗战带来的血光之灾。

也正是从那个时候开始，为政无私而常怀警惕之心的士会，就已经走入了尚年幼的赵武的视线，成为引导他步入成年、走入仕途、迈向巅峰的引路人。

其后几十年间，参与下宫之役的郤氏和栾氏先后惨遭灭族之祸。更让赵武感到触目惊心的是，在郤氏灭族之后，参与"倒郤"的中行氏也差点遭遇不测之祸，而晋厉公一念之仁的结果，就是让自己成为政治斗争的牺牲品。

晋国在晋厉公死后进入了一个短暂的调整期，然而随着复霸事业的完成，外部的威胁就变得无足轻重了。这个时候，就如同士会父子所坚持的那般，外患消弭的时刻就是内忧爆发的开始，那头引发了晋国内部混乱的野兽再次被释放了出来。在这种情形之下，如何尽可能地保全家族，就成了晋国列卿所要考虑的首要问题了。

对于这个问题，不同人的心中会有不同的答案，最后他们也都会做出不同的选择。但至少在赵武看来，唯有士会这样一个能够保守家业又没有政治污点的人，才是他心目中能力挽狂澜的英雄。正是在士会的影响下，赵武也渐渐养成了凡事不与人争的性格，尽量避免与其他家族产生不必要的冲突。在治家的过程中，他也总能效仿士会，树立了任人唯贤的政治风格，逐渐让家道中衰的赵氏恢复了往日的荣光。

然而，有一个不得不让人深思的问题是：年仅四十几岁正值壮年的赵武，却为何要一再地追忆他心目中的那个英雄呢？

不复此乐

当一个人开始频频地回忆起往事，往往意味着他已经走到了生命的尽头。这个时候，总会让人想起那首贯穿于影片《星际穿越》始终的诗歌：

> 不要温顺地走进那个良夜
> 激情不能被消沉的暮色淹没

> 咆哮吧，咆哮，痛斥那光的退缩
> 智者在临终时对黑暗妥协
> 是因为他们的语言已经黯然失色
> 他们也不想被夜色迷惑
> 咆哮吧，咆哮，痛斥那光的退缩

彼时的赵武，就是一个对黑暗妥协的智者。可他不愿咆哮、不愿痛斥那光的退缩，只愿温和地走进那个良夜。

那段时间里，诸侯间流传着很多关于"赵孟将死"的传言。最早的传言出现在晋平公十五年（前543年），也就是第二次弭兵会盟的三年后。那个时候的赵武正以晋国执政的身份，召集诸侯在澶渊举行了一场盛大的会盟。然而在这场盟会上，赵武的表现却让在场的诸侯都深感失望。按照与会的鲁国使者叔孙豹的话说，赵武"说话时总说一些陈芝麻烂谷子的琐事，言语之间毫无远虑，不像是一个执掌国政的人。一个年纪不到五十岁的人，说起话来絮絮叨叨，倒像是已经八九十岁的人了"。

赵武以这样一种精神状态主持盟会，其结果自然也不会好到哪里去。这场原本为援助受灾后的宋国而举行的"国际人道主义"会议，经历了拖沓而繁杂的议程之后，竟然无果而终了。一直以来在叙事上都颇为倾向于晋国的左丘明，对于这样的结果也感到很是不满。

澶渊会盟的所见所闻，让叔孙豹对晋国的政治走向感到担忧。他曾断言说，赵武恐怕命不久矣，而他一旦去世，"后赵武时代"的局面将会变得错综复杂，到那时，鲁国将何去何从也会变得扑朔迷离。

但让叔孙豹想不到的是，事态的发展总比自己预想的要快。他的话音落下还不到两年，在诸侯寻盟的虢之会上[①]，赵武的"无为"就几乎让鲁国陷入了危难，更差点要了叔孙豹的命——而引发这场危机的就是季孙宿伐莒一事。此事激怒了富有野心的楚国令尹王子围，他在大会上声言要处死叔孙豹。面对这样一个棘手的问题，赵武的做法不是积极地寻求解决之道，反而是劝说叔孙豹逃跑，其原因也仅仅

---

① 澶渊会盟、虢之会详见《晋国600年4》第一章相关内容。

因为他不想跟楚国起正面冲突。若不是叔孙豹有着敏感的政治嗅觉，让他在关键的时刻为国坚守的话，鲁国的灾难恐怕就真的不远了。

虢之会后，与会的中原各国还在郑国逗留了些许时光，进行了一些仪式性的外交活动。叔孙豹全程见证了赵武在这些外交场合中的表现，也更加坚定了自己的认识。

当时赵武携诸侯大夫到郑国拜访郑简公，郑简公举办了一场接风宴会招待来自友邦的朋友。宴会接近尾声的时候，郑卿罕虎（子皮）告知赵武礼毕，并说明几天后还会有一场正式的享礼。

赵武当即赋了一首《瓠叶》。瓠是葫芦科的一种植物，它的果实可以食用，但叶子不可食用，即便是穷人也只有到了饥荒的年景，实在饿极了才勉强会以瓠叶充饥。赵武以此诗想要表达的意思是，这次的享礼一应礼节都要从简，千万不可铺张浪费。

罕虎理解了赵武要表达的意思，却不能理解其中的缘由，毕竟这个提法太过于突兀了，万一是自己想错了呢？无奈之下，他只好去向人情更为练达的叔孙豹询问意见，而叔孙豹却直言道："你没有理解错，赵武就是希望降低规格，随后的宴会你只需以一献之礼接待即可。"

罕虎惊诧道："真敢那么简单吗？"

叔孙豹说："是他执意如此，你又有什么不敢的？"

所谓"献"是享礼时敬酒的礼仪，"一献之礼"包含"献""酢""酬"三个环节。先是主人向宾客敬酒，然后是宾客回敬主人；一个回合结束后，主人会再次将酒器斟满，宾主共饮。这样的一个流程就是"一献"。

在周代的礼仪当中，设享礼时进酒的次数是有严格划分的，上公有九献，侯伯七献，子男五献，一献之礼是没有爵位的"士"饮酒的规格。比如重耳流亡楚国之时，楚王以九献之礼来接待这位流亡公子，就是把重耳作为"上公"来看待，以表明其愿意帮助重耳复国。赵武作为晋国上卿，属子爵的贵族，自然应该使用五献之礼来接待。通常情况下，使用一献之礼来接待诸侯国的普通大夫都会被认为是失礼，更何况是接待晋国的正卿呢？

叔孙豹如此解释，罕虎也是半信半疑。他总以为赵武赋诗所表达的或许只是自谦的意思，并没有说明真的要用一献来接待。毕竟通常情况下，使用一献之礼来接待小国普通大夫都会被认为是失礼，更何况是接待晋国的正卿呢？万一郑国听从了叔孙豹的意见，结果让赵武发飙了，他可吃罪不起。因此到享礼开始的时候，郑国依旧准备了五献的用具。

罕虎不了解的是，作为一名出身礼仪之邦的外交世家，叔孙豹早已看透了赵武的心志，他做出的这些判断也不会没有根据。后来事情也果然如叔孙豹所料，当赵武看到五献的用具之后急忙推辞不受，并悄悄地对子产说："我都已经事先跟上卿说好了的。"罕虎看到赵武的态度坚决，只好撤掉这些礼器，重新换上了一献的用具，赵武这才上座饮酒。

行礼完毕，在宴会上少不了又要赋诗唱和以明志。叔孙豹赋了一首《鹊巢》，这首诗虽然每个章节都是以"鸠占鹊巢"来起兴的，但其反映的却是贵族女子出嫁时有百辆车驾出行的盛大场面，以此来显示对方身份的高贵。叔孙豹的用意，或许是在提示赵武，不要忘记自己尊贵的身份，也不必处处表现自谦以压低自身的规格。毕竟在周代的礼制当中，刻意降低规格和无端的僭越一样，都是失礼的表现。

另外，鸠占鹊巢在这里并非贬义，而是说赵武所领导的晋国就像是筑巢的喜鹊，而鲁国就像是占据鹊巢的鸠，晋国不辞辛苦让鲁国安居乐业，对鲁国来说是极大的恩德。叔孙豹同时还表示出，希望晋国能够继续坚定不移地履行盟主的职责，为东方诸侯提供庇护。

赵武不知有没有听出其中的况味，只是礼节性地回答说："武不敢当啊！"

叔孙豹接着又赋了一首《采蘩》，这首诗说的是一位夫人尽职尽责供奉祭祀的事情，以表明鲁国会尽职尽责遵从大国的意愿。接着他进一步解释说："小国献上薄礼，大国能够俭省使用而不丢弃，如此礼遇，小国必当谨遵大国的号令。"

郑国执政罕虎赋了《野有死麕》的最后一章，这是一首爱情诗，准确来说是一首讲"偷情"的诗歌。尤其是最后一章，描写的是激情中的少女让男子不要毛手毛脚，免得惹起狗叫，其中意趣令人捧腹。罕虎通过这首诗所要表达的意思是，晋国以礼义安抚诸侯，从不恃强凌弱，以后若能继续发扬风格，那将是诸侯最大的心愿。

赵武赋了一首《常棣》，以兄弟之间的相亲相爱、团结一心来比喻晋国和郑国之间的关系，并说道："我们兄弟和睦安定，狗就不会叫了。"

说完之后，叔孙豹、罕虎和曹国大夫都向赵武下拜，说道："有你们的保护，我们这些小国就可以安定了。"随后宾主之间觥筹交错，相谈甚欢，微醺之中，赵武不禁感叹："恐怕以后我再难体会这样的欢乐了。"

朝不及夕

赵武或许真的再难体会这样的欢乐了。

此行赵武刻意降低规格，以及他最后所说的这些话，都表现出了他内心中难以掩饰的焦虑。在赵武之前也曾有人有过这样的表现，那个人就是在栾氏灭族后担任过下军佐的程郑。

当时有郑国使者公孙挥到晋国聘问，程郑曾向其寻求降级的办法。公孙挥回国后谈起这件事，然明当场就得出结论：程郑恐怕就要死了。然明的判断对于赵武也同样适用，作为洞悉人心的著名外交家，叔孙豹对此也早有过评价。

然而事情到了这里，还并没有结束。作为备受瞩目的晋国正卿，他的一举一动总是格外引人注目，因此对于他的这些异常反应，也总会有更多的人表示关切。如果说在外交场合上自降规格、言语絮叨还只是赵武的外在表现的话，那么"苟且偷生、朝不谋夕"就是他内心的真实写照。

赵武一行离开郑国后又行经王室，周景王特派刘定公在颍地慰劳，并在洛水边上给他安置了住处。面对碧波荡漾的洛水，刘定公情不自禁大发感慨道："大禹的功绩和德行真是太伟大了，如果没有他千辛万苦治理水患，我们恐怕就该变成鱼了吧！"接着他又转向赵武，说道："你我身披礼服、头戴冠冕，居于朝堂之上来治理百姓、安抚诸侯，无不受大禹的恩惠。如果能够继承大禹的功绩，保护天下百姓不受侵害，该有多好！"

面对这样的勉励，赵武只是微微一笑，喟叹说："老夫也只是战战兢兢苟且度日，唯恐犯下什么罪过。每天都过着朝不谋夕的日子，哪里还能考虑那么长远的事情？"

这个反应让刘定公十分惊诧。赵武崇拜随武子的德行，可即便是想要效仿随武子，想做一个能长保家业的人，也不该是如此的活法。他的这些消极的论调，以及在郑国时一再降低规格的做法，都让刘定公嗅到了不寻常的味道。

在送走赵武之后，刘定公回到王室，对周景王表达了自己的看法。他说道：

"俗话说'人老了会聪明些,但糊涂也就跟着来了',赵武恐怕就是这样的人吧!作为晋国正卿主持诸侯事务,反而把自己等同于那些终日碌碌无为的下贱之人,这是要丢弃神灵和百姓了。丢弃神灵,神灵就不享受他的祭祀;丢弃百姓,百姓就不会为他效劳。神怒民叛,何以能久?我看赵武是时日无多了。"

就在赵武外出的时候,有一位秦国客人来到了晋国,他就是秦景公的弟弟公子针(字伯车),人们习惯上都叫他后子。后子在晋国居留多日,总算等到赵武回国,于是便上门去谒见。可赵武见到他后,只简单地寒暄了几句便有些耐不住性子,突然问道:"您大约会在什么时候回去呢?"

听到这个突兀的问题,后子突然愣住了,停顿了片刻后还是如实回答说:"针害怕被国君放逐,所以才到了晋国,如果要回去的话,估计要等到新君继位的时候。"

赵武又问道:"那秦国国君是个什么样的人?"

赵武的问题越来越不着边际,后子也只能硬着头皮回答说:"无道之君。"

"公子屈尊来到敝邑,一定是为了避开他吧?"

"确实有这方面的原因!"后子如实相告。

赵武接着问道:"那秦国会因此而灭亡吗?"

后子哑然失笑,说道:"怎么会?一个国家能够立足天地之间,必然有很多人辅佐国君。一代君主无道,还不至于把国家推向灭亡的境地。只有当几代的国君都荒淫无度时,这个国家才会走向灭亡。"

赵武仍不停地追问:"那国君会短命吗?"

"会的。"

"大约会有多久呢?"

"针听说,国家无道而粮食丰收,这是上天在辅助他。少则不过五年。"

听了这个回答,赵武突然失魂落魄地看着地上的影子发起呆来:"五年?那么长啊!我现在是从早上起来就开始等日落,等啊,等啊……总觉得时间过得太慢了。一天都这么难等,怎么可能等五年呢?"

看到赵武一个劲地发癔症,后子坐在那里手足无措,等了半天索性走人了。等出来之后,他就对人说道:"赵孟恐怕快要死了。君子宽惠慈爱而计谋深远,还恐怕事有不济。今赵孟主政晋国会盟诸侯,不思考如何才能建立长久的德行,反而荒废度日懈怠苟且。既想要混日子，又担心自己活不久，这样的人不是死之将至，就是祸难将临，又能活多久呢？"

良臣将死

同样看出这个迹象的还有秦国的医和。前文讲过，当时晋平公得了一场重病久治不愈，大家实在想不出什么办法，只好向列国求助。秦景公得知后，便派出医和到新绛为晋平公看病。医和将平公的病因归结于饮食、享乐不知节制，于是便用天地、鬼神、四时、五节、六气等各种玄妙的理论来劝说晋平公要尊重自然规律，收敛自己的性情。但在此之外，医和还十分突兀地插入了一句："良臣将死，天命不佑。"

赵武对于医和的那番玄妙的理论不甚了解，但对这八个字却甚是关心，等医和出来之后，就开门见山地问道："您所提到的'良臣'究竟所指何人？"

医和快人快语，丝毫没有回避，直言道："说的就是您啊！主辅佐晋国至今已有八年，这八年中，内无乱政、外无兵灾，称得上是良臣。但是我也听说，国家的肱股之臣领受国家俸禄、承担国家大事，当灾祸出现的时候却无所作为，必然会遭受上天的惩罚。如今国君无所节制以至于病笃，眼看着就不能为国操劳了，这难道还不是灾祸吗？主身为正卿，眼看着国君堕落至此却不加劝止，难道不是失职吗？"

面对医和劈头盖脸的一顿训斥，赵武竟无力反驳，反而盛赞医和为良医。他深知自己已经时日无多了，经过医和的一番训斥反而感觉泰然了许多。

这种苟且偷生、朝不谋夕的焦虑感，来源于赵武内心中强烈的不安全感。经历了家族的中衰、见惯了政坛的厮杀、体会了世事的无常，这一切都让他感到无比疲惫。他为此心焦，便试图效仿士会，通过一系列政策革新来保持内外的安定，极力避免因国家动荡而危及刚刚复兴的赵氏家业。因此，在赵武执政的这些年间，晋国以霸主之尊，主动推动了晋楚之间的弭兵会盟，宁愿让楚国占尽便宜，也要坚决维护国际社会的和平。

在国内，他也同样践行士会的主张，尽量弥合各个家族之间的裂痕，不仅赵氏不会试图去主动挑起冲突，同时也要尽量避免其他家族之间的冲突升级。因此晋国在经历了晋景公以来长达四十年的紧张局面后，突然间就在赵武和韩起执政的这段时期内，维系了近四十年的安定局面。

作为六卿之首，在用人方面，士会同样是赵武效仿的典范。据说赵武在执政期间，曾经举荐任用了数十位贤能之人，安排在国家的各个要害部门。但赵武并不会因为对这些人有举荐之恩就结党营私，将这些人变成赵氏的私器，反而尽量避免与他们有政事以外的往来。直到赵武去世，也从来没有托请这些人关照自己的儿子，让他们为赵氏服务。赵武死后，这些人前来吊唁时，也都是站在客人的位置，而不是以赵家私属的身份出现。

这些在国家重要部门占据要职的大夫集团，并不从属于某一个卿家，而是超然于六卿的体制之外，充当了六卿之间的缓冲力量，极大地减少了国君及六卿之间发生冲突的可能性。而赵武如此的做法，也是有一种戒惧心理在时刻警醒，让自己不要在位高权重的时候树立敌人，避免死后赵氏家族又重蹈赵盾和栾书的覆辙。

在治家方面，赵武也是以士会为楷模，对家族内部的事务进行了大刀阔斧的改革，以保持家族的活力和竞争力。从有限的史料中，我们很难窥探其中的具体措施，但其成效却是颇为显著的。晋平公十四年（前544年）周游上国的吴国公子延陵季子，在实地探查了晋国内政之后，就对赵氏家族的改革成效给予了很高的评价，这一点在后面的章节中会有详细论述。

赵武为政期间励精图治，维护国内卿族关系，倡导国际和平盟会，在赵氏内部也开展了一系列的改革，这些举措对于保守赵氏产业都是大有裨益的。

但不幸的是，赵武从小体弱，成年之后又忧惧过甚，以至于年仅四十余岁就已经显出了耄耋之态。

当他预感到自己时日无多的时候，便产生了一种时不我待的焦虑感。为此他来到了九原，去吊唁他心目中的那个英雄，那个近乎完美的人生导师。与士会比起来，自己的人生充满了太多的缺憾，这些都让他感到愤懑不已。然而这种愤懑又向何人诉说呢？

晋平公十七年（前541年）的周历十二月初一日，在主持了秋季盛大的烝祭后，伴随着料峭的寒风，身体衰弱至极的赵武强打着精神驱车赶往南阳，在温地祭祀他的曾祖父赵衰。在赵氏的祖庙里，他向先辈们叙说了这一生的坎坷遭遇，讲述了自己从小孤苦无依支撑家业的不易，倾吐了自己殚精竭虑在强者的夹缝中图存的悲苦，也道出了对于身后赵氏未来的忧虑。

他有着宏大的志向，然而却生来有一副孱弱的躯体；他有未竟的事业，可上天却不肯给他更多的时间；他有着美好的愿望，但世事变幻，让他终究无法找到答案。苍天无语，鬼神无言，宗庙中的神位静静地看着他肝肠寸断地倾诉，却始终都没有留下任何的回响。

祭礼结束后，赵武就住在了温地，静静地等待着死神的眷顾。初七日，在一场疾厉的大雪之后，时年未满五十的赵武在温地安然去世。他将自己勉力维持的家业，留给了二十多岁的儿子赵成（赵景子）；也将一个渐渐衰落的晋国，留给了他相伴多年的战友韩起（韩宣子）。

面对这样的一个结局，倘若死者可以复生，士会又是否愿意与赵武同行呢？

附录

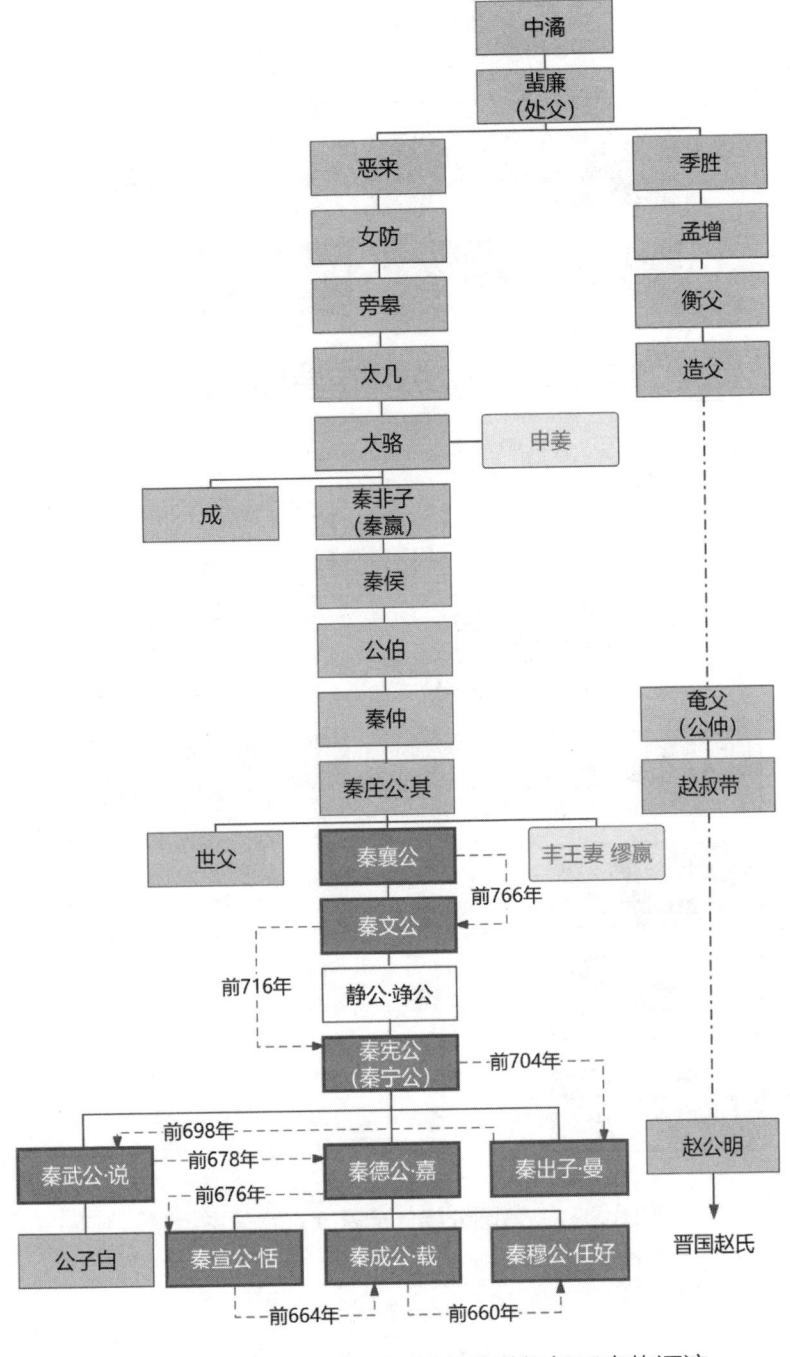

附图 1-1　秦国君主及晋国嬴姓世卿赵氏家族源流

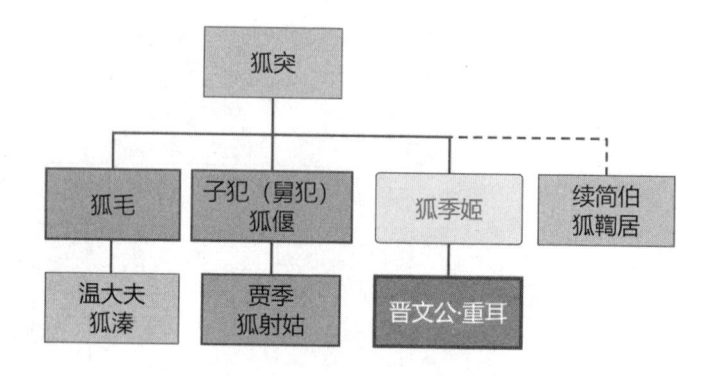

附图 1-2　晋国公族狐氏家族人物关系示意

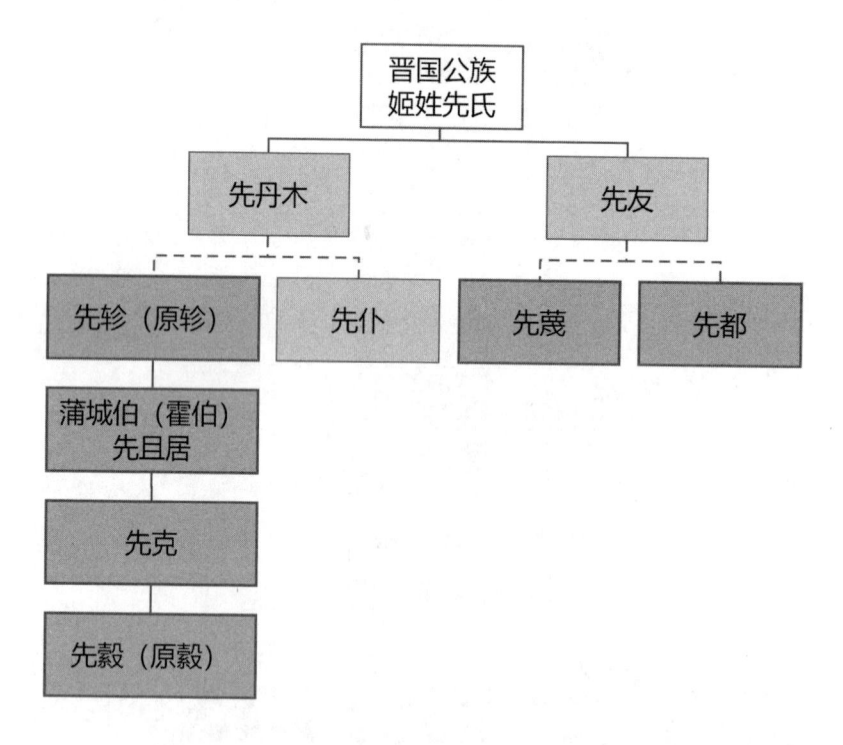

狐突
├─ 狐毛 — 温大夫狐溱
├─ 子犯（舅犯）狐偃 — 贾季狐射姑
├─ 狐季姬 — 晋文公·重耳
└─ 续简伯狐鞫居

附图 2-1　晋国公族先氏家族人物关系示意

晋国公族姬姓先氏
├─ 先丹木
│   ├─ 先轸（原轸）
│   │   └─ 蒲城伯（霍伯）先且居
│   │   └─ 先克
│   │   └─ 先縠（原縠）
│   └─ 先仆
└─ 先友
    ├─ 先蔑
    └─ 先都

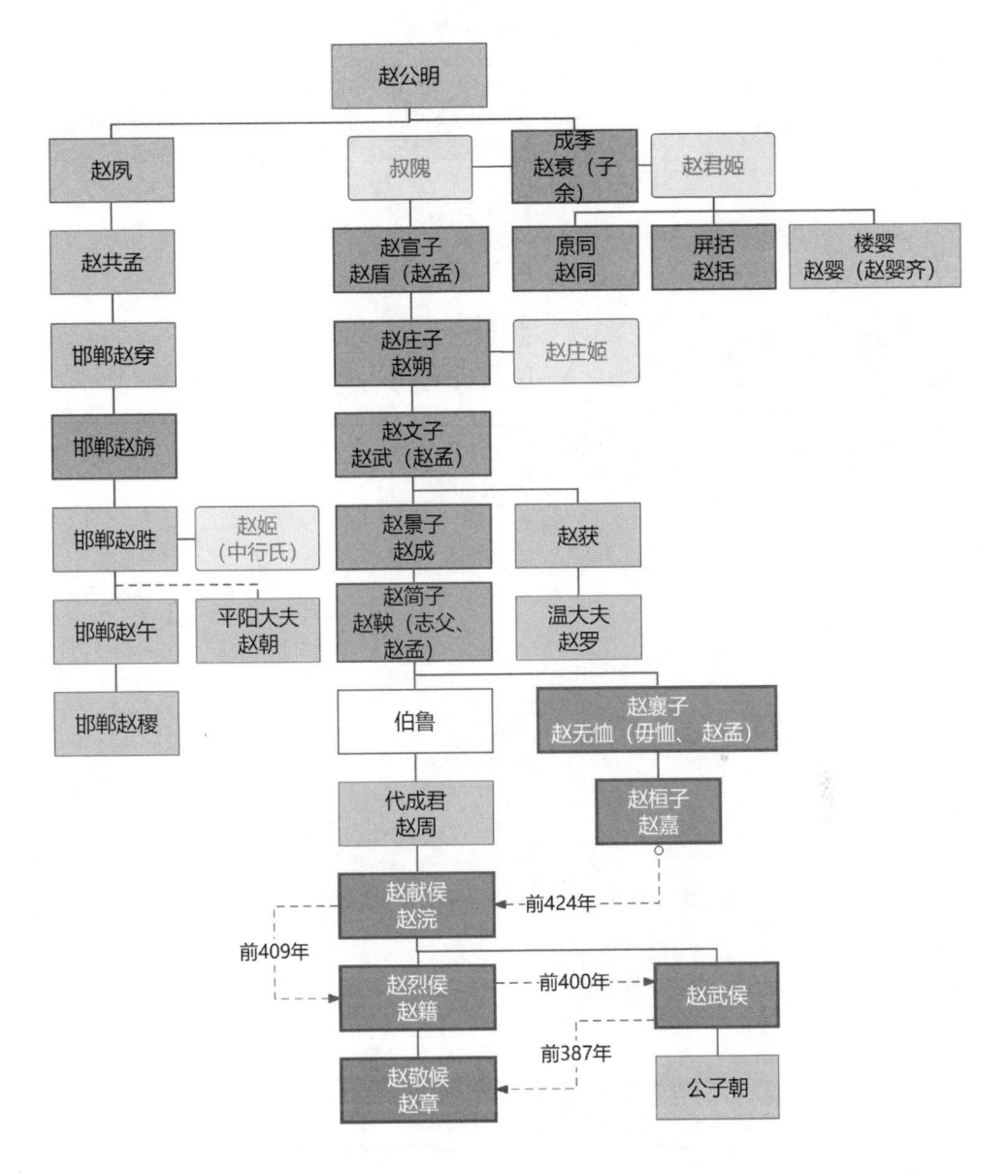

附图 3-1　晋国嬴姓世卿赵氏家族人物关系示意

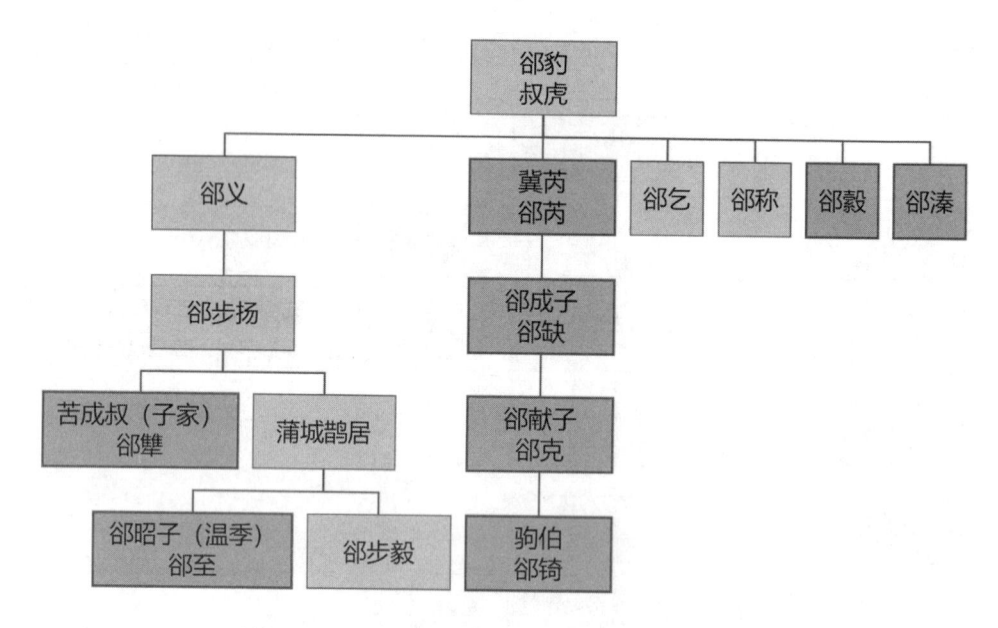

附图 4-1　晋国公族郤氏家族人物关系示意

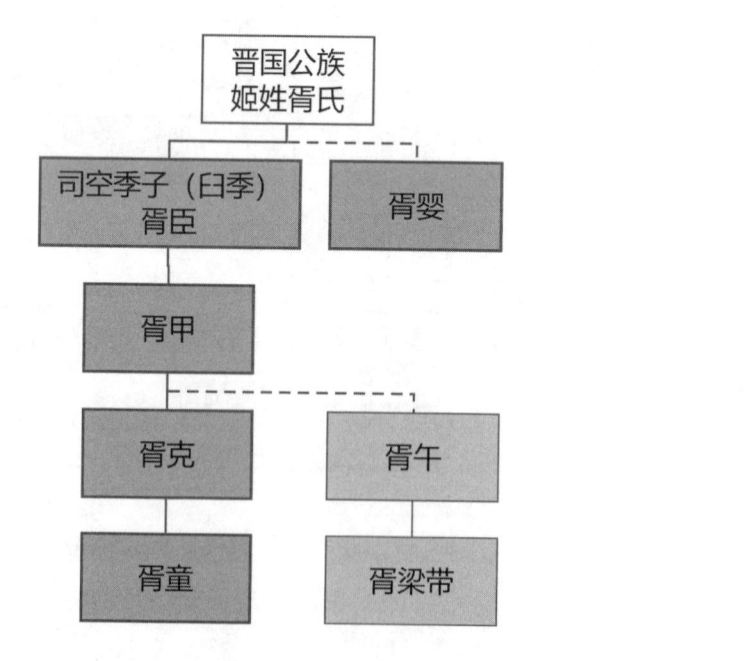

附图 4-2　晋国公族胥氏家族人物关系示意

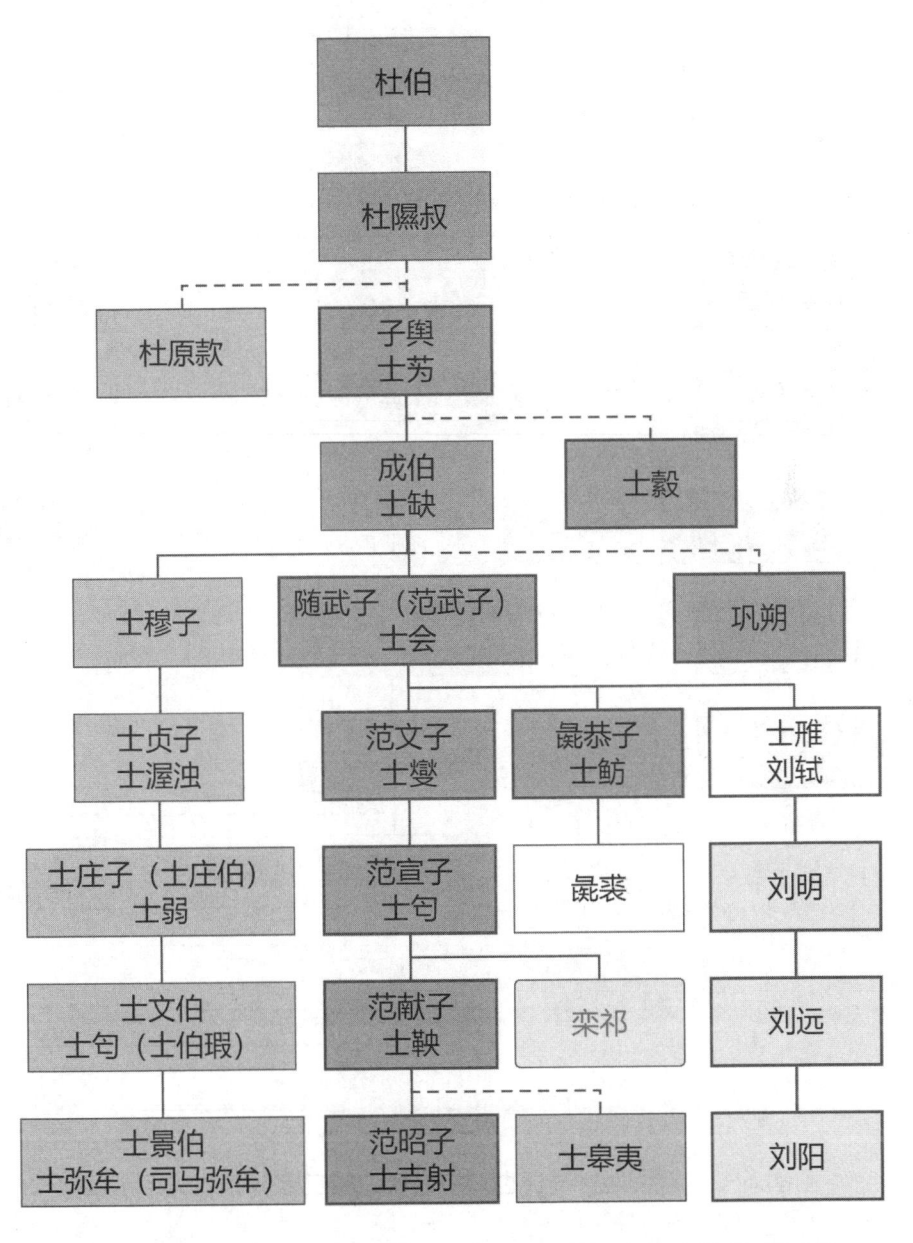

```
                    杜伯
                     │
                    杜隰叔
                     │
         ┌───────────┤
        杜原款      子舆
                    士蒍
                     │
                    成伯
                    士缺
                     │
         ┌───────────┼───────────┐
        士穆子    随武子(范武子)   巩朔
                    士会
                     │
         ┌───────────┼───────┬───────┐
        士贞子    范文子   郤恭子   士雃
        士渥浊    士燮    士鲂    刘轼
          │         │       │       │
        士庄子(士庄伯) 范宣子   郤犨    刘明
        士弱       士匄              │
          │         │               │
        士文伯    范献子    栾祁    刘远
        士匄(士伯瑕) 士鞅             │
          │         │               │
        士景伯    范昭子   士皋夷   刘阳
        士弥牟(司马弥牟) 士吉射
```

附图 5-1　晋国祁姓世卿唐杜氏、士氏、范氏家族人物关系示意

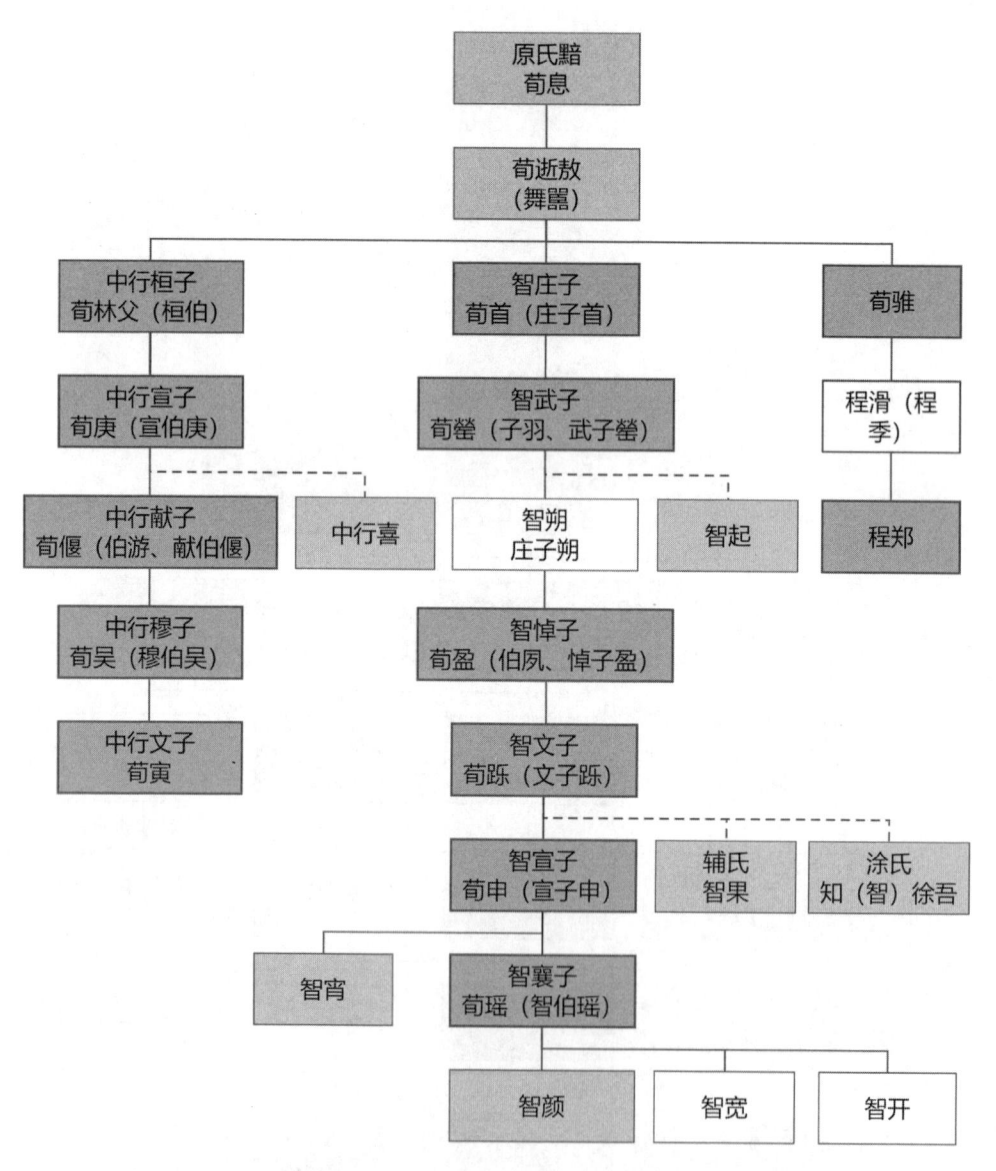

```
                        原氏黯
                        荀息
                          │
                        荀逝敖
                        (舞囂)
                          │
      ┌───────────────────┼───────────────────┐
  中行桓子              智庄子                荀骓
  荀林父(桓伯)          荀首(庄子首)
      │                   │                   │
  中行宣子              智武子              程滑(程季)
  荀庚(宣伯庚)          荀罃(子羽、武子罃)
      │                   │                   │
  ┌───┴───┐         ┌─────┼─────┐
  中行献子  中行喜    智朔       智起         程郑
  荀偃(伯游、献伯偃)  庄子朔
      │                   │
  中行穆子              智悼子
  荀吴(穆伯吴)          荀盈(伯夙、悼子盈)
      │                   │
  中行文子              智文子
  荀寅                  荀跞(文子跞)
                          │
                  ┌───────┼───────┐
                智宣子   辅氏    涂氏
                荀申(宣子申) 智果  知(智)徐吾
                          │
                  ┌───────┤
                智宵    智襄子
                        荀瑶(智伯瑶)
                          │
                  ┌───────┼───────┐
                智颜   智宽    智开
```

附图 5-2　晋国姬姓荀氏世卿中行氏、智氏家族人物关系示意

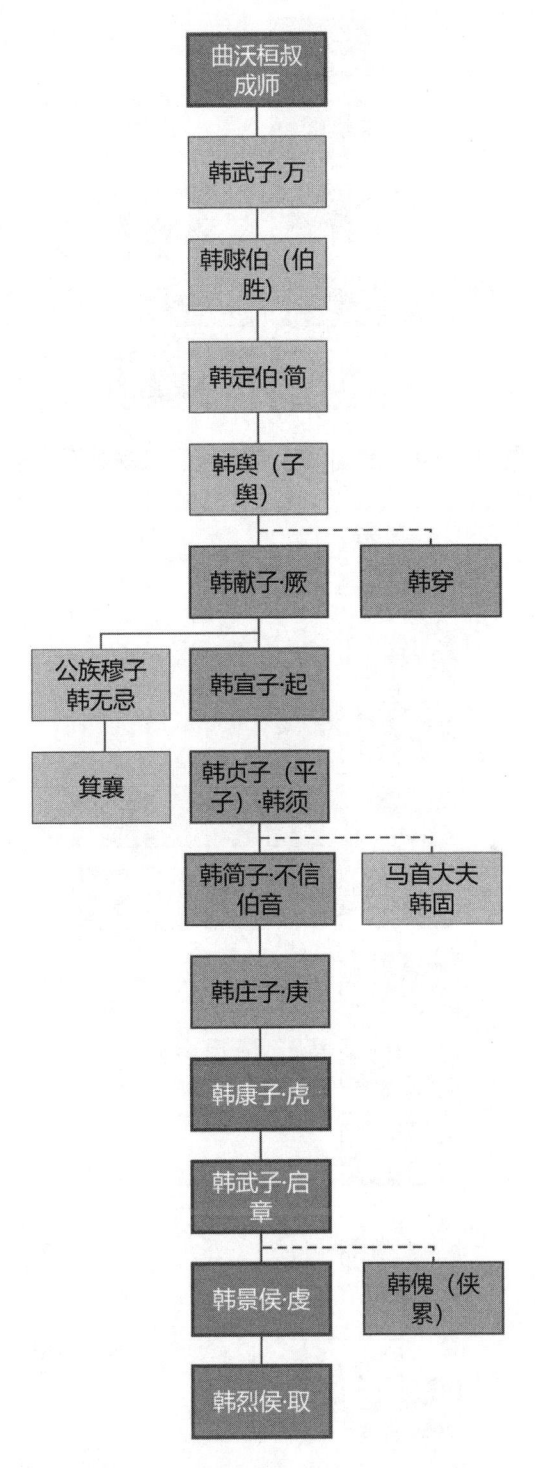

```
曲沃桓叔
   成师
     │
  韩武子·万
     │
  韩赇伯(伯
     胜)
     │
  韩定伯·简
     │
   韩舆(子
     舆)
     │----------┐
  韩献子·厥    韩穿
     │
  ┌──┴──┐
公族穆子  韩宣子·起
韩无忌      │
  │    ┌───┴────┐
 箕襄  韩贞子(平
       子)·韩须
          │--------┐
       韩简子·不信  马首大夫
          伯音      韩固
          │
       韩庄子·庚
          │
       韩康子·虎
          │
       韩武子·启
           章
          │----------┐
       韩景侯·虔    韩傀(侠
          │          累)
       韩烈侯·取
```

附图 5-3 晋国公族韩氏家族人物关系示意

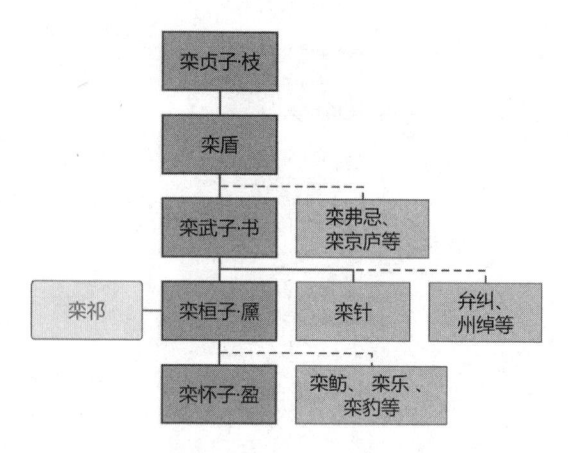

附图 5-4　晋国公族栾氏家族人物关系示意

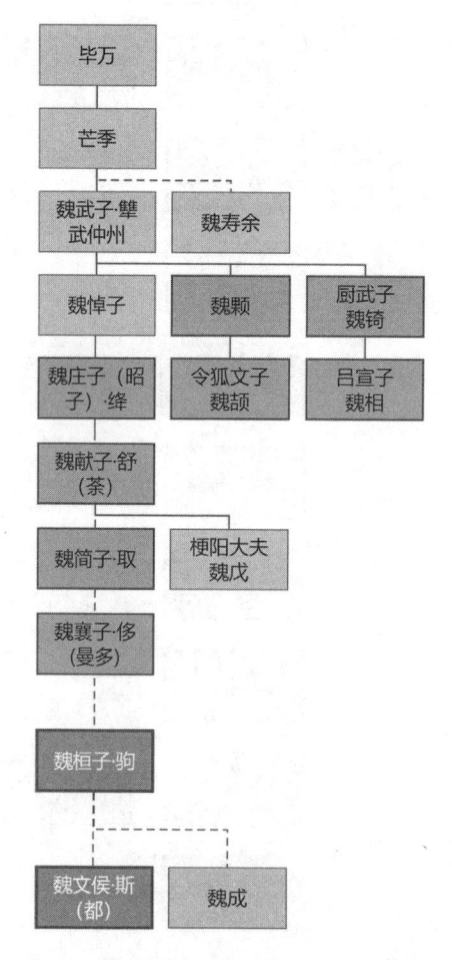

附图 5-5　晋国姬姓世卿魏氏家族人物关系示意